Kerkhofs/Zulehner
Europa ohne Priester

Jan Kerkhofs
Paul M. Zulehner (Hrsg.)

Europa ohne Priester

Patmos Verlag Düsseldorf

Aus dem Niederländischen übersetzt von
Birgit Kasper-Heuermann.

Die Deutsche Bibliothek – CIP-Einheitsaufnahme

Europa ohne Priester / Jan Kerkhofs / Paul M. Zulehner.
[Aus dem Niederländ. übers. von Birgit Kasper-Heuermann].
– 1. Aufl. – Düsseldorf: Patmos-Verl., 1995
Einheitssacht.: Europa zonder priesters? <dt.>
ISBN 3-491-77972-3
NE: Kerkhofs, Jan; Zulehner, Paul M.; EST

Titel der Originalausgabe: Europa zonder priesters?

1. Auflage 1995
Umschlaggestaltung: Volker Butenschön, Lüneburg
Gesamtherstellung: Clausen & Bosse, Leck
ISBN 3-491-77972-3

Inhalt

EINLEITUNG

Jan Kerhofs / Paul M. Zulehner

Daß die katholischen Glaubensgemeinschaften außerhalb von Europa und Nordamerika bis auf wenige Ausnahmen bereits lange mit einem chronischen Priestermangel konfrontiert sind, ist bekannt. Neu dagegen ist die Tatsache, daß die Priesterschaft auch in der westlichen Welt zunehmend überaltert, die Zahl der Priesteramtskandidaten (der Diözesen und der Orden) weiterhin zurückgeht oder auf einem sehr niedrigen Niveau stagniert und immer mehr Gemeinden über keinen ortsansässigen Priester mehr verfügen. Für die Priester selbst bedeutet diese Entwicklung zunehmende Arbeitsüberlastung. Die Bischöfe sind fortwährend zu einer Anpassung ihrer »Personalpolitik« gezwungen. Laien, die Teil- oder Vollzeitaufgaben übernommen haben, fragen mit Nachdruck nach ihrem Status und den Grenzen, die sie in der Liturgie und bei der Sakramentenspendung erleben. Gläubige, insbesondere die jüngeren, suchen nach erneuernder und dynamischer Leitung im kirchlichen Bereich.

In ganz Europa, Ost wie West, ist man auf der Suche nach verantwortlichen Lösungen. Antworten jedoch, die langfristig befriedigen, bleiben aus. Es kommt aber ein Bewußtwerdungsprozeß in Gang: Pastoralräte sagen deutlich, daß es so nicht weitergehen könne und neue Perspektiven entwickelt werden müssen. Man erkennt zunehmend, daß die Krise des Amtes zu einem Großteil auch von einer Veränderung in der Kultur und einer damit verbundenen Krise des Glaubensinhalts und der Sicht von Kirche geprägt wird. Es wäre daher naiv zu meinen, man könne die derzeitige Sackgasse rasch mit einzelnen Maßnahmen, wie einschneidend auch immer, überwinden. Es geht um viel mehr als ein »aggiornamento« nur des Amtes. Die Glaubensgemeinschaften selber sind in ihrer Vielfalt zu einer Kreativität und Eigenverantwortlichkeit herausgefordert, deren Bedeutung selbst das II. Vatikanum nicht voraussehen konnte. Darüber hinaus wird immer deutlicher, daß jeder Schritt auf dem Weg ins

Morgen ökumenische Implikationen besitzt. Schließlich erleben alle Kirchen die Konsequenzen dessen, was man »die ungleichzeitige Gleichzeitigkeit« nennt, die Tatsache nämlich, daß einzelne Gruppen noch im Vorgestern leben, während andere bereits im Übermorgen zu Hause sind. Dieses Phänomen führt auch in der Amtsfrage zu einer manchmal schmerzlichen Polarisierung unter Gläubigen und kirchlichen Führungskräften.

Diese Veröffentlichung möchte eine Übersicht über die Komplexität der Amtsfrage in Europa verschaffen. Dabei wird zuerst die Situation als solche beschrieben. Die Zusammenschau muß fragmentarisch bleiben, da es in einigen Ländern noch an den erforderlichen wissenschaftlichen Studien fehlt. Anschließend wird die Frage nach der Erneuerung des Amtes unter verschiedenen Aspekten vertieft: Was haben Exegese, Geschichte, Theologie und Soziologie dazu beizutragen? Da annähernd vergleichbares sozialpsychologisches Material fehlt, konnte hierzu kein eigenes Kapitel verfaßt werden. In einem letzten Beitrag werden Lösungsentwürfe vorgestellt, bei denen auch die Grenzen der jeweiligen Modelle angesprochen werden. Es gibt im Grunde keine in jeder Hinsicht befriedigende Antwort, jeder neue Weg wirft eigene Probleme auf, auch wenn die Autoren der Meinung sind, daß die Beibehaltung des Status quo keine Perspektive darstellt und nur weiterer Entmutigung zuarbeiten würde.

Selbstverständlich ist dieser Beitrag zu einem pastoralen Konzept unfertig. Die Situation verändert sich ständig, u. a. wegen des rasanten Wandlungsprozesses, den jede nationale Kultur im mühsam sich vereinenden Europa erfährt und durch den die jüngeren Generationen neue Fragen zu ihrer Stellung in der Gesellschaft und Kirche aufwerfen. Dennoch weisen die Herausforderungen in ganz Europa Parallelen auf. Daher hat man sich auf europäischer Ebene über den einzuschlagenden Weg Gedanken zu machen. Dieses Nachdenken verträgt keinen Aufschub: In fast allen Gegenden wird sich die Situation um das magische Jahr 2000 noch weiter verändert haben. Von einer Priesterschaft, die das durchschnittliche Alter von 70 Jahren besitzt, kann wohl schwerlich »aggiornamento« und »Inkulturation« erwartet werden. Wie steht es dann aber mit der »neuen Evangelisierung«, was auch immer man im einzelnen darunter versteht? Auch wenn sich alle Autoren bewußt sind, daß ein beherztes und europaweites Angehen der beschriebenen Probleme dringend erforderlich ist, so zeichnet doch ein jeder für den eigenen Beitrag verantwortlich. Zuletzt sei noch erwähnt, daß man leider keine Autorin hat gewinnen können. Bleibt die Hoffnung, daß dieser Mangel in einer späteren, vollständigen Studie behoben werden kann.

1. DER PRIESTERMANGEL IN EUROPA

Jan Kerkhofs

In vielen Ländern Europas werden Priester und Ordensleute fast automatisch dem letzten Lebensdrittel zugerechnet; aus Schulen und Krankenhäusern sind sie beinah ganz verschwunden; es gibt nur wenige Gemeinden mit mehr als einem Priester, viele tausend Gemeinden müssen bereits ohne einen Pfarrer am Ort auskommen – und dies alles zu einer Zeit, da es weder Krieg noch Verfolgung gibt, wenigstens in West-Europa nicht, und die Demokratisierung des Bildungswesens vielen Millionen Jugendlichen ein Hochschulstudium ermöglicht. In einigen Ländern gehören Priester und Ordensleute noch wie eh und je zum gewöhnlichen Straßenbild.

Das Problem eines baldigen Priestermangels ist nicht annähernd in das kollektive kirchliche Bewußtsein vorgedrungen, und wer doch etwas davon mitbekommt, der reagiert mit der Bemerkung, daß die Geschichte seit jeher ein Auf und Ab kenne und es dabei halt zahlenmäßig mal mehr, mal weniger Priester und Ordensleute gebe. Wer dann Europa noch mit anderen Kontinenten vergleicht, gelangt zu dem Schluß, daß der Priestermangel auch nur relativ sei.

Dieses erste Kapitel möchte eine nüchterne Wiedergabe der gegenwärtigen Tendenzen bieten. Dabei wird Europa zum einen global erfaßt, zum anderen der jeweilige Zustand in den meisten europäischen Ländern beschrieben. Dabei muß man sich stets der Tatsache bewußt bleiben, daß Statistiken ebensoviel verschweigen wie offenbaren können. Hinter den Zahlen verbergen sich manchmal wichtige sozio-kulturelle und stark historisch bedingte Unterschiede. Quantität kann große Unterschiede der Qualität verbergen. Die Fähigkeit, zu erkennen, ob es sich um Anstieg oder Niedergang handelt, erfordert zahlreiche Feinanalysen, und doch besitzen Zahlen für jede Planung eine große Bedeutung. Sogar die Schrift verweist auf die Notwendigkeit, Zahlen zu berücksichtigen.

1.1 Europa im globalen Vergleich

Die nun folgende statistische Übersicht verlangt eine vorsichtige Interpretation, obwohl sie bereits Verhältnisse und Tendenzen aufzeigt. Fast alle Zahlen stammen aus der einzig verfügbaren Quelle, den jährlichen Veröffentlichungen des *Annuarium Statisticum Ecclesiae*[1], betreut vom Staatssekretariat des Vatikans. Diese Fakten beruhen auf Mitteilungen aus den einzelnen Bistümern und Ordensinstituten; diese sind natürlich nicht immer exakt und weichen gelegentlich von den am Ort vorgenommenen Untersuchungen ab. Dennoch bieten sie eine einigermaßen zuverlässige Übersicht.

Zwei Besonderheiten fallen dabei sofort ins Auge. Vorerst hat Europa noch immer die größte Zahl von Priestern, ungefähr 60 % des diözesanen Klerus der ganzen Welt und 47 % der Ordenspriester. Außerdem stellt man fest, daß eine große Anzahl von Ordensleuten im Gemeindedienst tätig ist. Darüber hinaus belegen etliche andere Studien die Tatsache, daß viele Ordenspriester in Lateinamerika und Afrika aus Europa kommen.

Tabelle 1: Präsenz von Priestern

	Diözesanpriester		Ordenspriester	
	1986	1992	1986	1992
Europa	159.682	154.556	70.805	67.920
weltweit	253.710	259.866	149.176	144.770

Zwischen 1986 und 1992 nahm die Zahl der diözesanen Priester weltweit zu (in Afrika, Lateinamerika und vor allem Asien, während sie in Nordamerika, Europa und auf den Pazifischen Inseln sank). Die Zahl der Ordenspriester nahm ab (überall, außer in Asien und Mittelamerika).

Hinter diesen Zahlen verbergen sich jedoch große Unterschiede, was die Zahl der Katholiken pro Priester betrifft. Dieses Verhältnis ist eindeutig in drei Gebieten am besten, wo die Zahl der Priester verhältnismäßig abnahm, nämlich in Nordamerika, Europa und auf den Pazifischen Inseln, wie Tabelle 2 zeigt. Aber zwischen 1986 und 1992 verschlechterte sich das Verhältnis überall, ausgenommen vielleicht Afrika, vor allem durch die Zunahme der katholischen Bevölkerung.

Tabelle 2: Verhältnis der Katholiken pro Priester (Diözesan- und Ordenspriester)

	1986	1987	1988	1989	1990	1991	1992
Afrika	4.086	4.150	4.249	4.318	4.358	4.434	4.395
Nordamerika	956	970	991	1.007	1.023	1.033	1.052
Südamerika	6.956	7.013	7.014	7.074	7.276	7.360	7.360
Asien	2.504	2.531	2.546	2.588	2.541	2.553	2.583
Europa	1.210	1.221	1.231	1.248	1.270	1.282	1.295
Pazifische Inseln	1.205	1.219	1.261	1.289	1.294	1.346	1.385
Welt	*2.145*	*2.182*	*2.217*	*2.258*	*2.308*	*2.338*	*2.368*

Der positive Zustand in Europa und Nordamerika wird auch unterminiert durch ein Negativsaldo zwischen der Zahl der Weihen und der Anzahl an Sterbefällen und Austritten, wie Tabelle 3 zeigt, wobei Weihen, Sterbefälle und Austritte pro 100 vorhandenen Diözesanpriestern wiedergegeben werden (1991).

Tabelle 3: Weihen, Sterbefälle, Austritte und Saldo auf 100 Diözesanpriester (1991)

	Weihen	Sterbefälle	Austritte	Saldo
Afrika	8,18	1,04	0,23	6,91
Nordamerika	1,43	1,97	0,36	–0,90
Südamerika	5,19	1,46	0,46	3,27
Asien	4,84	1,01	0,38	3,45
Europa	1,73	2,11	0,16	–0,54
Pazifische Inseln	2,06	1,35	0,46	0,25
Welt	*2,52*	*1,87*	*0,24*	*0,41*

In Europa findet man die größte Konzentration von Priestern in Italien, Frankreich und Spanien, gefolgt von Polen und Deutschland. Relativ gesehen, d.h. wenn man die Zahl der Katholiken pro Priester betrachtet, gibt es sehr große Unterschiede (1992). Man erhält dann folgende Reihenfolge: Malta

(369), Irland (703), Großbritannien (747), Belgien (883), Schweiz (894), Italien (962), Niederlande (1.134), Spanien (1.243), Österreich (1.280), Deutschland (1.306), Polen (1.510), Slowenien (1.515), Frankreich (1.542), Kroatien (1.682), Jugoslawien (2.141), Ungarn (2.176), Portugal (2.193), Tschechoslowakei (2.861), Ukraine (3.621), Litauen (4.032). Natürlich trifft man in den »Diaspora«-Ländern des Nordens und in orthodoxen Ländern auf Verhältnisse, die eigene Merkmale aufweisen: Island (197), Finnland (249), Dänemark (331), Griechenland (565), Norwegen (608), Schweden (1.217), Weißrußland (7.977). Daraus wird deutlich, daß außer von Malta und Italien die numerisch besten Verhältnisse eher im nördlichen Europa angetroffen werden. Zwischen 1976 und1992 hat in fast allen größeren Län-

Tabelle 4: Anzahl der Diözesan- und Ordenspriester, Europa (die einzelnen Länder und insgesamt), 1976–1992

	1976	1987	1992
Belgien	13.432	11.065	9.778
Niederlande	6.083	5.799	4.878
Irland	5.906	5.921	6.321
Großbritannien	7.861	7.405	6.877
Westdeutschland Ostdeutschland	22.576 1.525	21.609 1.363	21.774
Schweiz	4.308	3.974	3.579
Österreich	6.099	5.533	4.952
Tschechoslowakei	4.054	3.386	3.790
Jugoslawien Kroatien Slowenien	4.097 – –	4.245 – –	249 2.190 1.105
Polen	18.529	21.386	24.452
Frankreich	41.163	34.261	30.909
Portugal	5.035	4.596	4.500
Spanien	33.369	31.124	29.851
Italien	61.784	60.196	57.659
Europa	***241.379***	***228.511***	***222.476***

dern – außer Polen – die absolute Zahl der vorhandenen Diözesan- und Ordenspriester abgenommen.

Vor diesem allgemeinen Hintergrund wird nun das Phänomen der Gemeinden ohne ortsansässigen Priester beleuchtet. Längst nicht alle Gemeinden in den verschiedenen Kontinenten werden von einem Ortspfarrer betreut. Die Struktur der Gemeinden variiert übrigens stark. So haben viele südamerikanische Gemeinden nicht selten zehntausend Getaufte, wohingegen in Afrika und Asien die großen Gemeinden viele Missionsposten haben, die von Katecheten betreut werden. Darüber hinaus hat Europa, vor allem in Italien, Spanien und Frankreich, sehr viele kleine Gemeinden, von denen manche nur auf dem Papier bestehen und lediglich eine Handvoll Gläubige zählen. Das hat man bei der Interpretation von Tabelle 5 zu berücksichtigen.

Tabelle 5: Die Arten der Gemeinde und der Quasi-Gemeinden, je nach ihrer Betreuung

	weltweit (1976–92)			*pro Kontinent*				
Gemeinde betreut von Diözesanpriester	**1976**	**1987**	**1992**	**Afrika**	**Amerika**	**Asien**	**Europa**	**Pazif. Inseln**
Diözesanpriester	129.810	129.942	136.854	4.633	36.017	11.172	83.425	1.607
Ordenspriester	24.247	26.335	25.502	3.240	9.463	3.326	8.979	494
nicht-residierende Pastöre	44.157	53.108	53.554	926	5.045	2.323	45.089	171
ständige Diakone	84	230	351	40	140	19	133	19
Ordensmänner, Nicht-Priester	60	82	98	11	44	19	21	3
Ordensfrauen	332	883	1.091	72	760	46	198	15
Laien	342	950	1.483	194	273	68	853	95
unbesetzt	1.474	979	1.659	141	260	263	994	1
insgesamt	*200.506*	*212.409*	*219.231*	*9.257*	*52.002*	*17.236*	*139.692*	*2.405*

Im Blick auf Europa fällt auf, daß von den Gemeinden mit Ortspfarrer ungefähr 10 % von Ordenspriestern betreut werden (in Afrika 43 %, in Amerika 21 %, in Asien 23 % und auf den Pazifischen Inseln 24 %). Die Zahl der Gemeinden, die von ständigen Diakonen betreut werden, ist in allen Ländern niedriger als die Zahl der von Ordensleuten betreuten, die keine Priester sind (Männer oder – vor allem – Frauen). Man kann in Europa jedoch immer weniger auf Ordensleute, Priester oder nicht, zurückgreifen, da deren Zahl ständig sinkt (Tabelle 6) und die meisten Ordensleute sich weder zur Gemeindeleitung berufen fühlen noch dazu bereit sind.

Tabelle 6: Entwicklung der Zahl von Ordensleuten in Europa (1980–1992)

	1980	1987	1992
Ordenspriester	74.411	69.513	67.920
Ordensmänner, Nicht-Priester	35.445	30.540	26.949
Ordensfrauen	527.707	474.249	431.929

1992 findet man die größte Zahl von Ordenspriestern in Italien (19.733), Spanien (9.838), Frankreich (6.894), Polen (5.448), Deutschland (5.195), Belgien (3.642), den Niederlanden (2.937), Irland (2.661), Österreich (1.923), Schweiz (1.478) und Portugal (1.086). Im Vergleich mit 1986 nahm ihre Zahl überall ab, außer in Polen und Irland, die Alterspyramide von Irland zeigt jedoch eine schnelle Veralterung. Auch ist anzumerken, daß Belgien, mit dreimal weniger Einwohnern, 1980 noch mehr Ordenspriester hatte als Polen (nämlich 5.091 gegenüber 4.358).

Die Verteilung der Ordensmänner, die nicht Priester sind, und der Ordensfrauen folgt der der Ordenspriester. Nur in Polen nahm die Zahl der Ordensfrauen zu (von 24.973 1986 auf 25.350 1992). Die Zahl der Ordensmänner, die keine Priester sind, nahm ab (von 1.598 1986 auf 1.424 1992). In Italien sank die Zahl der Ordensfrauen zwischen 1986 und 1992 von 137.431 auf 124.721, in Spanien von 76.875 auf 70.608, in Frankreich von 72.702 auf 61.503. Außer in Polen kann man überall eine schnell veralternde Alterspyramide feststellen.

Die Zahl diözesaner Seminaristen (Studium der Philosophie und Theologie) stieg zwischen 1986 und 1992 leicht an: von 19.851 auf 20.371. Dieser Anstieg verdankt sich vor allem der

Ukraine, Rumänien, Tschechien, Slowakei und Litauen. In Polen sank deren Zahl. Den in relativen Zahlen größten Rückgang verzeichneten Irland, Deutschland, Belgien und die Niederlande. In Frankreich hatte bereits früher ein massenhafter Rückgang begonnen. Was die Seminaristen unter den Ordensleuten angeht, so gab es zwischen 1986 und 1992 einen Anstieg von 9.346 auf 9.869. Sie machen also 1992 32,6 % aller Seminaristen aus. Dieser Anstieg verdankt sich vor allem Mitteleuropa. Den größten Rückgang verzeichnen Deutschland, Großbritannien und Irland. In den Niederlanden und Frankreich fand der größte Rückgang bereits vor 1986 statt.

Das *Annuarium Statisticum Ecclesiae* enthält auch Daten über die Entwicklung der Priesterweihen bei dem diözesanen Klerus. Man sieht sofort, daß Europa noch immer die mit Abstand größte Zahl von Weihen hat, daß es vor allem Afrika und Asien sind, die numerisch den größten Anstieg verzeichnen, während Nordamerika und die Pazifischen Inseln stagnieren. Wie bereits zu sehen war, halten die Weihen nicht Schritt mit dem Anstieg der katholischen Bevölkerung.

Tabelle 7: Priesterweihen (diözesaner Klerus) pro Kontinent (1986–1992)

	1986	1988	1990	1992
Afrika	545	663	716	823
Nordamerika	542	568	517	551
Mittelamerika (und die Antillen)	341	380	426	455
Südamerika	719	787	820	935
Asien	681	767	959	975
Europa	2.253	2.533	2.456	2.586
Pazifische Inseln	55	52	44	58
weltweit	***5.136***	***5.750***	***5.938***	***6.401***
davon % in Europa	***43,8 %***	***44 %***	***41,3 %***	***40,3 %***

Bei näherem Hinsehen fällt – für Europa – auf, daß die Zahl der Weihen zwischen 1986 und 1992 vor allem in Polen, der

Ukraine, Italien und Spanien anstieg. In Westeuropa bleiben die Zahlen auf einem niedrigen Niveau stehen oder sinken weiter. In dieser Zeit schwanken die offiziellen Zahlen, die sich – weltweit gesehen – auf die Austritte der diözesanen Priester beziehen, zwischen einem Minimum von 562 im Jahr 1990 und einem Maximum von 633 im Jahr 1986. Auf dieses Problem wird in einem anderen Zusammenhang in diesem Buch noch näher eingegangen.

Tabelle 8: Zahl der Gemeinden, die von einem Priester am Ort (Diözesan- oder Ordenspriester) oder einem Priester aus einer anderen Gemeinde betreut werden. 1972–1992 (Europa und die wichtigsten Länder)

Länder	mit Diözesanpriester als Pfarrer		mit einem Ordenspriester als Pfarrer		von einem Pfarrer aus einer anderen Gemeinde betreut	
	1976	*1992*	*1976*	*1992*	*1976*	*1992*
Belgien	3.281	2.439	352	434	284	1.070
Niederlande	1.333	1.004	427	637	39	112
Irland	1.257	1.295	27	59	–	–
Großbritannien	2.797	2.754	343	347	8	69
Österreich	2.053	1.856	592	647	394	584
Schweiz	1.338	994	149	224	191	420
Westdeutschland	9.002	8.296	873	731	1.812	3.702
Ostdeutschland	732	–	47	–	117	–
Polen	6.590	8.818	465	700	46	76
Tschechien/Slowakei	2.642	2.012	224	292	1.259	2.088
Ungarn	2.152	1.703	142	54	141	515
Jugoslawien	1.831	174	372	25	475	37
Kroatien	–	1.022	–	182	–	276
Slowenien	–	636	–	70	–	87
Frankreich	15.597	12.184	832	807	20.851	20.385
Portugal	2.612	2.358	117	167	1.593	1.769
Spanien	12.133	10.353	696	978	8.543	10.137
Italien	23.041	20.892	2.014	2.028	3.237	2.833
Europa	**88.840**	**83.425**	**7.682**	**8.979**	**39.242**	**45.089**

Vor dem Hintergrund all diesen Zahlenmaterials kehren wir nach Europa zurück, um dort die Entwicklung der Gemeinden mit oder ohne Priester am Ort zu verfolgen.

Tabelle 8 gibt eine deutliche Entwicklung wieder: Abnahme derjenigen Gemeinden, die einen Diözesanpriester als Pfarrer haben, Verringerung der Gemeinden, die von einem Ordenspriester betreut werden, und starker Anstieg der Gemeinden, die von einem benachbarten Pfarrer betreut werden (trotz der Tatsache, daß vor allem in Frankreich und Italien viele kleinere Gemeinden aufgelöst wurden). 1992 haben ungefähr 33 % der bis dahin beobachteten Gemeinden keinen Pfarrer am Ort. Wenn man hierzu noch die Gemeinden nimmt, die einem Diakon überantwortet sind (133), einem Ordensmann, der kein Priester ist (21), Ordensfrauen (198), Laien (853), oder die ganz unbesetzt blieben (994), dann steigt der Prozentsatz auf fast 34 %. In Frankreich hat man die Gemeinden vor allem Diakonen (775) oder Ordensfrauen (123), in Italien (57) und der Schweiz (28) vor allem Laien anvertraut. Daß gerade Lateinamerika viele Gemeinden ohne einen Priester am Ort hat, überrascht nicht. Hier befinden sich sehr viele kleine Bergdörfer und hat eine starke Abwanderung in die Städte stattgefunden. Ernster ist die Situation in Nordeuropa, wo auch größere Gemeinden schnell einen ortsansässigen Pfarrer entbehren müssen. Inzwischen hat man immer mehr Gemeinden Ordenspriestern anvertraut, doch diese Quelle versiegt nach und nach.

Natürlich verbergen sich hinter den bloßen Zahlen zum Teil sehr große Unterschiede im Aufbau der Alterspyramide. Die Länderanalyse wird hierauf noch eingehen. Zuvor scheint es uns jedoch angebracht, in dieser allgemeinen statistischen Übersicht auch einige demographische und religionssoziologische Fakten zusammenzustellen. Sie ermöglichen es, sowohl das »Berufungs-Potential« als auch die »pastorale Last« zu nuancieren.

Die Zahl junger Männer und Frauen in Europa nimmt ab. Um die Bevölkerung auf demselben Stand zu halten, müßte man pro Frau durchschnittlich 2,1 Kind haben, so schätzen die Demographen. 1991 traf das bei den berücksichtigten Ländern

(Tabelle 9) nur noch für Irland und Schweden zu. Vergleicht man 1965 und 1991, so ist überall ein Rückgang zu verzeichnen (außer in Ungarn, wo allerdings der Ersatz-Index von 2,1 nicht erreicht wird). Das heißt, daß das durchschnittliche Ehepaar in West- oder Mitteleuropa keine zwei Kinder hat. Man wird verstehen, daß – allen Betrachtungen des Glaubenslebens zum Trotz – dieses Phänomen einen großen Einfluß auf das »Berufungs-Potential« hat. Dabei muß erwähnt werden, daß man die niedrigsten Zahlen in Italien, Spanien und Deutschland antrifft.

Tabelle 9: Durchschnittliche Zahl der Kinder pro Frau (1965–1991)

	1965	*1991*
Belgien	2,60	1,57
Niederlande	3,04	1,61
Irland	4,03	2,18
Großbritannien	2,83	1,82
Österreich	2,70	1,50
Schweiz	2,61	1,61
Deutschland		1,33
(Ost)	2,48	0,98
(West)	2,51	1,42
Polen	2,52	2,06
Tschechien/Slowakei	2,37	1,92
Ungarn	1,82	1,87
Frankreich	2,84	1,77
Portugal	3,07	1,50
Spanien	2,97	1,28
Italien	2,55	1,27
Schweden	2,42	2,12

Quelle: Population (INED, Paris), 48 (1993), 1060

Traditionellerweise findet man Berufungen vorwiegend in regelmäßig praktizierenden Familien. Der Europäischen Wertestudie (1990)[2] zufolge hat die Praxis des wöchentlichen Gottesdienstbesuchs zwischen der Untersuchung von 1981 und der von

1990 überall einen Rückgang zu verzeichnen. Die hier genannten Zahlen sind dagegen optimistische Selbsteinschätzungen; die wirklichen Zahlen liegen 5% oder mehr darunter. Die der Altersgruppe der 18- bis 24jährigen liegen noch niedriger; in dieser Altersgruppe gehen viele praktisch nie zur Kirche und nimmt die Zahl derjenigen zu, die von sich behaupten, keiner Kirche anzugehören. Die Zahlen von Tabelle 10 beziehen sich auf alle christlichen Kirchen zusammen.

Tabelle 10: Sonntäglicher Kirchgang in Westeuropa, Altersgruppe der 18- bis 24jährigen (1990, in %), die erklärt, nicht zu einer Kirche zu gehören

	Sonntagspraxis mindestens 1 x im Monat	*weniger als 1 x im Jahr und praktisch nie*	*einer Kirche angehören: nicht*
Belgien	20%	57%	45%
Niederlande	17%	50%	61%
Irland	81%	6%	7%
Nordirland	58%	28%	14%
Großbritannien	14%	67%	59%
Deutschland (West)	18%	53%	10%
Frankreich	7%	72%	60%
Portugal	37%	48%	42%
Spanien	21%	54%	20%
Italien	36%	20%	15%

Quelle: EVS, 1990

Für die genannten zehn Länder sagen in der Gruppe der 18- bis 24jährigen nur 11%, daß sie großes Vertrauen in die Kirche besitzen (bei den 65jährigen und mehr sind es 40%), 26%, daß sie an die Auferstehung, und 34%, daß sie an einen persönlichen Gott glauben. Von den Katholiken (alle Altersgruppen zusammen) sagen 33%, daß sie »religiöse Erziehung« in der Familie wichtig finden (im Vergleich zu »Toleranz«: 72%). Nach der Untersuchung des Eurobarometers (Europäische Kommission, 1992), bei der mehr Themen als in der Europäischen Wertestudie berücksichtigt wurden und bei der auch die ehemalige DDR und Griechenland einbezogen wurden, erreicht »religiöse Erziehung« nur 10% (höchster Prozentsatz: Griechenland mit 22%; niedrigster: Ostdeutschland mit 3%).

Aus diesen wenigen Angaben kann man schließen, daß – was den jungen Europäer angeht – man von einer Minderheitenkirche sprechen kann (nur in Polen findet man in der gesamten Bevölkerung eine Mehrheit, die »religiöse Erziehung« in der Familie für wichtig hält).

1.2 Nordwesteuropa

Niederlande

Dank des KASKI (Katholiek Sociaal-Kerkelijk Instituut) verfügen die Niederlande seit Jahren über ausgezeichnete kirchliche Statistiken. Zusammen mit vielen anderen Studien vermitteln sie, daß sich kein anderes westeuropäisches Land seit dem Zweiten Weltkrieg religiös so schnell verändert hat wie die Niederlande. Einige Tabellen illustrieren diese Entwicklung. Nebenbei sei erwähnt, daß die Niederlande (1990) 15 Millionen Einwohner haben, von denen 37% Katholiken sind (Besuch des Sonntagsgottesdienstes von 14% im Vergleich zu 64,4% 1965; 31,1% 1975 und 17,5% 1985).

Tabelle 1: Anzahl der Priester, die in den niederländischen Diözesen tätig sind (B. p. = tätig in der Basispastoral, nämlich in Gemeinden oder Quasi-Gemeinden)

		Weltgeistlicher			*Regularkleriker*		
	insgesamt	**ausgeschieden**	**aktiv**	**B. p.**	**aktiv**	**B. p.**	**insgesamt**
1960	–	–	–	2.987	–	708	3.695
1965	4.174	–	–	2.902	–	955	3.857
1970	3.729	–	–	2.280	–	1.153	3.433
1974/5	3.263	727	2.536	2.027	1.472	1.146	3.173
1980	2.746	855	1.891	1.340	1.483	948	2.288
1985	2.377	875	1.502	1.091	1.159	713	1.814
1990	2.075	882	1.193	880	945	597	1.477

Zwischen 1965–1980 haben zunehmend Ordensleute Gemeindearbeit übernommen, in erster Linie, weil in den sechziger Jahren durch die Aufhebung der eigenen kleinen und größeren Seminare mehr Ordensleute für andere Tätigkeiten zur Verfügung standen, und in zweiter Linie, weil in den siebziger Jahren aufgrund politischer Umstände und der wachsenden Selbständigkeit der Kirchen in den Dritte-Welt-Ländern zahlreiche Ordensleute in die Niederlande zurückkehrten. Von ihnen gingen viele in der Gemeindeseelsorge arbeiten.

Das Reservoir an Ordenspriestern ist jedoch bald ausgeschöpft. Darüber hinaus nimmt auch die Zahl anderer Ordensleute ab, die direkt oder indirekt mit der Pastoral zu tun haben (Tabelle 2).

Tabelle 2: Zahl der Ordensleute in den Niederlanden

	Ordensschwestern	*Fratres*	*Priester*
1974	23.334	3.306	4.042
1980	20.147	3.159	3.699
1985	17.774	2.652	3.458
1990	15.197	2.156	3.047

Außerhalb der Niederlande waren 1969 9.302 niederländische Ordensleute tätig, 1990 nur noch 1.964. 1991 hatten die Niederlande 2.130 aktive Priester im Dienst der niederländischen Diözesen, davon waren 942 Ordensangehörige, das sind 44,2 %. Von der Gesamtzahl der weltlichen Priester (2.073) waren 885 ausgeschieden (das sind 42,7 %). Von der Gesamtzahl der Ordenspriester (3.047) waren 1.116 pensioniert. Von den 14.304 Ordensschwestern, die zu einem sogenannten aktiven Orden oder einer Kongregation gehören, waren 11.313 (das sind 79,1 %) pensioniert oder aus anderen Gründen nicht mehr im aktiven Dienst. Von den 841 Brüdern/Fratres der aktiven Orden oder Kongregationen waren noch 476 (das sind 56,6 %) tätig.

Von den 1.754 »pastoralen Einheiten« (Gemeinden, Quasi-Gemeinden usw.) wurden 1991 63,3 % von weltlichen Priestern betreut und 38,7 % von Ordenspriestern. Je nach dem, wie man

»pastorale Einheiten« definiert, hat man in den Niederlanden 175 bis 350 »Gemeinden ohne Priester am Ort«. Man sieht einen schnellen Anstieg voraus. Die Zahl der Priesterweihen bleibt trotz einer jüngsten Zunahme bei den weltlichen Priestern niedrig.

Tabelle 3: Priesterweihen und Amtsniederlegungen (1960–1990)

	Priesterweihen		Amtsniederlegungen	
	Weltliche Priester	Ordenspriester	Weltliche Priester	Ordenspriester
1961–65	411	981	29	79
1966–70	213	507	306	612
1971–74/75	49	120	227	542
1976–80	41	120	72	111
1981–85	68	37	23	56
1986–90	96	34	17	17

Man darf hierbei nicht vergessen, daß 61 % der 18- bis 24jährigen – laut Europäischer Wertestudie – erklärt haben, zu keiner Kirche zu gehören (für die gesamte Bevölkerung sind das 51 %), und daß die Krise bei den Katholiken und Evangelisch-Reformierten größer ist als bei den Kalvinisten.

Durch die Zusammenlegung von zu kleinen Gemeinden und von Gemeinden mit zu geringem Gottesdienstbesuch versucht man, eine vorläufige Lösung zu finden. Dagegen kommt jedoch Widerstand seitens der Gläubigen auf; sie sehen in der Gemeinde eine Stütze für primäre Beziehungen in der Gemeinschaft. Inzwischen strebt man ein Verhältnis von einem Priester auf 7.000 Gläubige an. Das beinhaltet eine ständige Rationalisierung der Aufgaben des Priesters, zum Beispiel durch kollektives Taufen von Kindern, durch das Abschaffen von Eucharistiefeiern bei Trauungen und Beerdigungen, durch Konzentration von Jugendgottesdiensten in einer Stadtkirche usw. Inzwischen greift man immer häufiger auf Pastoralreferent(inn)en und – in geringerem Maße – auf ständige Diakone zurück. Wie in anderen Ländern stellt man fest, daß zu wenig theologisch ausgebildete Personen für die Gemeindepastoral zur Verfügung stehen. Obendrein wurde während der außerordentlichen niederländischen Synode in Rom (1980) betont, daß so wenig traditionelle priesterliche Aufgaben wie möglich an Laien übertragen werden sollten, um der priesterlichen Identität nicht zu schaden. Ein großer Lichtblick sei dabei erwähnt: Deutlicher als in den Nachbarländern setzen sich Gläubige ehrenamtlich für gemeindliche Tätigkeiten ein.

Belgien

Die föderale Struktur von Belgien spiegelt sich auch kirchlich wider. Aus diesem Grunde werden Flandern, Wallonien und die Region um die Hauptstadt Brüssel auch getrennt behandelt[3].

1991 hatten die drei wallonischen Diözesen und das Vikariat des wallonischen Brabant 2.010 Gemeinden, von denen 984 ohne ortsansässigen Priester waren. Deren Zahl stieg ständig: im Bistum Lüttich (von 123 1981 auf 214 1991), im Bistum Doornik (von 170 1981 auf 272 1991). Das weitgestreckte Bistum Namur-Luxemburg hat 1991 auf 740 Gemeinden – von denen viele nur wenige Mitglieder besitzen – 454 Gemeinden ohne Priester am Ort.

Die Alterspyramide ist dort auf den Kopf gestellt: bis 30 Jahre: 24 Priester; 30–39 Jahre: 157; 40–49 Jahre: 290; 50–59 Jahre: 494; 60–69 Jahre: 660; 70–79 Jahre: 293; über 80 Jahre: 43. Das durchschnittliche Alter beträgt ca. 61 Jahre (1991). Zwischen 1984–85 und 1988–89 wurden in Wallonien jährlich durchschnittlich nur 15 Diözesanpriester geweiht.

Angesichts dieser Entwicklung werden verschiedene Strategien verfolgt: verstärkter Einsatz von Laien (durch Pastoralteams, Gemeinderäte); Neustrukturierung von »pastoralen Einheiten« (durch Wiederbelebung der Zusammenarbeit auf Dekanats- und Bezirksebene); Priesterteams, »in solidum« verantwortlich für eine Reihe von Gemeinden; das französische ADAP-Modell für von Laien geleitete Sonntagsgottesdienste. Laien werden nach verschiedenen Systemen für den pastoralen Einsatz ausgebildet, eine gemeinsame Perspektive fehlt aber bislang noch. Dennoch wächst die Überzeugung, daß nur vollzeitbeschäftigte und besoldete Laien eine Lösung darstellen können – sowohl für die Gemeinden als auch für die Pastoral in Krankenhäusern. Priester und Laien möchten die je eigene Funktion von Laien und Priestern und neue Amtsformen für Männer und Frauen (verheiratet oder nicht) theologisch stärker reflektieren.

In den vier flämischen Diözesen und dem Vikariat des flämischen Brabant hatte man 1990 von insgesamt 1.830 Gemeinden 142 ohne Priester am Ort, nämlich 7,7%. Man muß dabei berücksichtigen, daß die flämischen Gemeinden meist viel mehr Mitglieder haben als die wallonischen und auch einen eher städtischen Charakter besitzen. Die Situation verändert sich schnell. Das Bistum Antwerpen zum Beispiel hatte 1986 4 Gemeinden (von 313) ohne Priester am Ort, 1992 60 und Anfang 1994 bereits 106. Das Bistum Hasselt hatte 1986 360 Priester, die aktiv in 320 Gemeinden waren, 1991 300 Priester; für das Jahr 2010 schätzt man die Zahl auf ungefähr 100. Seit 1980 nahm die Zahl der ausgebildeten oder in der Ausbildung befindlichen pastoralen Animateure zu auf ca. 1.800.

Die Zahl der diözesanen Seminaristen hat fast ununterbrochen abgenommen (678 im Jahr 1963; 518 im Jahr 1969; 186 im Jahr 1979; 150 im Jahr 1989; 118 im Jahr 1993). Gegenüber 106 Priesterweihen von 1963 hat man 1969 65 Weihen und für die Zeit von 1978–88 jährlich durchschnittlich 20. Verglichen mit 1966 sank die Zahl der Eintritte und Weihen um 70%. Dies hat einen ständigen Rückgang der absoluten Zahl von Priestern (z. B. in Antwerpen von 1.325 diözesanen Priestern im Jahr 1963 auf 781 im Jahr 1988, davon gingen 1/4 in Pension) sowie starke Überalterung zur Folge.

Man sucht nicht nur nach denselben Lösungen wie in Wallonien, sondern hat auch eigene Antworten parat, wie etwa den Einsatz gut ausgebildeter Pastoralarbeiter(innen). Auch unternimmt man große Anstrengungen, um neben den Gemeinderäten Pastoralteams einzurichten (von 1.403 im Jahr 1989 untersuchten Gemeinden hatten 390 Pastoralteams). Die Zahl der vollzeitangestellten und besoldeten Laien steigt allmählich (u. a. in Krankenhäusern). Finanzielle Einschränkungen verhindern die Einstellung von noch mehr vollzeitangestellten Laien. Der »Interdiözesane Pastoralrat« – einzigartig in seiner Art – ist seit 1971 wiederholt und mit Unterstützung der mächtigen katholischen Frauenorganisationen für die Weihe von verheirateten »viri probati« und für die Zulassung von Frauen zum Diakonat und eventuell zum Priestertum eingetreten.

Die Situation in der Hauptstadt Brüssel[4] ist u. a. aufgrund der Mehrsprachigkeit komplex, wie die folgende Alterspyramide belegt:

Altersgruppe	*niederländischsprachiger Gemeindeklerus*	*französischsprachiger Gemeindeklerus*
71 +	6	11
61–70	19	53
51–60	21	51
41–50	13	23
31–40	7	15
–31	1	1
	68	154

Zwischen 1970–1980 wurden in Belgien zahlreiche Ordenspriester (auch heimgekehrte Missionare) in die Gemeinden abberufen. 1978 z. B. bestanden 33 % des Klerus im Dienst des Erzbistums Mechelen-Brüssel aus Ordensleuten (nämlich 515). Doch auch die Zahl der männlichen Ordensleute nimmt rasch ab: für Belgien von 6.172 (1990) auf 5.637 (1993), bei Ordenspriestern von 4.554 (1987) auf 3.722 (1993). Von den männlichen Ordensangehörigen sind 68 % älter als 60 Jahre (1993). Die durchschnittliche Zahl der Priesterweihen betrug (in der Zeit zwischen 1988–1992) 21.

Das Großherzogtum Luxemburg

Die Entwicklung in Luxemburg zeigt folgende allgemeine Tendenz:

Jahr	*aktive Priester*	*ausgeschiedene Priester*	*gesamte Priesterschaft*
1960	392	83	475
1970	360	82	442
1980	237	107	344
1990	177	92	269
1994	160	88	248

Für 266 Gemeinden besaß man 1994 160 aktive Priester. Zwischen 1987 und 1993 starben jährlich durchschnittlich 10,4 Priester und wurden durchschnittlich 2,4 geweiht. Die Progression der Alterung wird in folgender Graphik deutlich:

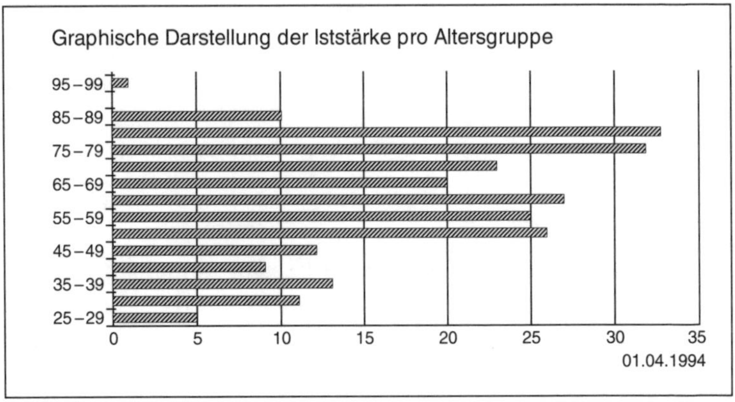

Dem *Annuarium Statisticum Ecclesiae* zufolge hatte das Großherzogtum Luxemburg im Jahr 1976 bei 274 Gemeinden 69 ohne Pastor am Ort, im Jahr 1992 126. Von den 148 übrigen Gemeinden wurden 36 von einem Ordenspriester betreut.

West- und Ostdeutschland

Von den 22 Bistümern in Westdeutschland besaßen 1991 zwei weniger als 11 % Gemeinden ohne Priester am Ort (Berlin: 7,3 %; Fulda: 10,7 %). Zwei Bistümer haben in mehr als 40 % der Gemeinden keine Priester mehr am Ort (Trier: 48,2 %; Augsburg: 41,4 %). Sieben Bistümer haben 30 bis 40 % Gemeinden ohne ortsansässigen Priester (z. B. Rottenburg-Stuttgart: 35,5 %; Limburg: 33,2 %; Passau: 35,6 %; Freiburg: 32,6 %). Durchschnittlich haben 29 % der deutschen Gemeinden keine Priester am Ort[5]. In der Zeit bis zum Jahr 2000 werden ungefähr 4.000 der 11.000 aktiven Priester in Pension gegangen sein (1991 hatte man in den deutschen Diözesen 19.707 Priester – die pensionierten weltlichen Geistlichen und Ordenspriester mitgerechnet – im Dienst der Bistümer).

Der Untersuchung von 1989–90 nach waren noch 97 % aller Sonntagsgottesdienste Eucharistiefeiern, 2 % Wortgottesdienste und 1 % Kommunionfeiern. Von den Priestern haben 47 % drei Eucharistiefeiern am Wochenende, 14 % vier und 5 % fünf. In der Diözese Trier, mit vielen kleinen Gemeinden, versorgen 53 % des Gemeindeklerus 1 Gemeinde, 39 % 2; 18 % 3; 3 % 4–6 Gemeinden, während 5 % der Gemeinden keine Gottesdienste haben. Um das Jahr 2000 wird nur eine von zwei Gemeinden einen ortsansässigen Priester haben.

Im ehemaligen Ostdeutschland ist die Situation ganz anders. Einer kürzlichen Untersuchung zufolge sind nur 4 % der Bevölkerung katholisch. Man lebt dort ganz in der Diaspora. Im Bistum Dresden-Meißen haben 17 von 147 Gemeinden keinen ortsansässigen Priester (und 15 von den 23 Quasi-Gemeinden); 15 % des Klerus sind pensioniert. In Görlitz, dem kleinsten Bistum, haben 12 von 56 Gemeinden keinen Priester am Ort. Man erwartet, daß die heutige Zahl von 77 aktiven Priestern im Jahr 2000 auf 45 gesunken sein wird.

Dank der guten Organisation und der »Kirchensteuer« hat man an vielen Orten Diakone und Laientheologen in der Seelsorge einsetzen können. Das vereinte Deutschland hatte 1991: 13.334 Gemeinden und Quasi-Gemeinden. Hiervon haben 8.313 einen Priester am Ort (von den Quasi-Gemeinden 661 und 1.027 nicht). Von den 11.327 Priestern in der Gemeindeseelsorge sind 9.985 weltlich und 1.342 Ordensangehörige.

Die jüngste Entwicklung der Weihen und der Eintritte in die Priesterseminare der Bistümer und der Orden wird aus folgenden Graphiken deutlich[6]:

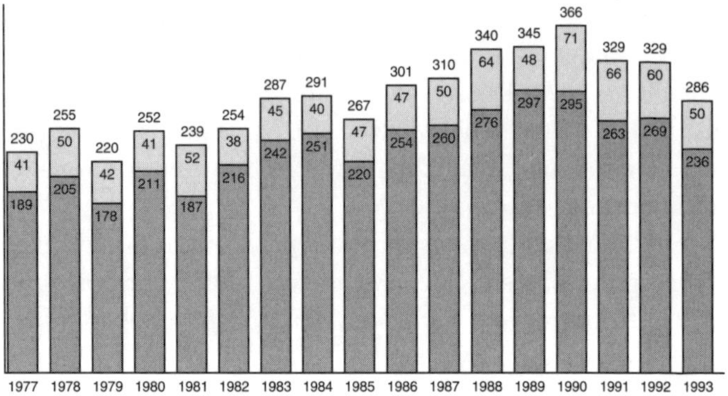
230
41
189
1977
255
50
205
1978
220
42
178
1979
252
41
211
1980
239
52
187
1981
254
38
216
1982
287
45
242
1983
291
40
251
1984
267
47
220
1985
301
47
254
1986
310
50
260
1987
340
64
276
1988
345
48
297
1989
366
71
295
1990
329
66
263
1991
329
60
269
1992
286
50
236
1993

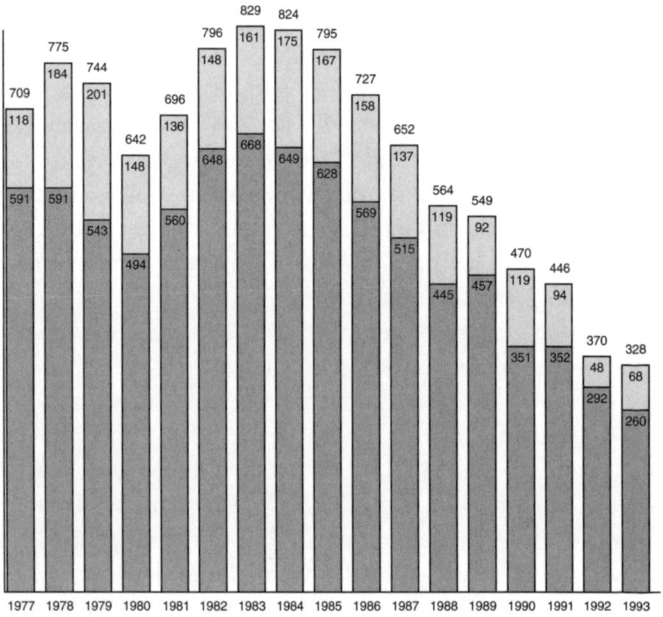
709
118
591
1977
775
184
591
1978
744
201
543
1979
642
148
494
1980
696
136
560
1981
796
148
648
1982
829
161
668
1983
824
175
649
1984
795
167
628
1985
727
158
569
1986
652
137
515
1987
564
119
445
1988
549
92
457
1989
470
119
351
1990
446
94
352
1991
370
48
292
1992
328
68
260
1993

Österreich
Nach den Angaben des Canisiuswerks (Wien) hatte Österreich 1994 730 Gemeinden ohne ortsansässigen Priester (davon 176 im Erzbistum Wien, 129 in Gurk-Klagenfurt, 105 in St. Pölten, 103 in Graz-Seckau usw.). An den theologischen Fakultäten in Österreich zählte man 1970/71 773 eingetragene österreichische Studenten (706 Männer und 67 Frauen) mit Theologie als Hauptfach, 1980–1981 1.252 (985 Männer und 267 Frauen), 1990–1991 1.508 (1.086 Männer und 422 Frauen), 1993–1994 1.359 (951 Männer und 408 Frauen).
Darüber hinaus hatte man für die selbständige Religionspädagogik 231 Einschreibungen von österreichischen Studenten (129 Männern und 102 Frauen), 1993–1994 832 (529 Männer und 303 Frauen).

Einschreibungen sind nicht identisch mit Personen (eine Person kann sich mehrmals eintragen, je nach Studienrichtung). Die allmählich ansteigende »Frauenlinie« fällt auf.

Schweiz
Bereits geraume Zeit – schon vor dem raschen Absinken der Zahl von Priestern – gab es Gebiete mit priesterlosen Gemeinden. Durch die fortwährende Abwanderung der Bevölkerung der Bergdörfer in den Bistümern Lugano und Chur hatte man 1970 in 34 % bzw. 20 % der kanonisch noch bestehenden Gemeinden keine Priester mehr am Ort. Nach und nach nahm auch anderenorts die Zahl der Gemeinden ohne ortsansässigen Priester zu, so daß 1990 eine von vier Gemeinden in der Schweiz keinen Priester am Ort hatte. Nachfolgende Tabelle[7] vermittelt eine allgemeine Übersicht über die Situation.

Zwischen 1980–1990 nahm die Zahl der aktiven Priester im Dienst der Diözesen ständig ab (von 1.842 im Jahr 1985 auf 1.700 im Jahr 1990). Diese Priester wurden so gut wie vollständig von Laien ersetzt. Das Verhältnis Priester–Laie hat sich in diesem Jahrzehnt gründlich verändert: 1980 kam auf sechs hauptamtliche Seelsorger ein Laie, 1990 bereits beinahe auf drei einer. Zwischen 1960 und 1990 sank die gesamte Zahl diözesaner

Leitung der Gemeinden und Quasi-Gemeinden (1990)

	Gemeinden mit Pfarrer am Ort						*Gemeinden ohne Pfarrer am Ort*						*Gemeinden insgesamt*
Bistum	**Diözesan-priester**		**Ordens-priester**		**insgesamt**		(a)	(b)	(c)	(d)	**insgesamt**		
Bistum/ Diözese	N	%	N	%	N	%	N	N	N	N	N	%	N
Basel	357	67,4	59	11,1	416	78,5	72	17	25	0	114	21,5	530
St. Gallen	105	73,4	13	9,1	118	82,5	25	0	0	0	25	17,5	143
Chur	225	66,0	49	14,4	274	80,4	63	3	1	0	67	19,7	341
Lugano	105	41,5	19	7,5	124	49,0	129	0	0	0	129	51,0	253
LGF (e)	187	64,5	31	10,7	218	75,2	70	0	0	2	72	24,8	290
Sion	94	61,0	29	18,8	123	79,9	31	0	0	0	31	20,1	154
St-Mauritz (f)	0	0,0	5	83,3	5	83,3	1	0	0	0	1	16,7	6
insgesamt	**1.073**	**62,5**	**205**	**11,9**	**1.278**	**74,4**	**391**	**20**	**26**	**2**	**439**	**25,6**	**1.717**

N.B. (a) = betreut von einem nicht-ortsansässigen Priester, (b) = einem Diakon überantwortet, (c) = einem Laien überantwortet, (d) = ganz vakant, (e) = Lausanne–Genf–Fribourg, (f) unter der Jurisdiktion der Abtei St-Mauritz.

Priester von 3.139 auf 2.217 und die des Ordensklerus von 1.945 auf 1.253, mit der Konsequenz, daß die Zahl der Katholiken pro diözesanem Priester von 602 (1940) ständig anstieg bis auf 1.367 (1990). Inzwischen hat jedoch beinahe die Hälfte davon (47 %) das gesetzliche Pensionsalter (65 Jahre) erreicht. In der Zeit 1980–1990 wurden 96 Priester geweiht, gegenüber 275 Sterbefällen und 19 Austritten. Man kann für die nächste Zukunft einen weiteren Rückgang und einen Alterungsprozeß voraussagen. Die Zahl der Ordenspriester, die 1965 noch zunahm, sank seit 1970 schneller als die der diözesanen Priester (um 33 % bzw. 25 %), und ihre Alterspyramide stellt sich noch ungünstiger dar.

Was die Zahl der weiblichen Ordensangehörigen angeht, sind vollständige Statistiken nur jüngeren Datums verfügbar: Zwischen 1985 und 1990 gab es einen Rückgang von 11,8 % (bei den aktiven apostolischen Instituten mehr als bei den kontemplativen Orden). Ihre Alterspyramide ist noch ungünstiger als die der Ordenspriester.

Die Rückwirkung dieser ganzen Entwicklung auf einzelne Diözesen kann das Zahlenmaterial konkret illustrieren. Im größten Bistum (Basel) standen 1993 290 Gemeindepriester und 53 Kapläne für 454 Gemeinden zur Verfügung (1960 gab es noch 800 Priester). Man geht von einem Rückgang auf 205 bzw. 43 (1998) aus. Die vollzeiteingesetzten theologisch geschulten Diakone und Laien reichen nicht aus, die freigewordenen Stellen zu besetzen: Gegen 1998 erwartet man 40 Gemeinden ohne Gemeindeleiter, Priester oder Laie[8]. Im Bistum Chur verläuft die Entwicklung parallel: Das Dekanat Chur hatte 1978 25 Gemeindepriester, 1988 noch ungefähr 15, Zürich 1987 113, 1994 noch ungefähr 77. Im Bistum Lausanne-Genf-Fribourg hatte man 1974 519 diözesane Priester des Bistums, 1994 377[9]. Wenn die heutige Situation anhält, wird man 2015 noch 50 diözesane Priester für 600.000 Katholiken haben.

Irland

1989 veröffentlichte Bischof Konstant von Leeds einen Hirtenbrief, in dem er auf die sinkende Zahl von Priestern in seinem Bistum hinwies. Er sprach nicht nur die Überalterung des Klerus an, sondern auch die schwindende Zahl der Priester, die traditionell aus Irland kamen.

Die Statistiken zeigen, daß Irland faktisch noch keine priesterlosen Gemeinden hat. Dagegen sinkt die Zahl der Priesterweihen ständig.

Über allgemeine Angaben, den diözesanen Klerus betreffend, verfügt man nur bis 1989. Der Episkopat beschloß, daß »the Council for Research and Development« (Maynooth) nur alle fünf Jahre Statistiken veröffentlichen solle. Zwischen 1970 und 1981 sank die Zahl der aktiven diözesanen Priester um 6,5 % (in dieser Zeit nahm die Bevölkerung um 15 % zu). In der genannten Periode wurden jährlich durchschnittlich 72 diözesane Priester geweiht, während durchschnittlich 76,5 starben und 12,4 austraten. Die Zahl der Priesteramtskandidaten blieb stabil. Unterdessen nahm die Alterung zu: 1970 waren 51,8 % jünger als 50 Jahre (1981 47,9 %) und 26,7 % älter als 60 Jahre (1981

32,3 %). 1970 zählte man für 1.195 Gemeinden 3.080 Priester im Gemeindedienst, 1981 für 1.311 Gemeinden 2.869 Priester. Nach dem Bericht »Vocations in Ireland 1989« des erwähnten »Council« sank die Zahl der Berufungen seit 1981 für alle Gruppen (diözesane Seminaristen, Kandidaten für Ordenspriester, Ordensschwestern und -brüder) ununterbrochen von einem Gesamt von 750 (1970) auf 322 (1989). Der Rückgang war bei den Ordensleuten am größten. Die allgemeine Gesamtzahl von Priestern und Ordensangehörigen sank zwischen 1983 und 1989 von 26.490 auf 24.546.

Man kann auch immer weniger auf Ordensleute zurückgreifen. Die Vereinigung der Ordensoberen erstellte von 1989–1990 eine gründliche Studie über den personellen Bestand[10]. Die Alterspyramide spricht für sich:

Irland. Alterspyramide der Ordensangehörigen (1989–1990)

Altersgruppe	*Ordensschwestern*	*Brüder*	*Klerus*
–29	2,0 %	5,2 %	8,8 %
30–39	4,8 %	7,6 %	8,0 %
40–49	16,0 %	19,0 %	14,5 %
50–59	20,2 %	21,3 %	28,1 %
60–69	23,2 %	20,8 %	19,6 %
70–79	22,2 %	19,9 %	16,8 %
80 +	11,6 %	6,2 %	4,2 %
insgesamt 15.634	**11.415**	**1.178**	**3.041**

Großbritannien

Unter Einbeziehung von Schottland besaß Großbritannien 1976 8 Gemeinden ohne Priester am Ort; 1991 gab es in England und Wales 53 solcher Gemeinden.

Aus dem Bericht, den Monsignore P. Hypher (Petersborough) im Auftrag von Kardinal B. Hume für diese Studie machte, wird deutlich, daß er 100 % Antworten aus 22 Diözesen erhielt. Wie auch anderswo in Europa nahm der sonntägliche Gottesdienstbesuch bei den Katholiken ständig ab (um ungefähr 10 % seit

1980). Diese Entwicklung ging mit einem Rückgang der zur Verfügung stehenden Priester, einer älter werdenden Alterspyramide und einer Reihe weiterer Faktoren einher.

Man schätzt, daß in den kommenden zehn Jahren die Sterbeziffer der Priester bei 1.350 liegen wird, während nicht mehr als 400 Neugeweihte sie ersetzen werden. Im groben macht das eine Reduktion des Priesterstandes um ein Drittel, wodurch in den nächsten zehn Jahren etwa 1.000 priesterlose Gemeinden zu erwarten sind. Von den diözesanen Priestern sind 60,2 % älter als 50 Jahre (37,3 % älter als 60 Jahre).

1991 hatten England und Wales 3.616 diözesane Priester im aktiven Dienst, inklusive einiger bereits pensionierter. Für 2.703 Gemeinden hat man durchschnittlich 1,34 Priester pro Gemeinde; das Erzbistum Liverpool schätzt, daß 2,3 Priester pro Gemeinde nötig sind, wenn man auch die spezielleren Formen des Apostolats berücksichtigt.

Die übliche Art, wie man bislang das Problem zu lösen versuchte, war die ständige Reduzierung der Zahl der Kapläne. Während der letzten fünf Jahre geschah dies in mehr als 210 Gemeinden (in der Stadt eher als auf dem Lande). Von den genannten 53 Gemeinden wurden 27 von einer Nachbargemeinde übernommen, 10 wurden Ordensleuten anvertraut, 3 einer religiösen Kommunität (auch ohne Priester) und 2 einem Diakon.

Einzelne Bistümer begannen damit, die Zahl der Eucharistiefeiern zu reduzieren. Drei oder vier Versuche wurden unternommen, Gemeinden zusammenzulegen und einem Priesterteam zu unterstellen. Einige wollen mehr Gemeinden von einem Diakon geleitet wissen. Eine Reihe von Schwesternkommunitäten hat ihren Einsatz in Schulen und Krankenhäusern aufgegeben, um sich ganz der gemeindlichen Seelsorge zu widmen, dadurch, daß Berufungen ausbleiben, sind sie jedoch vom Verschwinden bedroht. Der Prozeß, der ungefähr zehn Jahre intensiviert wurde und bei dem Gemeinden Ordenspriestern anvertraut wurden, nahm zu (jetzt 11,6 % der Gemeinden, in Menevia bereits 25 %, in East-Anglia 27 % und in Cardiff 29 %). In den nächsten Jahren werden die Gemeinden jedoch wegen der Überalterung der Orden wieder der Diözese überantwortet werden.

Auf diese Situation sind die Gläubigen nicht ausreichend vorbereitet, obwohl ein Prozeß im Gange ist, der vor allem von den diözesanen Pastoralräten vorangetrieben wird (diese gibt es jedoch nur in 50 % der Bistümer). Zunehmend wird Teilzeit-Einsatz oder ehrenamtlicher Einsatz von Laien organisiert. Vollzeit-Einsatz dagegen ist viel seltener. Vor allem wegen des Mangels in ihrer Ausbildung sind die Priester selbst beunruhigt von der zunehmenden Rolle der Laien. Bei einigen besteht eine offene oder latente Identitätskrise, mit der Konsequenz, daß die Laien frustriert sind und der Klerus mißtrauisch ist[11].

Schließlich fehlt jegliche zusammenhängende Situationsanalyse, so daß man die Lage verfolgen und die diözesane Leitung objektiv informieren könnte. Für die nächste Zukunft erwartet man allerdings einen Rückgang von mehr als 10 % der Zahl der Priester (zwischen 1991 und 1996 von 3.616 auf 3.239)[12]. Danach hält der Rückgang an. Was die Zahl der Theologiestudenten betrifft, zählte man (1991) 56 im ersten Jahr, 73 im zweiten und 84 im dritten Jahr. Das große Bistum Westminster hatte in dieser Zeit keinen einzigen Kandidaten.

1.3 Südeuropa

Frankreich

Wie die anderen südeuropäischen Länder auch, hat Frankreich viele sehr kleine Gemeinden, sogar eine große Anzahl von kanonisch noch bestehenden Gemeinden, in denen aber fast niemand mehr wohnt, auch wenn man in den letzten Jahrzehnten viele davon abgeschafft hat. Daneben haben die Großstadtgemeinden viele tausend Getaufte. In zahlreichen ländlichen Gebieten ist ein Pastor für 1, 5, 12 bis zu 27 »Gemeinden« zuständig, wo jedoch die Praxis des sonntäglichen Gottesdienstbesuchs manchmal sehr gering ist. Schon seit 1938 sank die Zahl der Priester ständig – mit einer kleinen Unterbrechung 1951 – von 40.981 diözesanen Priestern (1965) auf 28.629 (1985) und ungefähr 19.700 (1995), einer maximalen Schätzung zufolge. 1965 waren 40 % keine 44 Jahre alt; 1989 hatte man 5 % unter 40 Jahren und 60 % über 60 Jahren. Das durchschnittliche Alter betrug 1989 66 Jahre. Die Zahl der Priesterweihen sank von 1.355 (1938) auf 1.028 (1951), 370 (1969). Während der letzten zwanzig Jahre schwankte die Zahl der jährlichen Weihen zwischen 100 und 150, während man jährlich 600 Weihen bräuchte, um den aktiven Dienst stabil zu halten.

Diese Situation bedeutet eine ungeheure Belastung für die geistige und körperliche Gesundheit des Klerus. So erkannte Monsignore Jacques Jullien, Erzbischof von Rennes, in *La vie diocésaine de Rennes* (25. 3. 1993): »La fatigue, les problémes cariaques, les mort subites et toutes sortes d'accidents de santé dont sont victimes les prêtres sont autant de signes d'avertissements«. [= »Erschöpfungszustände, Herzattacken, plötzliche Todesfälle und viele der gesundheitlichen Probleme, unter denen die Priester leiden: Es gibt so viele Zeichen, die uns eine Warnung sein sollten«]. Mehr als über ihre Zukunft (obgleich viele in einem menschenunwürdigen Zustand leben) sind die Priester in Sorge um ihre Glaubensgemeinschaften.

Im Auftrag des C.N.P.L. (Centre National de Pastorale Liturgique) studierte Monique Brulin seit 1976 die Situation der priesterlosen Gemeinden[13]. Um dem Priestermangel zu begegnen, wird in immer mehr Gemeinden das ADAP-System eingeführt (Assemblées Dominicales en l'Absence de Prêtre = Sonntagsgottesdienste bei Abwesenheit eines Priesters). 1977 zählte sie 1.136 solcher Gemeinden, 1987 war deren Zahl auf mindestens 2.754 angestiegen. Ungefähr 50 % dieser ADAP-Gottesdienste betreffen Gemeinden mit weniger als 500 Mitgliedern; 21 % finden statt in einer Gemeinde mit mehr als 1.000 Mitgliedern. Frauen haben in 70 % der Gemeinden eine leitende Rolle. In einer wachsenden Zahl von Diözesen – manchmal als Ergebnis einer Diözesansynode – werden Pastoralteams eingeführt, und zwar sowohl für die ADAP-Gottesdienste als auch die regionale Pastoral. Priester begleiten und koordinieren diese Teams. Diese Praxis führt dazu, daß man die Rolle von Laien, die Identität des

Priesters, das Suchen nach neuen Amtsstrukturen neu überdenkt[14].

Trotz der bemerkenswerten Entwicklung des ADAP-Modells darf man den faktischen Einfluß nicht übertreiben: Die Teilnahme bei den Gottesdiensten schwankt zwischen 10 bis 500 Teilnehmern, und mehr als die Hälfte hat weniger als 50 Teilnehmer. Frauen stellen dabei zwei Drittel der Anwesenden. Inzwischen ist der Bewußtseinsprozeß bei den Gläubigen vorangekommen. Sie wurden sich ihrer Verantwortung bewußt; die Kenntnis der Bibel hat sich durch die Vorbereitung des Gottesdienstes im Team verbessert; die Gläubigen übernahmen auch für andere Aufgaben Verantwortung. An mehreren Orten konnte man eine größere Teilnahme an den Gottesdiensten verzeichnen. Trotzdem bleiben viele Hindernisse bestehen: die Überalterung der Landbevölkerung, daß viele Teams Verschleißerscheinungen und ungenügende Auffrischung zeigen und daß nicht alle Animateure das Vertrauen der Gläubigen genießen sowie eine Reihe pädagogische Fähigkeiten vermissen läßt. Alle Funktionsinhaber betonen die Notwendigkeit einer ständigen Weiterbildung.

Während der letzten zehn Jahre wurden in vielen französischen Diözesen Synoden abgehalten. Sie haben stark dazu beigetragen, die Mitverantwortung der Gläubigen anzuregen. Gleichzeitig wurde an zahlreichen Orten der Wunsch zum Ausdruck gebracht, daß das Amt auch verheirateten Männern und Frauen offenstehen müsse.

Spanien

Nach den jüngsten Angaben des »Oficina de Estadistica de la Iglesia en España[15]« besaß die Kirche 1990 22.305 Gemeinden (gegenüber 22.488 im Jahr 1986). Folgende Tabelle vermittelt eine Übersicht über die Gemeinden mit und ohne Priester am Ort.

Man sollte sich bei der Interpretation dieser Tabelle vor Augen halten, daß Spanien viele sehr kleine Gemeinden hat: 1984 4.946 mit weniger als 100 Mitgliedern, 6.619 mit 101–500 Mitgliedern, aber auch 1.490 mit 5.000–10.000 Mitgliedern und

Gemeinden mit und ohne Priester am Ort (1986–1990)

Gemeinden	1986	1987	1988	1989	1990
mit diözesanem Gemeindepriester am Ort	11.178	10.990	10.941	10.826	10.797
mit Ordenspriester am Ort	920	955	973	985	1.003
ohne Priester am Ort	10.390	10.598	10.623	10.502	10.505

1.058 mit mehr als 10.000 Mitgliedern (besonders in den Ballungsräumen von Madrid und Barcelona).

Die Alterspyramide aller in den spanischen Bistümern vorhandenen Priester ergibt ein alterndes Bild (1988): bis 40jährig 11,3 %, 40–49jährig 19,1 %, 50–59jährig 31,7 %, 60–69jährig 21,1 %, 70–79jährig 10,1 %, 80jährig und drüber 6,5 %. Unter 50 Jahren sind 30,4 % des Klerus, über 60 Jahren 37,8 %. Das durchschnittliche Alter des diözesanen Klerus war 1988 56,8, vom Ordensklerus 53,6 Jahre. Spanien hatte 1990 19.966 diözesane Priester und 9.020 Ordenspriester, die in der Seelsorge engagiert waren. Nach einem starken Rückgang der Zahl der Seminaristen für den diözesanen Klerus (nur 1.505 zwischen 1979–80) stabilisierte sich die Zahl auf rund 2.000 (1987–92).

Zwischen 1950 und 1975 haben sich große Teile von Spanien auffällig verändert: Die ländliche Bevölkerung ist in die Städte abgewandert. 1950 lebten 38 % der Bevölkerung in städtischer Gegend, 1975 waren dies 71 %. Viele Bistümer wurden auf diese Weise zu einer gründlichen Neuorganisation ihrer Pastoral gezwungen: Gemeinden wurden einem Priester überantwortet. Inzwischen setzen sich mehr Schwesternkommunitäten für die Pastoral in den verarmten ländlichen Regionen ein. Der zunehmende Priestermangel brachte mehr und mehr Bischöfe dazu, das französische ADAP-Modell einzuführen. Sie richteten Kurse ein, um Laien darauf vorzubereiten. Dies war besonders in den ländlichen Gebieten von Katalonien der Fall, wo viele Gemeinden ohne Priester am Ort auskommen mußten (1989): Für 2.237 Gemeinden stehen 1.539 Priester zur Verfügung, 1.174 Gemeinden besitzen keinen Priester am Ort (mit der Konsequenz, daß viele mit zwei Gemeinden belastet sind, 106 mit 3, 38 mit 4, 19 mit 5 und 47 mit mehr als 5 Gemeinden).

Gleichzeitig stellen für den spanischen Klerus eine Herausforderung dar: 1. die Millionen ausländischer Touristen, die dort lange, manchmal auch in den Wintermonaten, verbleiben; 2. die Überlastung des älteren Klerus in den Großstädten; 3. der Bedarf an geeigneten Priestern für ein rasch säkularisiertes Umfeld mit besser geschulten Laien. Daß sich in Spanien die Diasporasituation ausweitet, wird noch viel zu wenig registriert. Viele Vertreter erhoffen sich mehr Initiativen, um Laien auszubilden und den manchmal tief verwurzelten Klerikalismus abzubauen[16].

Italien

Dank der Mitwirkung von A. Filippi[17] war es möglich, eine erste, noch unvollständige Erhebung in den italienischen Diözesen durchzuführen. Von 224 Bistümern haben 126 (mit 16.294 Gemeinden) Antworten geschickt, gegenüber 98 (mit 9.340 Gemeinden), die nicht reagiert haben. Von den genannten 16.294 Gemeinden sind 2.255 ohne ortsansässigen Priester. Hiervon haben 2.161 Gemeinden weniger als 1.000 Mitglieder[18], 86 Gemeinden 1.000–5.000 Mitglieder, eine Gemeinde mehr als 5.000 Mitglieder. Kurz nach dem neuen Konkordat von 1984 wurde von der italienischen Bischofskonferenz (30. 7. 1986) beschlossen, einige sehr kleine Gemeinden, meistens in den Bergdörfern, aufzuheben oder einem Pfarrer aus der näheren Umgebung anzuvertrauen, insgesamt 884. Nur in Ausnahmefällen hat ein einzelner Pfarrer die Verantwortung für drei oder mehr Gemeinden. Die Situation unterscheidet sich darüber hinaus von Bistum zu Bistum. Es sind vor allem Gemeinden aus den Bergregionen, wo man keinen Priester am Ort hat, z. B. in den Diözesen Piacenza (129 Gemeinden auf 428), Teramo-Atri (68 auf 187), Novara (66 auf 346), Trento (82 auf 456). In den Kommentaren, die sich an die Antworten anschlossen, hörte man regelmäßig, daß die Zahl der Gemeinden ohne einen Priester am Ort in den nächsten zehn Jahren rasch zunehmen werde, u. a. durch die Überalterung des Klerus. Nach *Annuario Pontificio* sank die Zahl der Diözesanpriester zwischen 1968 und 1990 um 15,75 % (von 42.786 auf 36.058); unterdessen nahm die Bevölkerung um ungefähr 4 Millionen Einwohner zu, was bedeutet, daß die Zahl der Diözesanpriester relativ um 21 % sank. Aus den Antworten wird gleichzeitig deutlich, daß man noch kaum begonnen hat, über die Folgen dieser Entwicklung nachzudenken. Die Priester konzentrieren sich immer mehr auf die Sakramentenspendung, wodurch weniger Zeit für eine tiefgreifende und zeitgemäße Evangelisation und für die Begleitung des wachsenden Interesses auf seiten ausgebildeter Laien an neuen Diensten zur Verfügung bleibt. Dennoch werden in einigen Bistümern Anstrengungen unternommen, um Laien, Männer wie Frauen, für die Übernahme von pastoralen Aufgaben im Team zu schulen. Die Möglichkeit für eine gute Vorbereitung auf eine andere Zukunft ist sicherlich vorhanden: Italien ist aus soziologischer Sicht unbestritten, zusammen mit Irland und Malta, das katholische Land Europas schlechthin.

1.4 Mittel- und Osteuropa

Polen

Dieses so überdeutlich katholische Land Mittel- und Osteuropas kennt eine Entwicklung, die sich erheblich von der in Westeuropa unterscheidet. Vor dem Zweiten Weltkrieg und noch lange Zeit danach war die Relation der Priester zur katholischen Bevölkerung viel weniger günstig als etwa in Italien, Belgien oder den Niederlanden. Während der letzten Jahrzehnte jedoch stieg die Zahl der Weihen ständig an – bis zu dem Spitzenjahr 1991[19]. Zwischen 1987–1989 wurde die höchste Zahl an Seminaristen erreicht. Aus der Graphik wird deutlich, daß die Berufungen zwischen 1985–1987 am stärksten zunahmen: Verglichen mit 1974 betrug der Anstieg der Ordensseminaristen im ersten Jahr 119 % (1985), der der Novizen-Brüder 264 % (1985), der der Novizinnen 103 % (1987) und der der diözesanen Seminaristen im ersten Jahr 62 % (1987). Vergleicht man diese Spitzenjahre mit 1993, stellt man einen Rückgang bei den Ordensseminaristen im ersten

Jahr um 66,1 % fest, bei den Novizen-Brüdern um 44,8 %, bei den Novizinnen um 41,2 % und bei den diözesanen Seminaristen im ersten Jahr um 37,4 %. Auch wenn man nicht zu dem Niveau von 1974 zurückkehrt, so ist der Rückgang doch auffällig[20]. Zwei Erklärungen hierfür werden angeführt: Die schnelle Zunahme sei eine Folge der Wahl des polnischen Papstes, und nun kehre man auf ein »normales« Niveau zurück, oder Polen erlebe aus ungefähr denselben Gründen wie auch Westeuropa ebenfalls eine Krise. Die zukünftige Entwicklung wird hierauf eine Antwort geben können. Polen kennt kaum Gemeinden ohne einen orstansässigen Pfarrer und hat auch keine ständigen Diakone.

Entwicklung der Zahl der Novizen und Diözesanseminaristen im 1. Jahr (1974–1993)

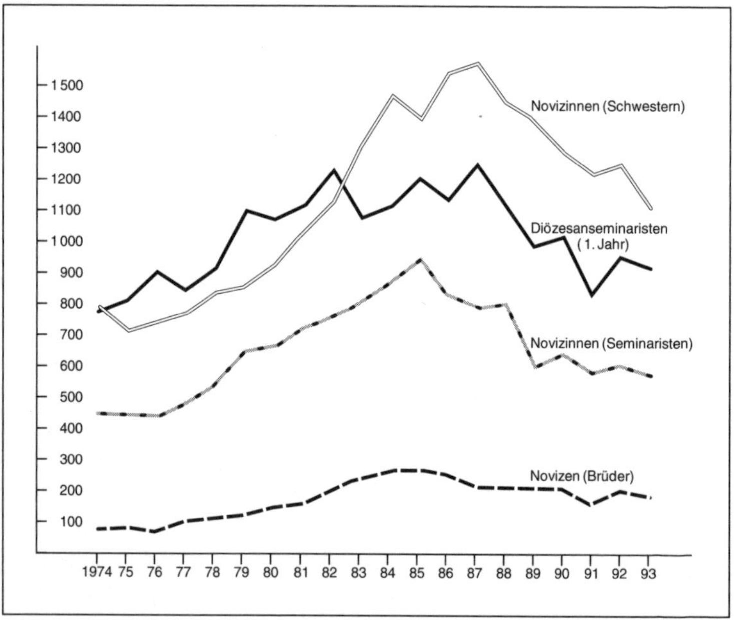

Vergleiche mit der Vorkriegszeit werden erschwert, weil der polnische Staat Grenzverschiebungen erfuhr. Dennoch steht fest, daß Polen lange Zeit relativ viel weniger Priester besaß als viele westeuropäische Länder[21]. So besaß man – für den lateinischen Ritus – 1925 7.977 diözesane Priester, 1939 10.154, 1958 12.713.

Entwicklung der Zahl der Seminaristen und neugeweihten Priester und der Gesamtzahl Priester (1982–1993)

	Seminaristen			Neugeweihte			Priester insgesamt		
Jahr	*Diözesan-priester*	*Ordens-priester*	*ins-gesamt*	*Diözesan-priester*	*Ordens-priester*	*ins-gesamt*	*Diözesan-priester*	*Ordens-priester*	*ins-gesamt*
1982	5.018	2.207	7.225	571	204	775	15.942	5.117	21.059
1987	5.859	3.179	9.038	711	298	1.009	17.726	5.706	23.432
1993	4.679	2.720	7.399	760	372	1.132	20.555	6.504	27.059

Die Zahl der Ordensschwestern ergab ein stabileres Bild: Zwischen 1974 und 1993 blieb die Gesamtzahl ungefähr gleich, mit einem leichten Rückgang derjenigen, die zu einem tätigen Orden gehören (von 25.902 auf 24.551), und einem leichten Anstieg derjenigen, die zu einem kontemplativen Orden gehören (von 1.270 auf 1.362). Die Zahl der Novizen jedoch zeigt einen anderen Verlauf.

Tschechien und Slowakei

Aus der Übersichtstabelle geht ein Rückgang der Zahl der Priester hervor (wegen der Verfolgung und der geringen Zahl von Kandidaten, die in den Seminaren zugelassen wurden)[22]. Dies hatte zur Folge, daß 1990 ungefähr die Hälfte der Gemeinden keinen Priester am Ort hatte. Die Zeit zwischen 1990–1993 ist zu kurz, als daß man Prognosen für die Zukunft wagen könnte. Über die jüngste Situation gibt eine Monographie von Z. Bohac Aufschluß. Während des letzten Jahrhunderts hat die Entfremdung von der Kirche, besonders in den Städten, ständig zugenommen. Zu Beginn dieses Jahrhunderts hatten die meisten Intellektuellen und Arbeiter keine wirkliche Verbindung mehr mit der Kirche. Die, die sich berufen fühlten, kamen fast ausschließlich aus Dörfern. 1919–1921 wechselte ein Großteil des Klerus und der Gläubigen zu der neu gegründeten Kirche der Hussiten. Auf dem Lande beschränkte sich die Seelsorge größtenteils auf die Sakramentenspendung. Jugendarbeit gab es so gut wie gar nicht. Ende der vierziger Jahre trennte man die aktiveren Gemeinden (die deutschen) vom Rest, 1948 wurden viele Seminare geschlossen und die Orden verboten. Eine kleine Zahl von Priestern und Laien tauchte unter. Dies alles bewirkte natürlich eine Zunahme von Gemeinden ohne Priester. So hatte das Bistum Hradec Kralóvé (Königgrätz) nur in 186 der insgesamt 477 Gemeinden einen ortsansässigen Priester, und im Bistum Ceské Budejovice (Budweis) hatten 305 der insgesamt 430 Gemeinden keinen Priester am Ort[23].

Die Alterspyramide steht denn auch auf dem Kopf, wie man aus der Zahl der Weihen in den Bistümern der böhmischen Kirchenprovinzen sehen kann (Zahlen für 1989, sie beziehen sich auf die damals noch lebenden Priester):

Derzeitige Situation des Klerus in Böhmen nach Weihejahrgängen

Bistum	*1940–49*	*1950–59*	*1960–69*	*1970–79*	*1980–89*	*Anzahl Gemeinden*
Praha	104	48	32	58	34	623
Ceské Budejovice	65	29	26	35	15	433
Hradec Kràlové	135	25	23	43	20	477
Litomerice	77	10	20	21	14	445
Böhmen	**381**	**113**	**101**	**157**	**83**	**1.978**

Wie sich die Situation in diesem Jahrhundert verschlechterte, zeigt die Tabelle zu den Weihen im Bistum Ceské Budejovice:

Situation 1949		*Situation 1989*	
1900–09	72	1940–49	77
1910–19	93	1950–59	10
1920–29	20	1960–69	20
1930–39	98	1970–79	21
1940–49	115	1980–89	14
insgesamt	**398**	**insgesamt**	**142**

Am Rande sei erwähnt, daß von den 1.978 Gemeinden der böhmischen Kirchenprovinz um 1940 788 vorwiegend deutschsprachig waren und 1.190 überwiegend tschechisch-sprachig.

Seit 1990 nimmt die Zahl der Seminaristen (Theologie) in Prag wieder zu, aber bei weitem nicht genug, um den Bedarf der vier genannten Diözesen zu decken (Zahlen für 1990–1991):

	diözesane Seminaristen	*Ordensseminaristen**
erstes Jahr	26	10
zweites Jahr	21	5
drittes Jahr	18	6
viertes Jahr	14	8
fünftes Jahr	14	6

* Diese Zahl erfaßt die Ordensleute nicht, die sich in eigenen Ausbildungsinstituten befinden.

Die Situation in Moravia ist deutlich besser. Möglicherweise wäre ein Austausch von Priestern nach Böhmen möglich, jedoch gibt es erhebliche psychologische Hinderungsgründe. Der Autor denkt eher an Diakone, theologisch geschulte Laien, eine bessere Koordination zwischen städtischen und ländlichen Regionen.

In Tschechien und der Slowakei fragt man sich natürlich nach dem Ort der während der kommunistischen Verfolgung zu Priestern geweihten verheirateten Männer. Die Komplexheit der Situation kann hier nicht zusammengefaßt werden. Eine Reihe von Priestern wurde in die katholisch-orientalische Kirche des slowakischen Bistums Presov aufgenommen. Anfang 1994 wurde für die versprengten Katholiken der katholisch-orientalischen Kirche Tschechiens in Prag ein Vikariat eingerichtet. Es ist nicht ausgeschlossen, daß auch einzelne verheiratete Priester hier aufgenommen werden. Bleibt natürlich das Problem der Anpassung des lateinischen Klerus an den Stil der katholisch-orientalischen Kirche. Unterdessen bleibt die Situation Tschechiens sehr problematisch für die lateinisch-westliche Mehrheitskirche. 1994 betrug das durchschnittliche Alter des diözesanen Klerus 65 Jahre. Man hat 1.529 Priester für 3.104 Gemeinden (von denen nur

1.960 von einem Priester betreut werden), und diese Zahl schließt alle Pensionäre und auch Ordenspriester mit ein, die auf Wunsch der Bischöfe in den Gemeinden bleiben. Zwischen 1991 und Ende 1993 gab es einen deutlichen Zuwachs bei den Seminaristen. Doch scheint inzwischen diese Verbesserung an ihr Ende zu gelangen. Ähnlich verläuft die Kurve der Eintritte in Ordenseinrichtungen. Angesichts der ausgesprochen klerikalen und hierarchischen Vergangenheit der tschechischen Kirche kann es noch lange dauern, bis bei Priestern wie Laien hinreichend Verantwortung wächst, mehr Laien für die Pastoral auszubilden und darin zu integrieren[24]. Bleibt anzumerken, daß nach der Europäischen Wertestudie (1990) in Tschechien 31 % von sich behaupten, an Gott zu glauben, 15 % an die Auferstehung (gegenüber 64 % bzw. 39 % in der Slowakei) und 72 % von sich behaupten, kein oder wenig Vertrauen in die Kirche(n) zu haben (gegenüber 50 % in der Slowakei).

Ungarn

Nach einer Studie von E. Andras[25] nahm die Zahl der Priester in der Zeit von 1969–1980 jährlich um mindestens 60 ab. Die Gesamtzahl verringerte sich von 3.720 (1960) auf ungefähr 1.700 (1990). Die Zahl der Seminaristen sank von 525 (1954) auf 130 (1983). Die pastorale Arbeit wurde zusätzlich noch erschwert durch die Aufhebung der Orden im Jahr 1950, die damals 2.582 Priester und 8.956 Ordensschwestern besaßen.

Zwischen 1984 und 1994 sank die Gesamtzahl der Priester von 3.117 auf 2.005. Für 2000 schätzt man diese Zahl auf 1.850, für 2005 auf 1.400.

Eine Fallstudie (1991), angefertigt von A. Maté-Tóth[26], die sich auf das Bistum Szeged-Csanad bezieht, zeigt, daß zwischen 1980 und 1990 der Anteil der aktiven Priester von 147 (2.478 Katholiken auf einen Priester) auf 100 sank (3.643 Katholiken auf einen Priester). 1950 besaß das Bistum noch 247 Priester (230 aktiv in der Gemeindearbeit). Man vermutet, daß es 2004 noch 67 Priester geben wird (58 aktiv). Die Zahl der Weihen sank von 11 (1980–1982) auf 9 (1983–1985) und 3 (1986–1990).

Die Gläubigen sind sich des Ernstes der Lage nicht bewußt, haben keinen Einblick in die Möglichkeiten eines Pastoralteams und sind nicht informiert über die neuere theologische Studie zum Verhältnis Priester und Laie. Gegenwärtig haben 27 der 113 Gemeinden keinen Priester am Ort. In den nächsten Jahren erwartet man einen leichten Anstieg der Zahl der Seminaristen, auch wenn die niedrige Geburtenrate den Zuwachs bremst.

Nach M. Tomka wird in Ungarn die Wirklichkeit der Gemeinden ohne Priester am Ort durch die offiziellen Statistiken kaschiert. Bereits seit mehr als 20 Jahren werden Gemeinden, die keinen Priester haben, einer regionalen Gemeinde als Filiale einverleibt. Pfarrer vertreten dann fünf, sechs oder bis zu zwölf Gemeinden. Damit man auf dem Lande noch die Eucharistie mitfeiern kann, werden dort im Verhältnis viel mehr Pfarrer eingesetzt als in den Städten – mit der Konsequenz, daß man Landgemeinden mit einem Priester für 800 Gläubige hat und Stadtgemeinden mit einem Priester für 40.000 Gläubige. Es werden dann zwar Messen gelesen, aber zu einer eigentlichen Seelsorge kommt es nicht. Da die meisten Priester überlastet sind, haben sie keine Zeit, sich genügend der Ausbildung von Laien zu widmen und mit ihnen zusammen Erneuerungen durchzuführen. Darüber hinaus hat die alte klerikale Mentalität, die das kirchliche Leben von Ungarn traditionellerweise kennzeichnete, ein zähes Fortbestehen, so daß Priester wie Laien sich eher mißtrauisch zueinander verhalten.

E. Andras und andere Vertreter stellen zuletzt auch fest, daß die katholisch-orientalische Kirche, die in Ungarn über ein eigenes Bistum verfügt, keinen Mangel an Priestern und Seminaristen leidet. Wo beim lateinisch-westlichen Klerus nur ein Achtel zu der Altersgruppe unter 40 gehört, ist dies für den katholisch-orientalischen für ein Drittel der Fall.

Die übrigen mittel- und osteuropäischen Länder

Einzeluntersuchungen gibt es nicht, auch fehlen zuverlässige Angaben über Trends. Nach dem *Annuarium Statisticum Ecclesiae* stellt sich die Situation folgendermaßen dar:

Gemeinden mit und ohne Priester am Ort

	Gemeinden mit Priester am Ort		*Gemeinden ohne Priester am Ort*
	weltlicher Pfarrer	*Ordenspriester*	
Litauen (1987) (1992)	459 414	7 28	165 225
Lettland (1976) (1987) (1992)	107 79 69	11 4 10	60 96 120
Estland (1992)	1	1	?
Rumänien (1992)	967	36	807
Bulgarien (1992)	26	19	7

1.5 Kurzgefaßte Angaben zu den anderen christlichen Kirchen

Der neue ökumenische Kontext sowie die gelegentlich vernommene Bitte um Information zu den anderen christlichen Kirchen rechtfertigt diese sehr knappe Übersicht.

Rumänien
Nach der Volkszählung von 1991 sind 87 % der Bevölkerung (ca. 22 Millionen Menschen) rumänisch-orthodox. Eine Statistik des Patriarchats (1994) zeigt, daß man in den 21 Bistümern der orthodoxen Kirche 8.400 Gemeinden hat, betreut von 8.000 Priestern. In den mehr als 20 Seminaren hat man 4.397 Studenten (Seminaristen und andere kirchliche Mitarbeiter). In den 367 Klöstern findet man 5.200 Mönche und Nonnen[27].

Ungarn
Neben der katholischen Kirche (mit ungefähr 7 Millionen Mitgliedern, bei 10 Millionen Gesamtbevölkerung) ist die reformierte Kirche die wichtigste (ungefähr 2 Millionen Mitglieder). Die vier Bildungshäuser für die Schulung der Gottesdienstbetreuer sind gut besucht. Vorerst gibt es keinen Mangel an Pfarrern (für die 1.200 Gemeinden stehen ungefähr 1.500 Pastöre zur Verfügung). Die Kirche finanziert sich durch ein eigenes Kirchensteuersystem[28]. Trotzdem hat die katholisch-orientalische

Kirche mehr Kandidaten für das Priesteramt als die reformierte Kirche.

Griechenland

Die griechisch-orthodoxe Kirche hat für eine Bevölkerung von 10,5 Millionen Bewohnern ungefähr 9.000 Gemeinden, betreut von 6.500 verheirateten Priestern und 1.000 unverheirateten Priestern oder Mönchen. In 1.500 Gemeinden hat man keinen Priester am Ort. Die Priester werden vom Staat bezahlt (da es keine Trennung von Kirche und Staat gibt – Priester sind Staatsbeamte). Die Priester werden in Kategorien von A bis E eingeteilt, je nach dem Grad ihrer Ausbildung (wer zur Kategorie E gehört, kann sogar ohne Volksschulabschluß sein und ist meist alt). Die priesterlosen Gemeinden trifft man vor allem im Norden und im Osten an. Junge Leute, die Theologie studieren, ziehen es vor, als Laie Religionslehrer an weiterführenden Schulen zu werden (Religionsunterricht ist an allen Schulen ein Pflichtfach); sie wollen unter einer in ihren Augen konservativen Hierarchie nicht Priester werden. Dies erklärt auch, warum wenig Priestersöhne Priester werden wollen. Da man normalerweise nur sonntags die Liturgie feiert, arbeiten viele Dorfpriester während der Woche auf dem Land. Der griechische Klerus fühlt sich sehr isoliert. Die Hierarchie versucht, ihn gegenüber der Säkularisierung abzuschirmen, und fördert somit einen gewissen Fundamentalismus, vor allem aber Angst vor den anderen Christen aus Westeuropa (Katholiken wie Protestanten). Damit geht eine stark nationalistische Mentalität einher. (»Nur Griechisch-Orthodoxe sind wahre Griechen.«) Auch wenn die offiziellen Statistiken behaupten, daß 98 % der Griechen – ihrem Personalausweis nach – griechisch-orthodox sind, gehen doch nur 3 bis 4 % sonntags zur Kirche. Die Hierarchie weist auf den »Verfall« der Kirche im Westen hin (Wunsch nach Priesterweihe für Frauen bei den Protestanten, Austritte von Priestern bei den Katholiken, der Primat und die Unfehlbarkeit des Papstes, die säkulare Macht des Vatikans usw.), um den Wert der griechisch-orthodoxen Kirche und deren Treue gegenüber der Tradition der Kirchenväter herauszustellen. Um den Nöten der priesterlosen Gemeinden begegnen zu können, vertrauen die Metropoliten drei oder vier Dorfgemeinden einem Priester an (was angesichts der langen Dauer der Zeremonien von den Gläubigen nicht als normal angesehen wird). Aufgrund ihrer schwachen theologischen Ausbildung dürfen Priester der Kategorie D und E weder predigen noch Beichte hören. Daher werden Prediger oder Beichtväter von außerhalb dorthin geschickt. Auch ausgebildete Laien dürfen predigen. Aus all dem wird das allgemeine Fehlen jeglichen ökumenischen Geistes, besonders bei der Hierarchie, den Priestern und den Mönchen offenkundig, im Gegensatz zu den gewöhnlichen und den fortschrittlicheren Gläubigen, die viel offener sind[29].

Skandinavien

Trotz regionaler Ausnahmen hat die lutherische Staatskirche in Schweden mit einem Mangel an Berufungen zum Priesteramt zu kämpfen. Wie in Dänemark, so wäre auch in Schweden der Mangel noch größer, wenn es keine weiblichen Priester gäbe. Nach A. Bäckström[30] sind 21 % des schwedischen Klerus weiblichen Geschlechts. Gegen Ende der 70er Jahre gab es einen Anstieg an Priesterweihen, wodurch das Durchschnittsalter heute relativ jung ist. In den 80er Jahren sank die Zahl wieder. Im Bistum Strängnäs z. B. kann man eine recht normale Alterskurve feststellen (bis 35 Jahre 13 %, 36–45 Jahre 43 %, 46–55 Jahre 27 % und über 56 Jahre 17 %). Weniger Kinder von Priestern als früher werden selbst wieder Priester; einer von vier Eltern der Kleriker hat kaum Verbindungen zur Kirche, aber die meisten Kleriker waren Mitglied der kirchlichen Jugendbewegung. Bei den neuen Kandidaten hat man 50 % Frauen (einigen Beobachtern zufolge ein Zeichen dafür, daß der Priesterberuf in der Gesellschaft wenig geachtet wird). Es gibt deutlich ökumenische Tendenzen beim Klerus: 61 % wünschen eine Zusammenarbeit mit der römisch-katholischen Kirche. Ungefähr 65 % der männlichen Priester behaupten von sich, weibliche Priester zu akzeptieren, was deutlich mehr ist als vor zehn Jahren; besonders die Jüngeren zeigen darin mehr Offenheit. Es muß erwähnt werden, daß nach der Europäischen Wertestudie 83 % der Schweden von sich sagen, daß sie zu einer Kirche gehören, jedoch nur 4 % regelmäßig den Sonntagsgottesdienst besuchen, 40 % an Gott glauben und 21 % an die Auferstehung.

Die finnische evangelisch-lutherische Kirche, auch eine Staatskirche, hat viel kirchliches Personal (Ende 1991 18.813 Personen, mit einem Rückgang von 1992 an aufgrund der wirtschaftlichen Rezession)[31]. Die große Mehrheit hat keine theologische Ausbildung. 1991 besaß der Klerus 3.432 Mitglieder (davon 608 in Pension), von denen 1.658 aktiv waren in 600 Gemeinden des Landes (die Größe schwankt zwischen 58.195 und 127 Mitgliedern, mit einer durchschnittlichen Zahl von 12.584 in Stadt- und 4.460 in Landgemeinden). In Finnland gehören 87 % der Bevölkerung zur lutherischen Kirche (90 % werden in dieser Kirche getauft). In der Zeit von 1988–1991 wurden 207 Männer und 508 Frauen geweiht (1988 wurde das Amt für Frauen zugänglich). Die Zahl der Priester ist lange Zeit recht stabil geblieben, aber man erwartet einen Rückgang der Zahl der Theologiestudenten: Die wirtschaftliche Krise läßt die Einnahmen aus der Kirchensteuer sinken. Auch wenn ungefähr 90 % der Dänen zur lutherischen Staatskirche gehören, ist das bewußte Christentum dort sehr schwach (ungefähr 3 % gehen regelmäßig zur Kirche). 1989 hatte man 2.073 Gemeinden und ebensoviele Kirchendiener, davon 409 Frauen (das Verhältnis Frauen zur Gesamtzahl nimmt ständig zu). Wir halten fest, daß kaum 28.000 Katholiken über 16 Jahre alt sind (auf 5,2 Millionen Bewohner) und ihre Zahl – im Gegensatz zu Schweden – seit Jahren stagniert (wie in Finnland und Norwegen). Von ungefähr 100 Priestern sind zwei Drittel Ausländer[32].

1.6 Neue Formen der Pastoralarbeit

Obgleich man kirchenrechtlich die neuen Formen, außer die Diakone, unter dem gemeinsamen Nenner »pastorale Mitarbeiter« zusammenfaßt, haben zahlreiche Männer und Frauen, die hierunter fallen, faktisch eine Leitungsfunktion inne, schlicht aufgrund der Abwesenheit eines Priesters am Ort oder durch die Grenzen, die dessen Alter setzt. Dies ist nicht nur bei einer Reihe von Diakonen der Fall, sondern auch bei allen, die zu der breiten Palette der Pastoralassistenten, der Pastoralarbeiter, der örtlichen geistlichen Leiter bei den priesterlosen Gottesdiensten, der Krankenhauspastoral, in Schulen und Gruppen gehören. Viele davon haben faktisch die traditionellen Leitungsfunktionen des Priesters übernommen, außer der ausschließlich dem geweihten Priesteramt vorbehaltenen Sakramentenspendung (Eucharistie, Beichte und Krankensalbung).

A. Das Diakonat

Seit das II. Vatikanum den ständigen Diakon wieder eingeführt hat, hat die Zahl der Männer, die hierfür die Weihe erhalten, in den verschiedenen Kontinenten schrittweise zugenommen, wie aus Tabelle 1 ersichtlich wird. Es fällt auf, daß der Zuwachs in den Kontinenten (Europa und besonders Nordamerika) am stärksten ist, wo das Verhältnis von Priester und Zahl der Katholiken noch vergleichsweise günstig ist. In den meisten anderen Kontinenten haben Katecheten schon lange die Aufgaben von Diakonen übernommen, regional gelegentlich sogar mit mehr Befugnissen ausgestattet als Diakone. Die faktischen Aufgaben der Diakone werden darüber hinaus sehr unterschiedlich definiert.

Tabelle 1: Das ständige Diakonat. Verteilung über die Kontinente (1972–1992)

	1972	*1980*	*1985*	*1992*
Afrika	18	91	235	297
Nordamerika	283	3.257	7.522	11.040
Lateinamerika	55	550	1.122	2.530
Asien	2	49	64	92
Europa	228	1.202	2.335	5.329
Pazifische Inseln	2	52	55	107
insgesamt	**588**	**6.456**	**11.333**	**19.939**

Quelle: Annuarium Statisticum Ecclesiae

In Europa konzentrieren sich die Diakone auf einige wenige Länder, 1992 waren das: Deutschland (1.618), Italien (1.270), Frankreich (830), Belgien (450), Österreich (293), Großbritannien (287), die Niederlande (178) und Spanien (167). Von den übrigen Ländern kommt keines auf eine Hunderterzahl.

1992 waren in Europa 133 Gemeinden ohne Priester am Ort einem Diakon anvertraut. Die größte Dichte findet man in Italien (57), der Schweiz (28) und Deutschland (21). Deutlich mehr Gemeinden sind Laien (853) oder Ordensfrauen (198) anvertraut.

B. In der Pastoral eingesetzte Laien

Dieser Abschnitt will lediglich eine vor allem statistische und in vielerlei Hinsicht unvollständige Übersicht bieten und muß durch das letzte Kapitel ergänzt werden. Für viele Länder fehlen die Vorstudien dieses wenngleich sehr wichtigen Bereichs.

Ungefähr von 1970 an werden pastorale Aufgaben immer mehr auch Laien anvertraut. Die Art des Einsatzes, der Ausbildung und Ernennung dieser nicht geweihten Männer und Frauen unterscheidet sich von Land zu Land, manchmal sogar von Bistum zu Bistum. Vieles hängt von der Finanzlage ab. In Ländern, in denen es eine Kirchensteuer gibt, so wie in Deutschland, oder eine Tradition großzügiger Unterstützung der Gemeinde durch die Gläubigen, wie in den Niederlanden, haben hauptamtliche Laien viel mehr Chancen als anderswo. Überall trifft man die Unterscheidung zwischen Laien, die für die Pastoral (akademisch oder nicht) ausgebildet wurden, und denjenigen, die nur eine minimale Ausbildung erhielten. Die nachfolgende Übersicht erhebt keinen Anspruch auf Vollständigkeit. Es wird nur eine Reihe von Modellen und Tendenzen beschrieben.

Deutschland

Man unterscheidet einerseits die akademisch ausgebildeten »Pastoralassistenten« (oder »Pastoralreferenten«) von den nicht akademisch ausgebildeten »Gemeindeassistenten« (oder »-referenten«)[33]. Um eine gewisse Stabilität und Harmonie auf interdiözesaner Ebene zu erreichen, veröffentlichte die Bischofskonferenz 1977–1979 wichtige Statuten: *Zur Ordnung der Pastoralen Dienste, Rahmenstatut für Pastoralreferenten (-innen), Rahmenstatut für die Ausbildung.* Es wird der Unterschied zwischen geweihten Ämtern und nicht-geweihten Diensten hervorgehoben. Anfangs wurden den »Pastoralassistenten« vor allem übergemeindliche Aufgaben übertragen, um Irritationen der Gemeindepriester zu verhindern. Seither wurden die Statuten regelmäßig angepaßt; es besteht ein großer Unterschied der Bistümer untereinander. Inzwischen tauchen Probleme auf, was die theologische Situation dieser Laientheologen, ihre Spiritualität und Einstellung zur Kirche betrifft. Es herrschte eine große Unsicherheit mit diesem Beruf. Während die Zahl der Laientheologen stark anstieg, beschränkten die Bischöfe die Zahl der Stellen für den pastoralen Einsatz (bereits 1983 sprach man von 3.000 Stellen für 13.000 Laientheologen). Inzwischen werden in immer mehr Gemeinden Laientheologen die »Bezugspersonen«, auch wenn die eigentliche Verantwortung bei einem Pfarrer von außerhalb liegt. Die Bischöfe möchten vermeiden, daß sich das eigene Profil des Laientheologen (oder des Diakons) durch die Anhäufung von Priesteraufgaben verwischt. Aus einer Reihe von Untersuchungen geht hervor, daß Laientheologen im allgemeinen progressiver und kirchenkritischer sind als der durchschnittliche Priester[34]. Die quantitative Präsenz unterscheidet sich von Bistum zu Bistum sehr; so hatte man (1990) in Regensburg 11,5 pastorale Vollzeit-Mitarbeiter auf 100 Priester, gegenüber 55,8 in Mainz. 1990 hatte man 5.163 Vollzeit-Laienmitarbeiter(innen) in der Pastoral, von denen 1.551 »Pastoralassistenten« oder »-referenten« waren und 3.612 »Gemeindereferent(inn)en«, 8 bzw. 18 pro 100 Priester. Den 552 Diakonen (auf 1.469) mit pastoralen Vollzeit-Aufgaben stehen also ungefähr zehn mal mehr Vollzeit-Laien gegenüber. Bei den »Pastoralassistenten«/«-referenten« findet man 1.059 Männer gegenüber 492 Frauen; bei den »Gemeindeassistenten«/«-referenten« umgekehrt 672 Männer gegenüber 2.940 Frauen.

Niederlande

Wie Deutschland haben auch die Niederlande um 1970 allmählich mit der Vorbereitung und dem Einsatz von akademisch ausgebildeten Laien begonnen. Man überträgt ihnen ein kirchliches Mandat mit einer nach gesetzlich festgelegten Statuten geregelten Besoldung. Diese Laien nennt man »Pastoralarbeiter(innen)«. Ihre Zahl wächst ständig. Sie arbeiten auf der Diözesan-, der Dekanats- und der Gemeindeebene sowie in Krankenhäusern. Tabelle 1 vermittelt, wie viele von ihnen an der pastoralen Basis eingesetzt sind, d. h. ein Arbeitsverhältnis mit einer Gemeinde haben[35]. Auf 100 Priester, die im Dienst der Bistümer tätig sind, hatte man 1985 19 Pastoralarbeiter(innen), 1990 33 (davon 22 in der Gemeindeseelsorge). Unter den Bistümern gibt es große Unterschiede: Groningen, Utrecht und Breda hatten 1990 mehr als 40 Pastoralarbeiter(innen) auf 100 im Bistum tätige Priester. Daneben findet man in den Niederlanden eine große Zahl Ehrenamtlicher, die sich für Dienste in der Kirche engagieren[36].

Tabelle 1: Pastoralarbeiter(innen) in den Niederlanden (1975–1990)

	absolute Zahlen				*prozentual in der Gemeindeseelsorge*			
	1975	1980	1985	1990	1975	1980	1985	1990
insgesamt	154	302	392	543	55 %	63 %	53 %	47 %
davon Frauen	13	45	81	166				

Da die Pastoralarbeiter(innen) immer mehr Führungsaufgaben übertragen bekamen und einige Bischöfe auch für die Priesterweihe einiger verheirateter Männer unter ihnen eintraten, kam es sowohl in den Niederlanden wie in Rom zu einer Diskussion über die Identität des Priesters. Die Sondersynode der niederländischen Bischöfe 1980 in Rom führte zu einer Reihe von Beschlüssen, die faktisch auf eine neuerliche Bestätigung sowohl des Zölibats als auch des wesentlichen Unterschieds zwischen Laien und Priester hinausliefen[37]. Nach und nach wurde auch in die Ernennungspolitik der Bischöfe eingegriffen, wodurch die Homogenität der Bischofskonferenz abgebaut wurde. Die geringe Zahl von Weihen während der zurückliegenden Jahre hält die Diskussion über die Stellung der Pastoralarbeiter(innen) jedoch in Gang[38].

Belgien

Im Gegensatz zu Deutschland und den Niederlanden läßt sich für Belgien keine klare Übersicht vermitteln. Es finden sich nicht nur große Unterschiede zwischen Flandern und Wallonien, auch innerhalb von Flandern haben die Bistümer je eigene Modelle für den Einsatz von Laien entwickelt. Die Bistümer Antwerpen und Gent und der niederländisch-sprachige Teil des Erzbistums Mechelen-Brüssel haben ein System von »Pastoralarbeiter(innen)« mit eigenem Ausbildungsgang. Im Gegensatz zu den Niederlanden sind die meisten jedoch nicht akademisch ausgebildet. Daneben gibt es viele Formen der Schulung für Katecheten, »Gemeindehelfer«, »Pastoralanimateure«, »Gemeindeassistenten« – alles zusammen viele Tausend Freiwillige. Für die gesamte flämische Kirche hatte man 1989–1990 nur 25 Laien, die als besoldete Mitarbeiter auf Gemeinde- oder Dekanatsebene aktiv waren. Die beiden Hindernisse, die eine weitere Entwicklung stark abbremsen, sind: die ungenügende theologische Ausbildung und besonders die äußerst begrenzten finanziellen Mittel (auch wenn das »katholische« Flandern zu den reichsten Gebieten Europas zählt). Krankenhauspfarrer werden allerdings von den Einrichtungen bezahlt, die sie anstellen; hier findet man denn auch einige akademisch ausgebildete Laien[39].

Mittlerweile haben die theologischen Fakultäten der katholischen Universität Löwen während der letzten 35 Jahre ungefähr 1.100 theologisch ausgebildete Laien geschult, das sind in den letzten 15 Jahren ca. dreimal mehr als die diözesanen Priesterstudenten, die ihr theologisches Studium abgeschlossen haben. Die Hälfte dieser Laien mit abgeschlossener Ausbildung sind Frauen. Weitaus die meisten der akademisch ausgebildeten Laien werden Religionslehrer, u. a. weil sie nur dort besoldet werden können.

Im französisch-sprachigen Belgien gibt es keine »Pastoralarbeiter«. Jedes Bistum verfügt über ein eigenes System zur Rekrutierung und Schulung ehrenamtlicher Laien[40]. Man findet dort übrigens viel weniger akademisch ausgebildete Laientheologen als in Flandern.

Österreich

In Österreich sind in allen neun Bistümern Laientheologen im kirchlichen Dienst tätig.

	in Gemeinden			*in der Spezialpastoral*			*auf Gemeindeebene*			*insgesamt*
	m	*w*	*insg.*	*m*	*w*	*insg.*	*m*	*w*	*insg.*	
1980	–	–	33	–	–	37	–	47	–	117
1983	–	–	71	–	–	–	–	–	–	–
1990	106	48	154	62	19	81	79	19	98	333

m = männlich; w = weiblich

Neben diesen akademisch ausgebildeten Laien gibt es zahlreiche andere mit einer niedrigeren pastoraltheologischen Ausbildung, vergleichbar den deutschen »Gemeindereferenten«. Die Besoldung dieser Laien erfolgt auf unterschiedlichen Niveaus (auf Gemeinde- oder Diözesanebene) und wird durch die in Österreich geltende Form der Kirchensteuer begünstigt.

Schweiz

1970 waren in den sechs Schweizer Bistümern noch keine Laien im pastoralen Dienst. Mittlerweile stieg deren Zahl kontinuierlich an: 220 (1975), 500 (1980), ca. 1.000 (1990). Aus einer genauen Studie von 1985 geht hervor, daß damals 795 Laien (376 Frauen und 419 Männer) als bezahlte Arbeitskräfte im Dienst der Bistümer arbeiteten. Das bedeutet 21 % der Gesamtzahl (nämlich 10 % weiblicher und 11 % männlicher Laien, 48 % aktive Diözesanpriester, 16 % Ordenspriester, 14 % Priester im Ruhestand, 1 % Diakone). Von den 795 Laien waren damals 27 % in Gemeinden als »Gemeindeassistenten« tätig, 49 % in der Gemeinde-Katechese, 18 % in speziellen Aufgabenfeldern, 12 %

in Bewegungen, 7 % als Schulleiter, 12 % in der diözesanen Verwaltung oder den Bildungsreferaten. Daneben hat man eine sehr hohe Zahl ehrenamtlicher Laien, die in den Gemeinden aktiv sind.

Die pastorale Plannungskommission der Schweizer Bischofskonferenz nimmt an, daß die Zahl der eingesetzten Laien ständig zunehmen wird. Die starke finanzielle Struktur, u. a. aufgrund der Kirchensteuer, hat den Ausbau des kirchlichen Einsatzes von Laien – in der deutschsprachigen Schweiz noch stärker als in der französisch-sprachigen – möglich gemacht.

Aus dieser zusammenfassenden Übersicht ergibt sich, daß im »germanischen« Europa die Organisation des Einsatzes von Laien innerhalb kürzester Zeit zu beachtlichen Ergebnissen geführt hat. Obgleich im »lateinischen« Europa ebenfalls viele Tausend Laien in der Gemeinde engagiert sind, ist es, in Anbetracht der großen Unterschiede und des Fehlens vergleichbarer Statistiken, noch nicht möglich, eine Übersicht zu vermitteln[41].

[1] Diese Angaben werden immer zwei Jahre nach dem Erhebungszeitraum veröffentlicht, d. h. diese für das Jahr 1992 also 1994.

[2] Vgl. u. a. P. Ester, L. Halman, R. de Moor (Hrsg.), The Individualizing Society. Value Change in Europe and North America, Tilburg University Press, 1993; P. M. Zulehner, H. Denz, Wie Europa lebt und glaubt. Europäische Wertestudie, Düsseldorf 1993.

[3] Von 1988–1989 zählte die Region Brüssel 970.346 Einwohner, die flämische Region 5.696.051 Einwohner, die wallonische Region 3.209.319 Einwohner (einschließlich der 66.610 Einwohner aus dem deutschen Sprachgebiet).

[4] Der Europäischen Wertestudie zufolge betrug der wöchentliche Gottesdienstbesuch der Belgier in der Brüsseler Region im Jahr 1990 weniger als 17 %; 60 % gehen praktisch nie zur Kirche, nur 54 % behaupten von sich, an Gott zu glauben, 34 % an ein Leben nach dem Tod; mehr als 53 % sagen von sich, wenig oder gar kein Vertrauen in die Kirche zu haben.

[5] Der Zustand verändert sich rasch. Dem Sekretariat der Deutschen Bischofskonferenz zufolge hat man 1994 für 13.327 Gemeinden und Quasi-Gemeinden 66 % mit Priester am Ort und 34 % ohne einen solchen.

[6] Quelle: Berufung. Zur Pastoral der geistlichen Berufe. Christen haben eine Mission, Heft 32, 1994, Informationszentrum Berufe der Kirche, Freiburg.

[7] Schweizerisches Pastoralsoziologisches Institut. Kirchenstatistische Hefte, 8. Kirchliches Personal/Personnel ecclésiastique, 1986–1990, Sankt Gallen 1993.

[8] R. Weibel, Wenn die Ausnahme Regel wird, in: Schweizerische Kirchenzeitung, 4/1994, 50–54.

[9] P. González, Faire parler les chiffres. Analyse de la situation socio-pastorale de l'Eglise Catholique dans le canton de Vaud, Faculté de Théologie de Fribourg, 1994. Von den 519 Priestern (1974) waren 415 jünger als 65 Jahre, von den 377 (1994) nur noch 206.

[10] Profile of Religious in Ireland, CMRS, Dublin 1990.

[11] Auf einer Versammlung der National Conferences of Priests (Birmingham, September 1992) sagte ein Fachmann, daß die Entwicklung »an event of truly historic proportions« [ein Ereignis von wirklich historischen Dimensionen] sei, und er fügte hinzu: »The Church in England and Wales is not at the edge of a precipice, we have already fallen over the edge and are hurtling into the unknown« [Die Kirche in England und Wales befindet sich nicht am Rande des Abgrunds, wir sind bereits über den Rand gefallen und taumeln in das Unbekannte].

[12] In fünf Bistümern sogar mit 15 % und in drei mit mehr als 20 %.

[13] M. Brulin, Les Assemblées Dominicales en l'Absence de Prêtre, Situation Française en 1987. Les résultats d'une enquête nationale, in: La Maison-Dieu, 175, 1988, 111–167.

[14] J. Gelineau, Un visage renouvelé de l'Eglise. Quand les prêtres se font rares, in: Etudes, t. 364, 1986, 819–832. Vgl. auch das Dossier »Les Clerks« in: Actualités Religieuses dans le Monde, 15. 9. 1993, 24–39.

[15] Estadistica de la Iglesia Catolica 1992, Madrid 1993.

[16] Nach einer Anmerkung von Prof. V. Sastre.

[17] M. E. Gandolfi e A. Filippi, Parrochie senza prete. Problema d'oggi problema di domani, in: Il Regno, Attualità, XXXVII, n. 685, 1992, 382–390.

[18] Parma z. B. hat 71 Gemeinden mit bis zu 100 Mitgliedern, 75 mit 101–250 Mitgliedern, 54 mit 251–500 Mitgliedern, 39 mit 501–1.000 Mitgliedern auf ein Gesamt von 239 Gemeinden mit weniger als 1.000 Mitgliedern, gegenüber 72 Gemeinden mit mehr als 1.000 Mitgliedern. In den Berggegenden muß man jedoch die Touristen berücksichtigen: Bolzano z. B. (mit 59 Gemeinden ohne einen Pfarrer am Ort, 90 mit bis zu 500 Mitgliedern und 80 mit 501–1.000 Mitgliedern) empfängt jährlich mehr als 3,5 Millionen Touristen (1989).

[19] Wir verdanken diese Angaben Prof. W. Zdaniewicz, Warschau.

[20] Zwischen 1979 und 1993 stieg die polnische Bevölkerung von 35 Millionen auf 38,3 Millionen an.

[21] Kosciól Katolicki w Polsce, 1918–1990, Rocznik Statystyczny, Warschau 1991 (L. Adamczuk, W. Zdaniewicz/Red.), 129–133.

[22] The position of the church in Czechoslovakia, Pro Mundi Vita, Spezial-Nr. 28, 1973; Les croyants tchécoslovaques et la lutte idéologique, Pro Mundi Vita, Dossiers Europe-Amérique du Nord, Nr. 17, 1982.

[23] Z. Bohac, Pfarrermangel. Bericht über die Situation der Seelsorge in der böhmischen Kirchenprovinz, Prag 1991 (Manuskr).

[24] P. Kolár, L'Eglise tchèque, quatre ans après, in: Etudes, T. 381, 1994, 79–89.

[25] E. Andras, Die Kirche in Ungarn, Pro Mundi Vita, Dossiers, 1984/2 (Sonderausgabe).

[26] A. Maté-Tóth, Pfarrermangel. Fallstudie in der ungarischen Diözese Szeged-Csanad, Szeged 1991 (Manuskr.).

[27] Christ in der Gegenwart, Nr. 24, 1994.

[28] Christ in der Gegenwart, Nr. 35, 1993.

[29] Der Bericht wurde von dem griechisch-orthodoxen Soziologen Dr. G. Moustákis für diese Veröffentlichung erstellt (1994).

[30] A. Bäckström, In God's Service. A Study of the clerical profile in the diocese of Strängnäs, Uppsala 1992.

[31] H. Heid (Hrsg.), The evangelical Lutheran Church in Finland 1988–1991, Research Institute of the Lutheran Church in Finland, Tampere, Nr. 44, 1993.

[32] In Anbetracht der großen Unterschiede zwischen Kirchen von Großbritannien, wie auch der Landeskirchen in Deutschland, ist es nicht möglich, ein zusammenhängendes Bild beider Länder zu vermitteln. Der Gemeindeklerus der Kirche von England sank zwischen 1975 und 1980 von 12.000 auf 9.000. Nach kurzem Wiederanstieg im Jahr 1980 sank die Zahl der Priesteramtskandidaten erneut. 1985 hatte man 9.529 Priester für 13.395 Gemeinden. Man sucht nach Modellen von »Kurzzeit-Priestern« und nach Einsatzmöglichkeiten älterer Ehrenamtlicher mit einer entsprechenden Ausbildung. 1931 trug mehr als die Hälfte des Klerus Verantwortung für Gemeinden bis zu 1.000 Mitgliedern, 1988 nur noch 9 %. Um 1985 hatte die evangelische Kirche in Deutschland den Höchststand von Theologiestudenten; seither nahm die Zahl ständig ab (7.500 in West- und 1.000 in Ostdeutschland). Die Motive für den Pfarrerberuf scheinen sich zu verändern; man möchte schnell einen bezahlten Beruf bekommen. Nur die wenigsten haben eine wirklich gläubige Erziehung zu Hause erhalten. Auch in Frankreich bleiben 15 % der zur Verfügung stehenden Stellen in der reformierten Kirche unbesetzt (vgl. dazu auch: Eglise protestantes: une situation nuancée, in: D. Hervieu-Léger, F. Champion, Vers un nouveau christianisme?, Paris 1986, 70–75).

[33] Vgl. u. a. A. Vandenhoek, Pastorale diensten voor leken in West-Duitsland, Seminararbeit an der theologischen Fakultät der Kath. Universität in Löwen, 1991.

[34] M. Gartmann, »Laien«-Theologen in der Gemeindepastoral. Notstandsmaßnahme oder Beruf mit Zukunft? Düsseldorf 1981.

[35] Kerkelijke Statistiek van het R. K. Kerkgenootschap, 1985–1990, in: Kerkelijke Documentatie 121, 20 (1992), 7, 14–15.

[36] Der KASKI-Untersuchung von 1987 zufolge tun mehr als 200.000 von insgesamt 850.000 Kirchgängern, die am Wochenende den Gottesdienst besuchen, mehr, als nur zur Kirche zu gehen; sie nehmen auch aktiv am kirchlichen Leben teil. Von den Aktiven sind ca. 55 % Frauen. Prozentual trifft man die größte Zahl Aktiver in den kleineren Gemeinden und bei der Altersgruppe der 50- bis 64jährigen an.

[37] Beschlüsse der Sondersynode der niederländischen Bischöfe, in: Archief van de Kerken, 1980, 223–236; R. Huysmans, Sondersynode der niederländischen Bischöfe in Rom 1980, in: Theol. Prakt. Quartalschrift, 129 (1981), 379–384.

[38] So erwartet man im Bistum Harlem für die Gemeindeseelsorge im Jahr 2000: 75 Priester und 90 Pastoralarbeiter(innen) (gegenüber 125 Priestern und 75 Pastoralarbeiter/innen 1995).

[39] R. Michiels, W. van Soom (Hrsg.), Das pastorale Amt in priesterloser Kirche, Löwen 1990.

[40] J. Somer-Gotteland, Les équipes »Anime«, in: Lumen Vitae, 36 (1981), 457–466.

[41] So besitzt Frankreich ca. 220.000 ehrenamtliche Laien (in der Katechese allein schon). Mehr als 1.000 sind als Seelsorger für den offiziellen Unterricht angestellt. Die Situation ist von Diözese zu Diözese verschieden: Lyon hat 150 Angestellte (meist als Teilzeitkräfte), Nanterre 40, Rennes 24, Verdun 2 (La Croix, 13. 6. 1992).

2. ÄMTER IM NEUEN TESTAMENT UND IN DER FRÜHEN KIRCHE

Peter Schmidt

2.1 Zunächst einmal eine alte Geschichte

Als Samuel alt geworden war, bestellte er seine Söhne zu Richtern über Israel. Sein Erstgeborener hieß Joel, sein Zweitgeborener Abija. Beide waren Richter in Beerscheba. Aber die Söhne wandelten nicht auf den Wegen ihres Vaters; sie waren auf eigenen Vorteil aus, nahmen Geschenke an und vergewaltigten das Recht. Daher kamen die Ältesten von Israel zusammen, begaben sich zu Samuel nach Rama und sprachen zu ihm: »Du bist alt geworden, und deine Söhne wandeln nicht auf deinen Wegen. Setze deshalb einen König über uns ein, wie ihn alle Völker haben.«

Aber Samuel mißfiel, was sie forderten: »Gib uns einen König, der Richter über uns sei.« Er betete darum zu JHWH. Aber JHWH sagte zu Samuel: »Schenk dem Volk Gehör, um was sie dich auch bitten, denn sie verwerfen nicht dich, sondern mich; mich wollen sie nicht länger zum König. Was sie dir antun, haben sie immer getan: Von dem Tag an, da ich sie aus Ägypten geführt habe, bis zum heutigen Tag haben sie mich verlassen und anderen Göttern gedient. Geh auf ihre Bitte ein, aber warne sie entsprechend …« (1 Sam 8,1–9)

Eine schöne Geschichte aus dem Alten Testament, das wir mit dem jüdischen Buchstabenwort auch »Tenach« nennen[42]. Der Tenach ist sehr langsam zur Welt gekommen. Viele Jahrhunderte sind über sein Werden hingegangen. Die tausendjährige Entstehungsgeschichte hat das Buch zu einer äußerst komplexen Konstruktion gemacht; diese Komplexität einer langen und langsamen Entstehung hat jedoch unverkennbar auch Vorteile. Deutlicher als im Neuen Testament illustriert das Buch des ersten Bundes, wie sehr das, was wir »Wort Gottes« und »Offenbarung« nennen, gezeichnet ist vom Jahrhunderte dauernden Wechselspiel kontingenter Geschichte und Entwicklung.

Ich habe für die Einleitung in dieses Kapitel den Samueltext ausgewählt, weil er ein paar interessante bedenkenswerte Motive enthält. Lange Zeit ist das Königtum in Israel das höchste und heiligste Amt gewesen. Als gesalbter Hirte und Führer des Volkes (Masiach/Messias), als höchster Opferpriester, als Mittler zwischen JHWH und Israel, als »Sohn Gottes«, symbolisierte der König das Verhältnis von Gott und seinem Volk. Seit der davidisch-salomonischen Königsideologie war das Königtum das vorherrschende Symbol für Gott als Hirte seines auserwählten Volkes geworden. Der König war gewissermaßen das Sakrament von Gottes Umgang mit den Menschen. Die Bibel besitzt Texte im Überfluß, die diese Auffassung vom Königsamt untermauern. Ich nenne von den vielen nur die Verheißung von Natan in 2 Sam 7,4–17 und die messianischen Psalmen 2 und 110. Das Königtum wurde so sehr als Ausdruck von Gottes Absicht mit Israel aufgefaßt, daß die Königsideologie nach dem Exil zu einer echten Theologie, der »messianischen Theologie«, geworden war, an der die Heilserwartungen des Volkes hingen. Man müßte im alten Israel lange nach einem Hirtenamt suchen, das mehr von »göttlichem Recht« war als das Königtum. Das christliche Bekenntnis zu Jesus als dem »Messias«, »Sohn Gottes« und »Sohn Davids« entlehnt seine Bedeutung eben dieser alttestamentlichen Königstheologie nach davidischem Modell. Gottes Wille hat nach christlichem Glauben seine eschatologische Erfüllung in Jesus gefunden. Dies bekennen wir, und darum nennen wir Jesus den Christus, das heißt den Gesalbten, nach dem Vorbild des Königs von Israel, dem von Gott gewollten Hirtenamt schlechthin.

Die hohe Sakralität und »Gottgewolltheit« des Königsamtes ist über Jahrhunderte hin lebendig geblieben. Christen im Altertum haben die christianisierten römischen Kaiser in eben diesem Licht als von Gott eingesetzte Hirten des Volkes angesehen. Die byzantinischen Kaiser haben bis zum Fall Konstantinopels ebenfalls diese Theologie vertreten. Als die westlichen mittelalterlichen Fürsten, Kaiser und Könige sich salben ließen, geschah dies unter Hinweis auf die sakrale, sogar sakramentale Dimension ihres Königtums, und in ebenso deutlicher Anbindung an das davidische Modell. Bis zur Französischen Revolution herrschte unangefochten die Überzeugung, daß das Königtum auf Gottes Willen basiere[43]. Viele haben aus diesem Grunde die Enthauptung von Louis XVI. als einen Akt der Gotteslästerung angesehen, und die kirchlichen Reaktionen aus jener Zeit sind harsch. Das Königtum der christlichen Fürsten ging schließlich auf eine heilige Tradition zurück, die beinahe dreißig Jahrhunderte alt war.

Allerdings hat das Königtum in Israel sicherlich nicht mit der allgemeinen Auffassung begonnen, daß es Ausdruck für Gottes Willen sei. Zunächst einmal sind da die nackten historischen Tatsachen: Es hat eine Zeit von ein paar Jahrhunderten ohne Königtum gegeben. Der Zwölfstämmebund war eine viel »demokratischere« Realität – mit sehr autokephalen Stämmen, von denen die »Fürsten« (nasim) die Obrigkeit darstellten und die »Ältesten« (zekenim) die Abgeordneten. Als übergeordnetes Amt galt die Institution des »Richters« (sjofetim), von denen nach biblischer Tradition Samuels Söhne die letzten waren. Aus der alten Stammestheologie des Volkes Gottes mit Gott als einzig wahrem König (und folglich keinem Menschen) sind noch Jahrhunderte lang antiroyalistische Spuren im Alten Testament übriggeblieben[44]. Der Ausdruck »Theokratie« bedeutete in dieser älteren Phase der Geschichte Israels, daß Gott selbst, und nicht ein Mensch, König über Israel war. Hier ist weder der Ort, auf die literarischen Schichten des Buches Samuel[45] einzugehen, noch den genauen Ursprung des Königtums Israels zu rekonstruieren. Es geht darum zu sehen, daß die biblische Vorstellung, die das Hirtenamt des Königs mit der Idee von Gottes ewigem Willen verbindet, selber nicht ewig, sondern historisch gewachsen ist.

In der vorangestellten Samuelgeschichte sind weder Samuel noch JHWH von dem Vorschlag Israels begeistert, einen König einzusetzen. Für JHWH ist es sogar ein weiteres Zeichen der Untreue des Volkes, er scheint aber sich damit abzufinden, daß es doch seinen Willen durchsetzen wird, und daher rät er Samuel nachzugeben. Die Geschichte bietet eine der vielen Beispiele aus der Bibel, in denen Gott sich sozusagen an die historische Situation »anpaßt« und dann das Beste daraus macht. Der biblische Gott – besonders in der Auffassung der Zeit vor den Propheten – ist nicht ein Gott, der die Geschichte bis in kleinste Kleinigkeiten plant und vorzeichnet, sondern einer, der gewissermaßen zuschaut, wie die Menschen ihre Geschichte machen, und der genügend Erfindungsreichtum zeigt, um seinen Bund mit den Menschen in dieser Geschichte wachsen zu lassen. Er schafft immer wieder neue Zukunft. Dieses Gottesbild beginnt bereits bei Adam und Eva im Paradies und bei der Sintflutgeschichte oder dem Turmbau zu Babel: Die Menschen handeln gegen Gottes Willen, und seine Beschlüsse und Taten können Gott selber reuen, und doch setzt er sein Abenteuer mit den Menschen fort – auf neuen Wegen, wie etwa der Geburt des Königtums. Wenn die Israeliten nun einmal ihren König haben wollen, so wird Gott seinen Bund an dieses Amt knüpfen als sein Sakrament und wird das Hirtenamt des Königs besonderer Ausdruck für Gottes Willen sein. Die Geschichtsauffassung, die sich hinter einer solchen Vorstellung verbirgt, ist faszinierend und befreiend: Die Geschichte ist von Gott nicht von vornherein festgelegt, sondern Gott läßt seinen Wunsch nach einem Bund flexibel das je sich wechselnde Kleid der historischen Umstände anziehen.

Der Tenach kennt viele solcher Beispiele, und das Judentum hat die historische Auffassung, die dahintersteht, bis heute aufrechterhalten. Mit dem Exil ist das Königtum verschwunden und zu einem eschatologischen Ideal geworden, eine Art Utopie. Jedoch blieb die Notwendigkeit konkreter Ämter, um das Volk Gottes zu führen, auch wenn kein König mehr Herrscher war. In der persischen Zeit ist daher die Funktion des Hohenpriesters zu der eines religiösen Anführers des Volkes ausgeweitet worden. Und als das Prophetenamt – denn auch das hatte es gegeben – verschwunden war, sind die Berater allmählich wiederzufinden in dem, was später der Sanhedrin (Hohe Rat) wurde, und übernehmen die rabbinischen Gesetzeslehrer die Rolle von Exegeten des Willen Gottes. Damals nach dem Exil, als es nach deuteronomistischer Vorschrift nur noch einen einzigen Tempel für das ganze Judentum gab, sich überall um eine Synagoge herum Gemeinschaften entwickelten, entstanden dort auch Ämter, die es in der Königszeit noch nicht gab. Die konkreten synagogalen Gemeinschaften wurden vom »Vorsteher der Synagoge« geleitet. Nach der Zerstörung von Jerusalem im Jahr 70 verschwand schließlich auch das Priesteramt im Tempel. Das Judentum hat weiter überlebt mit anderen durch die Umstände erforderlich gewordenen Auslegungen von Leitung. Diese anderen Formen sind bis auf den heutigen Tag gewachsen und gereift. Eine Gemeinschaft braucht schließlich Ordnung. In biblischer Terminologie ausgedrückt: Die Ordnung der gläubigen Gemeinschaft ist ein Werk von Gottes Geist.

Die Samuelgeschichte enthält eine wichtige Lektion: Die Paradigmen, in denen Gottes Führung seines Volkes Gestalt annimmt, haben sich im Lauf der Zeit geändert, auch wenn Gottes Wille immer derselbe blieb. Die ganze Geschichte über »folgt« gewissermaßen Gottes Wunsch nach einem Bund mit seinem Volk der Kontingenz der historischen Ereignisse. Die Bibel liefert, was dies angeht, ein konstantes Bild menschlicher Freiheit im Entscheiden und Handeln.

Zurück zum Königtum: Wer wagte es heutzutage noch zu behaupten, das Königsamt gehe formal auf den explizit geoffenbarten Willen Gottes zurück und müsse daher überall unverändert bestehen bleiben? Die harten Fakten der Guillotine haben dieser Theologie ein Ende bereitet. Welcher Gläubige würde andererseits behaupten wollen, daß andere politische Ämter wie Präsidentschaft und Parlamente letztlich nicht berufen seien, den »Willen Gottes zu vollbringen«? Es ist nur die Frage, was Gottes Willen in einem gesellschaftlichen System denn eigentlich bedeutet, und auf welche Weise Menschen gerufen sind, diesen im Wechsel der Zeiten zu erfüllen. Der Wille Gottes bleibt derselbe, gleich ob Demokratie oder Monarchie. Er ist nicht von politischen Formen abhängig, sondern eine Einladung, eine gerechte Gesellschaft zu errichten als Lebensraum für den Bund zwischen Gott und Mensch.

Man könnte diese kurze Übersicht folgendermaßen zusammenfassen: Ämter und Funktionen wechseln, Gottes Wunsch nach einem Bund bleibt. Mehr noch: Damit der fundamentale Wunsch nach einem Bund bleiben kann, müssen die Ämter genügend historische Anpassungsfähigkeit zeigen. Der Verweis auf das Alte Testament mit seiner langen, tausendjährigen Geschichte mahnt zu einem grundsätzlichen Überdenken des Verhältnisses zwischen der konkreten sich entwickelnden Geschichte und demjenigen, was wir Gottes Wille nennen.

Das Alte Testament steht Modell für die historischen Auffassungen der ersten Christen. Das Neue Testament bringt jedoch etwas Neues, das man folgendermaßen zusammenfassen könnte: die eschatologische Erfüllung von Gottes Heilswillen in Christus. Aber die Auffassung der neutestamentlichen Autoren von dem Verhältnis der Offenbarung von Gottes Willen zur Geschichte – der Auffassung vom Bund also – ist sozusagen wörtlich die gleiche wie die des Tenach. Das, was wir als Gottes Wort oder Gottes Willen bezeichnen, zeigt sich auch für die ersten Christen nicht als vorgezeichnete Struktur, von der die Formen ein für allemal festgelegt wären, Formen, die außerhalb der zeiträumlichen Bestimmtheit der Kultur blieben und die von außen der Geschichte aufgedrückt werden könnten. Sie haben sich im Gegenteil durch die historischen Umstände (»die Zeichen der Zeit«) bei der Suche nach Ordnung und Leitung in ihren Gemeinden leiten lassen.

Anders ging es auch nicht. Man kann die lebendige Geschichte nun einmal nicht in vorgegebene Strukturen pressen. Diejenigen, die diesen Versuch unternahmen, haben durchweg viel Leid verursacht oder eine große Desillusionierung erlebt. Auch in unserer Zeit verfahren fundamentalistische und totalitäre Denkmuster noch nach dem Motto: Die Geschichte »solle sich gefälligst« den Prinzipien anpassen. Gelingt dies nicht, sind nicht die Prinzipien falsch, sondern die gesamte Geschichte. Wenn die Vertreter solcher Denkmuster Fanatiker sind, werden sie nicht zögern, Menschen auszuschalten, die sie als verantwortlich für den geschichtlichen Verlauf ansehen, der mit ihren absoluten

Prinzipien nicht übereinstimmt. Daher möchten sie oft auch nur das Argument der Macht anführen, erstreben sie Macht, oder, wenn sie diese schon besitzen, sakralisieren sie und halten krampfhaft an ihr fest. Die Geschichte ist übervoll mit Beispielen dafür, in politischen Systemen und Religionen vieler Kulturen.

Eine solche Mentalität, bei der der eigentliche Kern vielleicht die Angst vor Unordnung ist, widerspricht nun aber gerade der Samuelgeschichte. Sie ist die Ursache für viele Kriege und ungerechte Gewalt gewesen, für blinde Zwangsmaßnahmen, Haß, Verurteilungen, Ausschlüsse und unzählige gegenseitige Blockaden. Wenn ich es in Anlehnung an Platon formulieren sollte, so erscheint mir diese Denkweise als eine Art erstarrte Anwendung der Ideenlehre auf die historische Wirklichkeit. Im Grunde will man die konkrete Geschichte von idealen Vollkommenheitsmustern ableiten, an die jene sich anpassen sollte. Oder: *contra argumenta non valent facta*. Es handelt sich hierbei wesentlich um ein deduktives, essentialistisches Denken. Man möchte den faktischen Gang der Geschichte von vorangestellten Prinzipien ableiten, die als bereits bestehende – göttliche? – »essentials« gedacht werden.

Es sind besonders totalitäre Ideologien oder Systemtheorien, welche die Geschichte in eine Gußform zwingen wollen. Auch Religionen unterliegen dieser Verführung, dabei vielleicht noch am ehesten die Religionen, die der biblischen und mediterranen Kulturwelt entstammen. Die jüngste Geschichte lehrt uns, vor totalitären Mechanismen immer äußerst auf der Hut zu sein. Philip II. und die Rückzugsgefechte der Kirche des 19. Jahrhunderts gegen die modernen Freiheiten belegen dies in schmerzlicher Weise. Heutzutage sehen wir auch an gewissen fundamentalistischen Tendenzen innerhalb des Islam, zu welchen Konsequenzen dies führen kann.

Ein solcher Mechanismus ist ganz und gar nicht das, was er sich selbst einbildet, nämlich der Versuch, die Geschichte mit dem Willen Gottes in Übereinstimmung zu bringen. Er bedeutet vielmehr, sein eigenes System mit Gott gleichzusetzen, es zu verabsolutieren und zu sakralisieren, und die Geschichte damit in Übereinstimmung zu bringen oder zu halten. In Wirklichkeit bringt man nicht die Geschichte in Übereinstimmung mit dem Willen Gottes, sondern mit einem selbstgemachten Bild von Gott. Daher liegen solche Mechanismen so sehr in der Nähe eines »Willen zur Macht«. Sie jagen einer Illusion hinterher. Die konkrete Auslegung von Gottes Willen ist schließlich *nicht vorgegeben,* ist kein bereits geformtes Inhaltsmaß, in das man die Wirklichkeit gießen könnte. Man kann die Grundüberzeugung des biblischen Glaubens, nämlich daß Gott sich *in und durch die Geschichte* offenbart, nicht ernst genug nehmen. Es gibt keine zusätzliche historische Willensäußerung Gottes, die man wie einen Koffer mit unveränderlichem Inhalt durch die Jahrhunderte hindurch mit sich herumschleppen könnte. Nur die Zeichen der Zeit vermögen zu zeigen, wo man den Willen Gottes suchen muß. Oder anders ausgedrückt: Nicht die Vergangenheit, aus der man kommt, ist der letzte Maßstab (wenngleich es natürlich wahr ist, daß man die eigene Situation ohne die Vergangenheit nicht verstehen und man viel aus der Vergangenheit lernen kann), der Maßstab muß vielmehr in der Art und Weise gesucht werden, wie man die Gegenwart gestalten muß, damit es noch eine Zukunft gibt.

Es ist wohl deutlich geworden, daß die Geschichtserfahrung des heutigen Menschen, auch die der Christen, den kirchlichen Strukturen weitgehend entgeht. Damit will ich nicht behaupten, daß es gar keine Strukturen geben dürfe, im Gegenteil, auch Paulus, der Anwalt der Freiheit, sprach sich für sie aus. Ohne Strukturen geht jede Gemeinschaft in Chaos und dem Recht des Stärkeren, an wesentlicher Unfreiheit also, unter. Der »Wille Gottes« kann in einer Gemeinschaft ohne Strukturen nicht verwirklicht werden. Dieser Wille ist fundamental und bleibend auf die Stiftung einer Menschengemeinschaft in Gerechtigkeit und Liebe gerichtet. Dies allein reichte meines Erachtens bereits völlig aus, das Amt als Sakrament zu begründen. Äußerst wichtig scheint mir jedoch auch folgende Erkenntnis: Keine einzige konkrete Strukturform ist Gott, ebenso wie keine einzige Tradition, wie ehrwürdig sie auch immer sei, Gott ist, d. h. nicht absolut. Strukturen müssen, heute wie damals, immer *neue Paradigmen* suchen, um den Wunsch Gottes nach einem Bund sakramental zu realisieren, gerade um Zeichen für den Willen Gottes in dieser Welt sein zu können. Das aber ist nun gerade das, was das Alte Testament – sozusagen ohne dabei groß nachzudenken – konstant getan hat.

Auch Jesus selbst war ein neues Paradigma für Gottes sakramentale Anwesenheit in dieser Welt. Gewiß, Jesus ist nach christlichem Bekenntnis das *definitive Paradigma.* Das heißt aber nicht: formal fixiert. Definitiv ist die Richtung, die er vorgeführt hat, um Gottes Willen zu erfüllen: die klare Entscheidung, ohne jegliches Taktieren, für das Wohlergehen des Menschen. *Gloria dei vivens homo.* Das jedoch ist eine Richtung, eine Bewegung, und daher nur möglich mit wechselnden Paradigmen. Jesu eigene Haltung war ein neues Paradigma. Seine Haltung gegenüber Zöllnern und Sündern, Prostituierten, Aussätzigen, Samaritern war dafür lebendiges Zeugnis.

Im Namen des neuen Paradigmas heilte Jesus, entgegen der wörtlichen Befolgung des Sabbatgebots, an einem Sabbat die verkrümmte Frau (Lk 13,10–17) und den Mann mit der verschrumpelten Hand. Vom Standpunkt einer absolut gesetzten religiösen Struktur aus ging er damit zu weit, und daher »schmiedeten die Pharisäer und Herodianer Pläne, um ihn aus dem Weg zu räumen« (Mk 3,1–6).

Es wäre ein Mißverständnis zu meinen, der Ausdruck »neuen Wein in neue Schläuche« gelte nur für den kurzen Moment seines historischen Auftritts, und ferner könne man diesen Augenblick erstarren lassen zu einem unveränderlich anwendbaren Modell für den weiteren Gang der Geschichte – mit anderen Worten, man könne den Verlauf der weiteren Geschichte formal auf die Formen beschränken, in denen Jesu eigene Geschichte und die seiner Jünger verlief.

Weder das Alte noch das Neue Testament sind Rezeptbücher, an denen man die Formen unserer Geschichtserfahrung ablesen könnte. »Neuer Wein in neue Schläuche« ist ein paradigmatischer Ausspruch, der nicht nur für die neutestamentliche Zeit gilt, sondern für die Kirche von heute und allen Tagen.

2.2 Von einer alten Geschichte zu einer langen Geschichte

Bei der grundsätzlichen Betrachtung des Verhältnisses von Gottes Willen und der konkreten Geschichte möchte ich noch ein zusätzliches Register ziehen, das bei der bisherigen Diskussion der kirchlichen Strukturen und Ämter bei weitem nicht genügend Beachtung findet. Das Register kann anfänglich merkwürdig und ungewöhnlich scheinen, aber ich bin überzeugt, daß es unbedingt in die theologische Orgel eingebaut werden sollte. Übrigens nicht nur im Zusammenhang mit Strukturen, sondern auch bei der Diskussion dogmatischer und ethischer Probleme. Man sollte einmal grundsätzlich darüber nachdenken, welches Konzept von Zeit einer Haltung zugrunde liegt, die meint, man könne kirchliche Strukturen unverändert über alle Jahrhunderte hin in Übereinstimmung mit einem früher einmal festgelegten Modell halten. Es verhält sich nämlich etwas merkwürdig mit dem Gedanken, daß Traditionen ewig unverändert die ganze Geschichte durchlaufen könnten und daß diese Unveränderlichkeit der adäquate Ausdruck für den Willen Gottes sei. Diese Rechnung kann nur aufgehen, wenn die Zeit kurz genug ist. Tatsächlich hat man stark den Eindruck, daß kirchliche Überlegungen sich noch immer in einem Zeitrahmen bewegen, der sich nicht wesentlich von dem der Bibel unterscheidet. Ich meine damit folgendes: Die Bibel denkt sich den Verlauf der Geschichte in einer sehr kurzen zeitlichen Perspektive, nur einige tausend Jahre, eine zeitliche Spanne, über die man gerade noch einen Überblick hat. Die Bibel tritt ja auf als ein Buch, das eine Übersicht über die Geschichte in ihrer Totalität bietet: von der Schöpfung bis zu ihrem Ende. Man darf dabei nicht vergessen, daß das Auftreten Jesu und seiner Jünger, wie übrigens fast das ganze Neue Testament, sich situiert in einer Zeit, als man denken konnte, daß das Ende nahe sei. Es besteht kein Zweifel, daß z. B. sowohl die Menschen von Qumran als auch die ersten Jünger

Jesu – und höchstwahrscheinlich Jesus selbst – in Erwartung der Möglichkeit lebten, daß es mit der Geschichte allmählich zu Ende ginge. Das erzeugt einen wirklich eigenartigen Denkhorizont: Wer mit der biblischen Geschichte vertraut war, konnte die Illusion haben, daß er das Gesamt der Geschichte, von Alpha bis Omega, überschauen könnte.

Für jemanden wie Paulus war »die Zeit knapp bemessen« (1 Kor 7). Er hatte die Vorstellung, daß er bei der Rückkehr Jesu noch am Leben sei, dann nämlich, wenn das Tuch über die Geschichte fallen würde (1 Thess 4, 17). Zwar nimmt die nahe Parusieerwartung bereits im Neuen Testament ab (Lukas; zweiter Petrusbrief), gleichwohl ist die Zeitvorstellung der Bibel (und bis zur Geburt der modernen Astronomie und Paläontologie aller westlichen Menschen) sehr kurz. Die Geschichte der Welt und des Menschen erscheint noch in einem überschaubaren Blickfeld.

Innerhalb einer solchen Vorstellung von Raum und Zeit kann man die Vorstellung haben, daß es Dinge gibt, die »ewig« halten, d.h. so lange die Geschichte dauert. Man kann in religiösen Gemeinschaften die Vorstellung haben, daß bestimmte Strukturen im wesentlichen unverändert die ganze Weltgeschichte überleben könnten. Man denkt dabei überhaupt nicht in kosmischen oder biologischen Dimensionen. Menschen, die heute so argumentieren, vermitteln den Eindruck, als habe die paulinische Vorstellung der Weltzeit immer noch wortwörtlich Geltung. Für Paulus wie die Christen in Thessaloniki oder Korinth war auf die eine oder andere Weise das Ende des »Aeons« nahe. In so einem Zeitmodell aber können wir heute – ob uns das paßt oder nicht – unmöglich noch von Geschichte sprechen, *auch nicht über die Menschheitsgeschichte.* Niemand von uns glaubt doch wirklich, daß die Zeit knapp geworden sei. Wer erwartet denn – wie es in der Eucharistiefeier heißt – wirklich »sein Kommen in Herrlichkeit«? Das ist zu einer zeitlosen Redewendung geworden.

Faktisch weiß der Mensch überhaupt nicht, wo er auf der Leiter der Geschichte steht. Wir kommen aus einer Geschichte von vielen Hundert Millionen Jahren, und wie jung der Mensch auch ist, so lebte Adam doch nicht vor fünftausend Jahren, sondern sechzigtausend oder hunderttausend oder gar noch mehr, seine Vorfahren zumindest. Die uralten Pyramiden in Ägypten sind blutjung, und in gut tausend Jahren werden sie der Erosion zum Opfer gefallen sein, dann, wenn schon lange keine unserer alten Kathedralen mehr besteht. Bis Kopernikus und Galilei dachten die Menschen schon viele, viele Tausend Jahre (außer Aristarchos von Samos), daß die Sonne sich um die Erde drehe und die Welt sich nicht bewege. Und diese Überzeugung wurzelte tief in ihren ehrwürdigsten religiösen Traditionen, an sie hatte man sich gefühlsmäßig gewöhnt. Und doch hat sich das geändert, so wie selbst alle ewigen unbeweglichen Berge und Ozeane sich im Lauf der Zeit bewegt und verändert haben.

Natürlich ist mir bewußt, daß keine einzige Gesellschaft, keine einzige Kirche in so langen Zeiträumen für ihre konkreten historischen Projekte und Organisationen planen kann. Natürlich ist für jeden von uns das Leben jetzt der eschatologische Kairos, jetzt, in dem Moment, da wir leben, und ist es für *unseren* Bund mit Gott heute entscheidend. Doch sich darüber im klaren zu sein, ist noch nicht dasselbe, wie über die Absolutheit und Relativität der weiteren Geschichte von Gottes Kirche in der Welt nachzudenken. Möglicherweise klingt es etwas darwinistisch, aber zeugt es nicht allmählich von einer gewissen Weisheit, unsere zeitlichen Maßstäbe anders zu denken, besonders wenn man über das Verhältnis von Gottes Willen zu unserer Geschichte reden möchte? Wir *wissen doch inzwischen unumstößlich,* daß die Welt in unvergleichlich anderen Kategorien gedacht werden muß, als es die Bibel und die Kirchengeschichte tun. Ein minimaler Anschluß an die Erkenntnisse der wissenschaftlichen Forschung zur Weltgeschichte wäre in diesem Fall vielleicht auch nicht ganz nutzlos. Biologisch gesehen ist der Homo sapiens noch ganz jung, und auch die Christen gehören zu dieser Art.

Es ist keineswegs ein unsinniger und theologisch unwürdiger Gedanke, wenn wir annehmen, daß die Menschheit gut und gern noch einige tausend Jahre existieren kann. Wenn nicht ein einschlagender Asteroid oder die Dummheit des Menschen selbst ihrer Existenz ein brutales Ende bereiten, ist diese Rechnung sogar sehr niedrig. Ist es denn unsinnig, wenn man annimmt, daß das Volk Gottes noch viele Jahrhunderte vor sich hat? Vielleicht noch mehrere hundert? Man kann doch über die Zukunft der kirchlichen Formen nicht in einer Mentalität denken, die besagt: »nur nichts antasten – und ... nach uns die Sintflut«. Wenn man in großen Maßstäben zu denken beginnt, erscheinen die Dinge in einem ganz anderen Licht. Man kann theoretisch an der Unveränderlichkeit von Traditionen und Strukturen festhalten, solange man glaubt, daß »die Zeit knapp bemessen ist«. Und man kann Situationen durch Gesetze, Verbote und gegebenenfalls auch Machtmittel über einige Jahre, Generationen sogar, und warum nicht über Jahrhunderte hin, unangetastet lassen, aber selbst das göttliche Recht des Königtums, eine Tradition von fast dreitausend Jahren, hat die Französische Revolution, die Republiken und die Demokratie nicht verhindern können. Wir wissen jetzt besser als damals, daß das Königtum nichts anderes ist als eine mögliche, relative und in bestimmten Situationen vielleicht sogar die beste Art, eine Nation zu führen und zu einen. Die Geschichte hat uns dies vorgeführt.

Weiter: Man kann die Amtsstrukturen, wenn sie in Spannung zu den zeitlichen Verhältnissen geraten und problematisch werden, noch eine Zeitlang unangetastet lassen oder an die Beatmungsmaschine anschließen. Jedes Kind weiß jedoch, daß ein solcher Zustand nicht noch über tausend, dreitausend, zehntausend Jahre unverändert so bleiben kann. Wohlgemerkt, ich sage das nicht naiv, sondern weiß sehr wohl, daß es Wahnsinn wäre, die Notlage der Kirche aus der Perspektive von dreitausend Jahren später zu betrachten. Aber gerade deshalb ist es gut, in der Kategorie von heute zu denken, was jetzt, gegenwärtig, die Formen sind, die der Gemeinschaft am ehesten dienlich sind. Gerade die *Möglichkeit – und vielleicht auch die Wirklichkeit – eines sehr langen Zeitraums* (die kosmologisch immer noch nichts bedeutet) läßt heute schon sehen, daß Formen und Traditionen, wie alt und ehrwürdig sie auch sein mögen, per definitionem relativ und entwicklungsfähig, da *zeitlich,* sind. Sie *können* nicht absolut sein, und die Unveränderlichkeit von Gottes Willen kann nicht an der Unveränderlichkeit ihrer historischen Formen festgemacht werden. Sich hierbei argumentativ auf die Inspiration durch den Heiligen Geist oder göttliches Recht zu berufen, muß unweigerlich zu Mißbrauch führen. Was übrigens das »göttliche Recht« betrifft: Es sind ja doch immer und überall Menschen gewesen, die festgelegt haben, was in der Kirche als göttliches Recht zu gelten hatte und was nicht. Bei Ämtern oder Ordnungen sollte man nicht fragen, ob sie von Gott als veränderlich oder unveränderlich gewollt sind, sondern in welchen Formen sie am ehesten den Willen Gottes mit seiner Menschengemeinschaft verwirklichen. Denn das Amt als solches gehört nicht zum formalen Zweck der Frohen Botschaft. Das Amt ist nicht das Ziel, sondern der Weg. Der Sinn eines kirchlichen Amtes kann letztlich nichts anderes sein, als die Gemeinschaft Christi aufbauen zu helfen. Eine Kirche kann die Zeit nicht negieren, sich nicht über sie stellen, sich nicht außerhalb einer zeitlichen Entwicklung, der sie selbst unterworfen ist, anordnen. Auf den, der sich an diese Haltung klammert, trifft letztlich das Wort zu, das man alternativ Talleyrand, Fouché oder Boulay de la Meuthe zugeschrieben hat: »C'est plus qu'un crime, c'est une faute.«[46] Man tut gut daran einzusehen, daß Ämter, wie heilig auch immer, menschliche Wirklichkeiten sind, und daß menschliche Dinge naturnotwendig historisch bestimmt sind. Und daß, solange das Ende der Zeiten noch nicht gekommen ist, das uralte weise Prinzip von Heraklit gültig ist: panta rei … (»Alles fließt«).

Es geht mir nicht um eine billige Übereinstimmung zwischen Bibel und Wissenschaft. Die von der Bibel intendierte Ebene von Wahrheit liegt nicht auf der Ebene von Kosmologie und Biologie. Die Bibel stellt sich, wie oben angedeutet, die Zeit de facto als sehr kurz vor und den Kosmos als sehr klein. Dennoch bleibt wahr, daß gerade die biblische Offenbarungsgeschichte die Tür offenhält, das Verhältnis von Gottes Willen und Zeit anders zu denken als nur in Begriffen von Festschreibung. Gottes offenbarter Wille ist keine starre Gußform. Die Offenbarung ist insgesamt weder Rezept noch Gußform. Die biblische »hermeneuse« der Geschichte verläuft anders; *im nachhinein* werden kontingente geschichtliche Ereignisse und Entwicklungen als »Wille Gottes« gedeutet, weil sie, innerhalb des begrenzten Horizonts ihrer Zeit, innerhalb der kontingenten historischen Umstände und Notwendigkeiten, als die beste Art erfahren wurden, dem Heilswillen Gottes, der sich selber gleich bleibt, Gestalt zu geben. Gottes Heilswillen, der beinhaltet, daß Menschen unter allen Umständen ihr Mensch-Sein in Gerechtigkeit und Liebe leben sollten, so nämlich, daß der Aufbau ihrer Gemeinschaft die historische Verwirklichung von Gottes Liebe als letztem Grund und Sinn werden könnte. Gottes Wille, sich selbst immer gleich, ist flexibel wie die Geschichte auch.

Eines der deutlichsten Beispiele für diese Überzeugung bietet die mosaische Tora selbst. Wenn man Gesetzestexte aus Exodus mit Texten aus Deuteronomium oder Leviticus vergleicht, dann fällt einem auch dort schon der Evolutionsstrom der jahrhundertelangen Geschichte auf. Die Gesetze und Gewohnheiten aus der agrarischen Zeit vor der Zeit der Könige wurden abgeändert oder ersetzt durch andere, als die städtische Gesellschaft in der Königszeit andere Ordnungen benötigte. Allerdings stehen diese Gesetze in der Tora parallel nebeneinander – als Ausdruck für den einen unveränderlichen Bundeswillen Gottes.

2.3 Ämter im Neuen Testament: Gottes Bund in Jesus wird in der Menschengemeinschaft konkret

Einleitung: Was lehrt uns der Sprachgebrauch?

Eine philologische Herangehensweise an historische oder theologische Texte ist riskant. Dies illustriert das Mammutunternehmen von Kittel und Friedrich. Deren *Theologisches Wörterbuch zum Neuen Testament* enthält die Ergebnisse einer gigantischen Erkundung des historischen und semantischen Sprachhorizonts des neutestamentlichen Vokabulars. Man kann nicht umhin, dieses Werkzeug zu benutzen, wenn man die Welt des Neuen

Testaments betreten will. Aber dieses riesige Unternehmen macht auch die Grenzen der angewandten historischen Methode offenbar. Nicht, weil man das gesamte historische Feld eines Wortes oder Ausdrucks lexikographisch untersucht und systematisiert hat, hat man schon einen Text festgelegt. Die genaue Bedeutungsnuance, die z. B. ein Dichter einem bestimmten Ausdruck durch den Kontext und die Struktur seines Gedichts zuschreibt, kann etwas sein, das dem bestehenden lexikographischen Horizont entgeht oder ihn übersteigt, indem eine ganz neue Bedeutung geschaffen wird. Das gerade zeichnet eine lebendige Sprache aus, und diese Tatsache ist von großer Bedeutung, wenn man das Verhältnis von Schrift und Tradition reflektiert.

Ich möchte das an einem Beispiel erläutern, das gerade für die neutestamentlichen Ämter interessant ist. Die Begriffe *presbyteros* (Ältester, Presbyter) und *episkopos* (Aufseher, Leiter) fallen zu dem Zeitpunkt, als sie im Neuen Testament auftauchen, nirgendwo unter die lexikographische Rubrik »hiereus/sacerdos«. Deswegen kann man jedoch noch nicht sofort behaupten, daß die spätere Verbindung mit »sacerdos/hiereus« zu Unrecht hergestellt worden sei. Bei dem Begriff sacerdos kommt eine neue Auslegung zum Tragen, die gerade durch die Erfahrung der ersten christlichen Jahrhunderte generiert wird. Die Erfahrung der christlichen Ämter fungierte selbst als neues Element in der Hermeneutik des alten Begriffs »Priester«.

Trotz ihrer Grenzen hat die philologische Herangehensweise an ein theologisches Problem noch Bedeutung, und zwar aus verschiedenen Gründen. Wie Menschen denken, das kann man immer an ihrer Sprache ablesen. Die Worte, die sie für Dinge und Situationen benutzen, zeigen, wie sie über diese denken. Ist es nichtz. B. merkwürdig, daß das berühmte *Dictionaire de Théologie Catholique* – um beim »Amt« zu bleiben – keinen Artikel zu »ministère(s)« hat, jedoch einige zu »ordre«? Das sagt doch etwas aus über die geistige Welt der Personen, die diese Enzyklopädie zusammengestellt haben.

Ein anderer Grund, der für die Absicht dieses Beitrags bedeutsam ist, ist historischer Art. Ein lexikographisches Bild ist dann sehr nützlich, wenn es darum geht, die historische Situation eines Begriffs zu erfassen. Ein Vorgehen wie von Kittel kann die Hermeneutik nicht festschreiben, ist jedoch sehr geeignet, um das Verhältnis zwischen dem früheren Verständnis eines Begriffs und dem späteren (heutigen), sowie dessen Auslegung in einer historisch vorausgehenden Situation, zu untersuchen und zu verstehen. Konkret gesprochen: Das Skizzieren des Bedeutungshorizontes von Amtsbezeichnungen zur Zeit Jesu und der ersten Kirche erlaubt es nicht, diese Bedeutung auf ewig festzuschreiben und von dort her z. B. zu erklären, die späteren Entwicklungen seien illegitim. Diese Skizzierung ermöglicht es jedoch zu sehen, wie Menschen des Neuen Testaments diesen Begriff selbst gedeutet haben und was nachfolgend der Anteil an *Entwicklung und historisch freier Entscheidung* ist.

Bei der nun folgenden Übersicht zur frühen Geschichte der Ämter lassen wir uns daher zuerst einmal vom Sprachgebrauch leiten. Dabei kommen viele spannende Tatsachen ans Licht.

2.3.1 Amt

Der Ausdruck »Amt« im Neuen Testament – angewandt auf die frühchristliche Kirchengemeinschaft – stellt als solcher bereits eine Schwierigkeit dar. Mit Jürgen Roloff können wir vom heutigen Sprachgebrauch ausgehen: »Nach dem heutigen Sprachgebrauch bezeichnet der Begriff ›Amt‹ eine rechtlich eindeutig festgelegte und gesellschaftlich anerkannte Führungsstelle, die im Namen einer bestimmten Institution Hoheitsrechte ausübt und der dazu bestimmte Machtmittel zugeordnet sind.«[47] Nun denn, die griechischen Termini, die für dieses Verständnis vom offiziellen Amt benutzt werden (archê, telos, timê, leiturgia), finden wir (außer telos) auch im Neuen Testament. Sie werden dort jedoch für die Amtsausübung der jüdischen Priester oder heidnischen bürgerlichen Beamten, für die (guten oder bösen) Engel, und letztlich auch für Jesus selbst benutzt. Auch die Bezeichnungen für Priestertum (hierateia/lat. sacerdotium) oder das Ausüben des Priesteramts (hierateuein) sind den jüdischen Priestern vorbehalten. Der Terminus (arc)hiereus/lat. sacerdos ist für die jüdischen oder heidnischen Priester und für Jesus selbst reserviert. Das Buch der Offenbarung wendet den Begriff *hiereus* dreimal auf die Jünger Jesu an: Offb 1,6; 5,10; 20,6. Das Wort *hierateuma/ lat. sacerdotium* »Priesterschaft/das Gesamt der Priester« wird gleichfalls bekanntlich nur angewandt auf die Getauften, die Kirche als ganze, 1 Petr 2, 5.9.[48]

Die genannte kleine Aufzählung von Ausdrücken und Begriffen diente nur dem Ziel zu zeigen, daß die naheliegenden Ausdrücke für ein offizielles Amt und für diejenigen, die wir heute Amtsträger nennen, im Neuen Testament nirgendwo benutzt werden, ebensowenig wie die Begriffe, die das Priestertum oder die priesterliche Aufgabe andeuten (für letztes: vgl. infra). Ein solches Fehlen sagt nicht alles, und doch stellt sich unweigerlich die Frage: Wie dachten die frühen Christen denn über sich selbst, ihre Gemeinde, ihre Verantwortlichkeiten? Diese Sachlage trägt höchstwahrscheinlich noch die Spuren der ursprünglichen Situation des Christentums. Christen bildeten anfangs eine sozial unbedeutende Gruppe, die hinsichtlich ihrer religiösen Zugehörigkeit während der Anfangszeit noch unter die jüdischen Ämter fiel und hinsichtlich ihrer bürgerlichen Zugehörigkeit noch sehr lange unter der Verantwortung des römischen Imperiums stand. Die ersten Christen bildeten anfangs auch eine Gruppe, die sich in erster Linie charismatisch verstand und weder in amtlichen Strukturen dachte noch von anderen so verstanden werden wollte. So erklärt sich, daß die bestehenden Ausdrücke für die offiziellen Ämter nicht in neutestamentlichen Gemeinschaften funktionierten. Drittens handelte es sich um eine Gruppe, die sich selbst anfänglich stark eschatologisch verstand und die daher nicht mit langfristigen organisatorischen Zukunftsfragen befaßt war. Der charismatische und eschatologische Charakter brachte es auch mit sich, daß die Urkirche sich von Christus her nicht direkt als eine Institution verstand; zumal Jesu Verhältnis zu religiösen (und politischen?) Institutionen – vorsichtig formuliert – als sehr problematisch bezeichnet werden muß.

Tatsache ist, daß man sich beim heutigen Stand der Forschung vor voreiliger Systematisierung hüten sollte. Zwar macht die Bündelung in einem Kanon alle zeitlich auseinanderliegenden Schriften im theologischen Sinn gleichzeitig und gleichermaßen normativ für die Kirche, dennoch sollte man, wenn man hinsichtlich des Amtes beispielsweise vom historischen Jesus und seinen Jüngern her argumentieren will, die geschichtliche Entwicklung, die auch bereits innerhalb der relativ kurzen neutestamentlichen Zeitspanne spürbar ist, berücksichtigen. Der sicherste und angemessenste Standpunkt in dieser Sache ist, die Pluralität der Erscheinungsformen zu ihrem Recht kommen zu lassen.

2.3.2 Apostel. Die Zwölf

Der Ausdruck *apostolos* kommt 80mal im Neuen Testament vor[49]. Die paulinische Literatur verwendet den Begriff 34mal (Paulus selbst 27mal; Eph 1mal; Kol 1mal; Pastoralbriefe 5mal), Lukas ebenfalls 34mal (Lk 6mal; Apg 28mal). Paulus und Lukas stellen deutlich den Löwenanteil der Fundstellen. Die übrigen sind über das restliche Neue Testament verstreut[50].

Auffallend ist die spärliche Verwendung bei Matthäus, Markus und Johannes. Matthäus und Markus benutzen den Begriff bei der Bestellung der Zwölf (Mt 10,2; Mk 3,14), Markus darüber hinaus noch einmal in 6, 30, um zu berichten, daß die Apostel zu Jesus zurückkehrten. Johannes verwendet den Begriff einmal, wo er Jesus sagen läßt, daß ein Gesandter nicht mehr ist als derjenige, der ihn sendet.

Die Stelle bei Johannes verweist auf das ursprüngliche Bedeutungsfeld von *apostolos*[51]. Sowohl das Substantiv wie auch das Verb *(apostellein)* implizieren senden und gesandt sein. Der Apostel ist in erster Linie als »Gesandter, Geschickter« (missus) zu verstehen, und also jemand, der im Auftrag einer höheren Instanz arbeitet, die ihn schickt. In diesem Sinn wird Epaphroditus von Paulus als »Apostolos« der Gemeinde Philippi (Phil 2,25) bezeichnet. »Im Auftrag«, dann aber durchweg auch mit der Konnotation von »Vollmacht«, die aus der Sendung hervorgeht. So wird Jesus selbst ein einziges Mal »Apostel« genannt (Hebr 3,1), im Johannesevangelium jedoch wird das Verb *apo-*

stellein/senden ständig verwendet, um anzuzeigen, daß Jesus vom Vater gesandt wurde und folglich als Offenbarender ausgestattet ist mit Gottes Vollmacht[52]. Im Zusammenhang mit dem Thema »Amt« im Neuen Testament ist der Aspekt der »Ausstattung mit Vollmacht« ein bedeutsames Faktum.

Man hat den Begriff apostolos in Zusammenhang mit der hebräischen Wurzel für »senden« (Sj-L-Ch) gebracht, von dem das Substantiv »sjalî'ach – gesandt« abgeleitet ist. Es ist die Bedeutung, die wir bei Joh 13,16 wiederfinden. Im Judentum bestand die Einrichtung eines sjalî'ach, eines bevollmächtigten Gesandten, der im Namen einer Person oder einer Gruppe (z. B. des Sanhedrin) für bestimmte Aufgaben, für die er geschickt wurde, auftreten konnte. In dieser Bedeutung regelten die Rabbis den Kalender in der Diaspora oder trat der Hohepriester vor dem Volk auf. Die Vollmacht des Paulus in Agp 9,1ff ist ebenfalls vor diesem Hintergrund zu verstehen. Auch in profanen Dingen existiert der sjalî'ach, etwa bei der Verlobung, der Scheidung oder beim Ankauf von Gütern. Gut möglich, daß der Gedanke an die Autorität, mit der die christlichen Apostel aufgrund ihrer Sendung ausgestattet sind, hiermit in Verbindung gebracht werden muß. Das, was im Neuen Testament »Amt« heißt, ist ja gewachsen aus dem Begriff »Sendung«, für die insbesondere Christus selbst das Vorbild war. Die Apostolizität der Kirche, über die Jahrhunderte hin zu Recht betont, findet hier ihre Wurzeln und ihr Existenzrecht. Auch die Autorität der Kirche rührt von der Sendung, dem Apostolat, her. Paulus ist dafür vorrangiger Zeuge. In seinen Briefen spricht er häufig aufgrund seiner Autorität als Apostel. Bei ihm bedeutet das Wort sozusagen ausschließlich: vom Herrn gesandt. Dies geht sogar soweit, daß Paulus im Galaterbrief alle Anstrengung unternimmt, um gegenüber den Christen in Galitien zu erklären, daß sich seine Autorität auf einen Auftrag stützt, den er gerade nicht von den Wortführern in Jerusalem, sondern von Gott selbst erhalten habe, in dem Augenblick nämlich, als Jesus Christus sich ihm offenbart habe. Ich verweise in diesem Zusammenhang auf seinen autobiographischen Bericht in Gal 1,11–2,10.

Das Wort *apostolos* bezieht sich im Neuen Testament nicht immer nur auf die Zwölf. Die paulinische Verwendung beweist dies bereits. Paulus wendet den Begriff auch auf andere Personen als nur die Zwölf an. Zuerst nennt er sich selbst Apostel und benutzt den Titel gern als Hinweis auf seine Autorität im Auftakt seiner Briefe. Berufen vom Herrn, ist er vom Herrn auch gesandt. »Bin ich nicht Apostel? Habe ich nicht Jesus, unseren Herrn, gesehen?« ruft er in 1 Kor 9,1 aus. Er umschreibt mit dem Wort seine Aufgabe der Evangeliumsverkündigung: Er ist als Bote und Repräsentant des gekreuzigten und auferstandenen Herrn autorisiert, den heiden-christlichen Gemeinden das Evangelium zu bringen.[53] Paulus verkörpert den Typus des Apostels von Christus so sehr, daß sich die Bezeichnung »der Apostel« im alten christlichen Sprachgebrauch konstant auf Paulus bezog.

Er verwendete das Wort jedoch ebenso auch für andere Personen, die in der Verkündigung tätig waren. In 1 Kor 9,5 spricht er von seinem Recht, auf seinen Reisen eine Frau mitzunehmen »wie die übrigen Apostel und Brüder des Herrn und Kephas«. Weil »übrige« in dem Ausdruck »die übrigen Apostel« korrelativ zu ihm selbst steht und Kephas (Petrus) eigens genannt wird, ist es wahrscheinlich, daß er mit den übrigen Aposteln auch andere Menschen meint als die Zwölf. In 1 Kor 15,5.7, wo er von den Erscheinungen des auferstandenen Herrn spricht, trifft er deutlich eine Unterscheidung zwischen »den Zwölf« und den »Aposteln«. Im zwölften Kapitel desselben Briefs spricht er von Aufgaben und Gaben der Kirchengemeinde. Er sagt folgendes: »Nun hat Gott in der Gemeinde verschiedene Menschen eingesetzt, zum ersten die Apostel, zum zweiten die Propheten, zum dritten die Lehrer.« Es ist hier deutlich, daß er unter Apostel andere Leute versteht als die Zwölf. In Gal 1,19 zählt er Jakobus, den Bruder Jesu, zu den Aposteln, während dieser nicht zu den Zwölf gehörte. Die bekannte Grußliste am Ende des Römerbriefs nennt zuletzt den Namen von Andronicus und Junia, Mitarbeiter von Paulus, die er als Apostel bezeichnet (Röm 16,7)[54].

Es fällt nicht immer leicht auszumachen, welche Funktion Paulus' »Apostel« genau ausüben, aber die bevollmächtigte Verkündigung der Frohen Botschaft fehlt weder bei Paulus noch bei den deuteropaulinischen Briefen, d.h. den Briefen, die nicht mehr eigenhändig von ihm geschrieben wurden, aber im Erbe seines Gedankenguts stehen. Man kann sicherlich behaupten, daß alle seine Briefe (vielleicht mit Ausnahme von Philemon, und selbst dann) einen amtlichen Charakter tragen. Aber er versteht – paradox genug – sein Amt, obwohl von den »Säulen von Jerusalem« anerkannt (Gal 1), wesentlich als charismatisch, nicht von seinen Vorgängern übertragen, sondern von Christus selbst. Er versteht sein Apostelamt als persönliche Bevollmächtigung durch den auferstandenen Christus, und dies ist einer der Gründe, warum Paulus eine so wichtige Figur im Bericht über die Auferstehungs- und Erscheinungstradition darstellt. Er knüpft jedenfalls seinen Sendungsauftrag an den auferstandenen Herrn, ohne daß er den irdischen Jesus jemals kennengelernt hätte.

Erst später wurde die Gleichsetzung von »Apostel« mit den Zwölfen vorgenommen, und das ist vor allem die Folge einer bewußten Arbeitsweise von Lukas. In der Apostelgeschichte verleiht Lukas Paulus – obwohl sein großer Held – niemals den Titel Apostel. Er behält sich diesen Ausdruck deutlich den Zwölfen vor, womit dann die Kerngruppe der Jesusschüler gemeint ist, die ihm zu Lebzeiten »von der Taufe des Johannes angefangen bis zu dem Tage, da er in den Himmel aufgenommen wurde« gefolgt sind und die mit Lukas' Worten »Zeuge seiner Auferstehung geworden sind« (Apg 1,22). Besonders in seinem Bericht von der frühen Jerusalemer Kirche, welcher die ersten acht Kapitel des Buches umfaßt, wird dieser Sprachgebrauch überdeutlich.[55] Die spätere Gewohnheit, in der Kirche das Wort Apostel sozusagen exklusiv »den zwölf Aposteln« vorzubehalten, muß auf diese Verengung bei Lukas zurückgeführt werden. Das heißt jedoch nicht, daß Lukas die Anwendung des Titels »Apostel« auf die Zwölf selbst erfunden hätte. Es ist im Gegenteil sehr gut möglich, daß sie bereits sehr früh schon Apostel genannt wurden – wenn auch vielleicht nicht ausschließlich.

Es ist auch gut möglich, daß der historische Jesus selbst am Ursprung einer speziellen Gruppe von zwölf Jüngern gestanden hat, die dann später eine Art Kollegium in der frühen Kirche gebildet haben. Wir möchten dies hier ansprechen, weil es nicht ohne weiteres deutlich ist. Weil Jesus ohne Zweifel mehr Jünger hatte als nur die Zwölf – das bezeugen die Evangelien eindeutig – und weil die Listen der Namen der Zwölf in den Evangelien nicht genau übereinstimmen, haben einige Autoren die Meinung geäußert, daß die Institution der Zwölf eigentlich in der jungen Kirche entstanden sei und daß die Evangelien diese Einrichtung auf Jesu Zeit zurückprojiziert hätten. Ich nenne hier die Exegeten W. Schmithals, G. Klein und Ph. Vielhauer, die diese Auffassung vertreten. Ein solches Verfahren könnte angewandt worden sein, denn es gibt noch weitere Erfahrungen der jungen Kirche, die in Jesu Zeit zurückprojiziert wurden, etwa die Verstoßung der Christen aus den Synagogen oder die Missionierung in Samarien. Dennoch gehört sehr wahrscheinlich der These der Vorzug, die besagt, daß der Ursprung des Gremiums der Zwölf auf eine besondere Auswahl Jesu zurückgeht. Die Tatsache, daß die überlieferten Apostellisten nicht genau übereinstimmen, weist eher auf ein unabhängiges Zeugnis von Echtheit hin. Eine künstliche Konstruktion würde nicht das Risiko von Differenzen eingehen. Auch – besonders? – die Tatsache, daß Judas in den ältesten Leidenstraditionen »einer der Zwölf« genannt wird, weist stark in diese Richtung. Hätte man den Verräter Jesu noch zu den Zwölfen gezählt, wenn sich dieses Gremium erst in der nachösterlichen Kirche gebildet hätte?

Eine andere Frage jedoch ist, inwieweit Jesus diese Zwölf als ein »Amt« angesehen hat und ob er damit die weitere Zukunft im Blick hatte. Die erste und historische Bedeutung der Zwölf kann man mit einiger Sicherheit von einigen Texten aus dem Evangelium ableiten. In Mt 19,28 stellt Petrus Jesus diese Frage: »Sieh, wir haben doch alles verlassen und sind dir nachgefolgt. Was werden wir also erhalten?« Jesu Antwort lautet: »Ich versichere euch, bei der Wiedergeburt, wenn der Menschensohn auf dem Thron der Herrlichkeit sitzen wird, werdet auch ihr, die ihr mir nachgefolgt seid, *auf den zwölf Thronen sitzen und die zwölf Stämme Israels richten.«* Der Paralleltext bei Lukas, situiert beim letzten

Abendmahl, heißt: »Wie mein Vater mir das Königtum angeboten hat, so biete ich euch einen Platz an in meinem Königreich, um zu essen und zu trinken an meinem Tisch; *ihr werdet sitzen auf zwölf Thronen, um zu richten die Stämme Israels.« (Lk 22,29f)*[56] Die primäre Bedeutung der Wahl einer Gruppe von zwölf Personen muß in Zusammenhang mit der Symbolik des neu versammelten Volkes Israel gesehen werden. Die zwölf Apostel stehen symbolisch für die Erzväter (auch Fürsten und Richter) der zwölf Stämme Israels. Ihre Rolle wird in Verbindung gebracht mit dem Letzten Gericht, und das weist hin auf den eschatologischen Charakter der Symbolik. Jesu Sendung besteht darin, das endzeitliche Volk Israel um sich vor seinem Vater zu versammeln, und die »Väter« dieser neuen zwölf Stämme sind die Apostel. Sie stehen symbolisch für das ganze Volk. Mit anderen Worten: Die Wahl Jesu muß zur – aus dem Alten Testament bekannten – Kategorie der Symbolhandlungen gezählt werden.

Hierzu noch zwei Anmerkungen: Erstens, aus den angeführten Worten Jesu zur Bedeutung der Zwölf ergibt sich, daß »Sendung« nicht das ausschließliche und vielleicht nicht einmal das primäre Ziel bei deren Wahl darstellte. Wie man darüber urteilt, hängt von dem Bild ab, das man von der Unmittelbarkeit der eschatologischen Erwartung bei ihnen und bei Jesus selbst hat. Dieses Bild ist jedoch nicht eindeutig. Hat Jesus selber erwartet, daß der Beginn des Reiches Gottes nahe bevorstand? Vieles spricht dafür, aber das ist eine schwierige Diskussion in der Exegese. Auf jeden Fall kann die Zahl Zwölf nicht unmittelbar mit der Vorstellung von Sendung verknüpft werden, die in dem Begriff »Apostel« steckt. Um als Apostel gesandt zu sein, genügt irgendeine Zahl. Sowohl im Lukasevangelium als auch in der Apostelgeschichte sind dort, wo es auf die Sendung im Dienste des Wortes ankommt, mehr Menschen als nur die Zwölf gemeint. In Lk 24,33 heißt es: »die Elf und ihre Gefährten«, diese seien es, die von Jesus gesandt worden seien, um der Welt Zeugnis abzulegen. In der Pfingstgeschichte Apg 2,1ff wird gesagt, daß »alle« versammelt waren. »Alle« verweist auf die Gruppe von Apg 1,13–14 oder eher noch auf die Gruppe von 1,15: in jeder Hinsicht aber mehr als die Zwölf. Alle Anwesenden werden im Geist gestärkt und vom Geist gesandt. Im Lukasevangelium wird das Wort »apostellein/senden« auch für die Boten und die (zweiund) siebzig Jünger benutzt, die Jesus aussendet, um das Reich Gottes zu verkündigen: vgl. Lk 9,52; 10,1. Das heißt nicht, daß Lukas nicht die Zwölf als maßgebende Zeugen in den Vordergrund stellt und den Titel des Apostels für sie reserviert. Aber genau dies ist eine spätere Kombination von »Apostel« mit »den Zwölfen«. Daß es dann zwölf sind, hat zweifelsohne mit der eschatologischen Symbolik der zwölf Stämme Israels zu tun. In der Vision der Apokalypse über das neue Jerusalem lesen wir: »Die Mauer der Stadt hat zwölf Grundsteine und darauf die Namen der zwölf Apostel des Lammes.« Deutlicher geht es kaum. Das aber heißt gleichzeitig, daß an das Kollegium der Zwölf ein Element geknüpft wurde, das nur für sie zutraf und für eine Sukzession ungeeignet ist. Das Element der »Zwölf« als Richter über Israel ist etwas, das man den späteren Bischöfen nicht übertragen kann und das daher außerhalb der apostolischen Sukzession steht. Das Amt des Bischofs kann in diesem Sinne nicht direkt aus der Funktion der Zwölf abgeleitet werden. Man kann nicht einmal mehr wissen, ob Jesus selbst je an eine Nachfolge der Zwölf gedacht hat. Es ist im übrigen unmöglich auszumachen, in welchem Sinn die Zwölf in der alten Kirche als Kollegium oder Institution fungiert haben. In der Apostelgeschichte sind sie anfangs die Leiter der Jerusalemer Gemeinde. Das wird auch wohl so gewesen sein bei den maßgeblichen Zeugen Christi.

Eventuell sind die Zwölf als leitende Gruppe von Galiläa nach Jerusalem verschoben worden (ein wenig entgegen der Vorstellung von Lukas), weil es gut möglich war, daß die Tradition der Erscheinungen bei den Zwölfen in Galiäa situiert werden muß. Wie aber und wie lange die Gruppe fungiert hat, ist nicht klar. Ein Großteil muß bereits früh auf Missionsreise gegangen sein, und von ihnen allen hat die Geschichte die Spur verloren. Wenn Paulus einige Jahre nach seiner Bekehrung in Jerusalem ankommt, scheinen sich dort von den Zwölfen nur noch Petrus und Johannes aufzuhalten. Und vielleicht ist Jakobus, der Bruder des Herrn, zu dieser Zeit schon Leiter der Gemeinde. Zusammen werden sie die »drei Säulen« der Kirche genannt, und sie bildeten vielleicht das Leitungsgremium. Auch letzteres blieb nicht lange so, da Johannes und Petrus Richtung Ephesus und Rom fortgezogen sind. Der Einfluß der Zwölf in der frühen Kirche wird sich daher auch wohl vorwiegend auf ihren persönlichen Status als diejenigen Jünger beschränken, die Jesus noch aus persönlicher Anschauung gekannt und das Ostergeschehen miterlebt haben. Auch das ist nicht amtlich zu übertragen. Die heutigen Bischöfe können sich zwar als Nachfolger der Apostel verstehen, im Sinne von Erben deren Sendung, aber nicht formal als Nachfolger der Zwölf als Zwölf, d. h. als Erzväter des eschatologischen Israel und als Augenzeugen des Herrn. Zwischen den Zwölfen und den Bischöfen gibt es Verbindungen anderer Art.

Zweitens ist es merkwürdig, daß man in der innerkirchlichen Diskussion so häufig über die Symbolfunktion der Erzväter hinweggeht, wenn man die Männlichkeit der Zwölf im Auge hat. Wenn man behauptet, daß Jesus in der Wahl der Zwölf in keinerlei Weise an die soziologischen und kulturellen Einflüsse oder Vorstellungen seiner Zeit gebunden war, dann geht man offensichtlich über diese primäre Tatsache hinweg. Unter den Jüngern Jesu befanden sich bekanntermaßen Frauen. Vgl. u. a. Mt 27,55; Mk 15,40; Lk 8,1–3. Aber die Symbolik der Kerngruppe der Zwölf verweist allzu deutlich auf Genesis und die zwölf Patriarchen Israels, als daß man dort in jener Zeit Frauen hätte aufnehmen können. Hat man Wagner bei seinen ausdrücklichen Verweisen auf bekannte und stark symbolisch geladene Bezüge weibliche Gralsritter in den Parsifal aufnehmen sehen? Die Symbolik der zwölf Patriarchen erklärt hinlänglich, warum in dieser Gruppe keine Frauen figurieren konnten: Das intendierte Bild hätte im Kontext jener Zeit so etwas nicht ertragen. Die Symbolik wäre unleserlich geworden oder gar zerbrochen. Jesus war also durchaus von dem kulturellen und zeitgebundenen Kontext in der Wahl von zwölf Männern beeinflußt, nämlich durch den ausdrücklichen Hinweis auf die so stark fixierte Symbolik der Schrift selbst.[57]

Dabei hat der historische Jesus bei der Berufung der Zwölf auch nicht an ein Sakerdotium gedacht. Die automatische Verknüpfung des Apostelamts der Zwölf und der Idee vom Priestertum ist auf der Ebene des Neuen Testaments unzulässig. Es ist eine der auffälligsten Tatsachen des Neuen Testaments, daß die Begriffe, die auf der Hand lagen, um die priesterliche Funktion oder Würde auszudrücken, für keinen einzigen Amtsträger verwendet wurden. Wie wir oben bereits beschrieben haben, ist die priesterliche Terminologie den jüdischen und heidnischen Priestern vorbehalten und innerhalb des christlichen Kontextes für Christus selbst und für die Gläubigen (Männer wie Frauen). Weder die Apostel noch die Zwölf werden jemals als »hiereis/Priester« vorgestellt. Das läßt sich, wenn Jesus auf die ein oder andere Weise von einer priesterlichen Funktion gesprochen hätte, schwer erklären. Es kann auch sein, daß das Neue Testament seine Amtsträger vielleicht nicht Priester nannte, weil dies im soziologischen Umfeld des damaligen Judentums undenkbar war, doch weist die völlige Abwesenheit des Wortgebrauchs darauf, daß das Neue Testament die Amtsträger auch *niemals als Priester denkt.* Man kann Spuren davon noch recht lange in der christlichen Literatur verfolgen. Die »Sakerdotalisierung« des Amtes tritt relativ spät auf. Edward Schillebeeckx sagt treffend, daß vor allem an der vornicäischen Literatur deutlich werde, daß die alte Kirche Mühe damit gehabt habe, die kirchlichen Vorgänger »priesterlich« zu nennen. Nach dem Neuen Testament seien nur Christus und die christliche Gemeinde priesterlich; die Vorgänger stünden im Dienst Christi und des priesterlichen Volkes Gottes, seien aber selbst nie priesterlich genannt worden.[58] Auch bei Clemens Romanus und sogar bei Ignatius von Antiochien findet man noch keine Andeutung, daß Episkopen, Presbyter und Diakone priesterlich gedacht würden.

Wenn wir von Episkopen, Presbytern und Diakonen sprechen, greifen wir der weiteren Analyse der Ämter vor. Derzeit reicht es zu sehen, daß die Idee des »Priestertums« bzw. des »Hohepriestertums« später sekundär mit den Aposteln und den Zwölfen verknüpft wird. Diese Verknüpfung hat zu tun mit dem

Aufkommen der Idee der »Repräsentation Christi« durch die Amtsträger und die Absorption des gesamten Alten Testaments, einschließlich der Gesetze zu den Priestern und Opfern, als Präfiguration Christi. Die christliche Vorstellung vom Priestertum hat dadurch faktisch eine neue Bedeutung erhalten.

Die Gleichsetzung der Zwölf mit Aposteln und deren Nachfolge in den späteren Episkopen geht eindeutig nicht auf den ausdrücklichen Willen des historischen oder erstandenen Herrn zurück. Es findet sich kein einziger Hinweis, daß Jesus selbst je an Episkopen, Diakone oder Priester gedacht hätte. Was die bevollmächtigte Sendung der Jünger angeht, muß man sehr vorsichtig mit der Unterscheidung zwischen den Worten des historischen Jesus und den Aufträgen sein, die er den Evangelien oder der Apostelgeschichte zufolge noch nach seiner Auferstehung gegeben haben soll. Ich denke insbesondere an den Schluß des Matthäusevangeliums »geht und unterweist alle Völker«, an den Schluß des Lukasevangeliums und den Auftakt der Apostelgeschichte: »ausgehend von Jerusalem soll von allem Zeugnis abgelegt werden ...«, und an die Worte des erstandenen Christus bei Johannes: »Wie der Vater mich gesandt hat, so sende ich euch ...« (Joh 20,21). Bei dergleichen Texten muß man sich unbedingt folgendes vor Augen halten. Die gängige Vorstellung, die man im Zusammenhang mit Jesu Aufträgen nach der Auferstehung entwickelt, ist noch allzusehr eine Vorstellung, die die Erscheinungsgeschichten derselben Wirklichkeitsordnung zuordnet wie die Geschichten vom historischen Auftreten Jesu vor seinem Tod. Konkret stellt man sich womöglich die Erscheinungserzählungen so vor, als habe Jesus seinen Jüngern auf akustisch wahrnehmbare Weise eine Reihe von genauen Anweisungen gegeben. Diese Vorstellung kann man aber beim besten Willen nicht mehr als zulässig ansehen. Es handelt sich hier um ein anderes Sprachspiel. Die nachösterlichen Aussendungsworte, die Jesus sowohl bei Matthäus wie auch bei Lukas und Johannes spricht, müssen in Wirklichkeit der Auferstehungshermeneutik der jungen Kirche zugeschrieben werden, wenn nicht gar größtenteils der theologischen Redaktion der Evangelisten selbst.

Das literarische Genre der Auferstehungserzählungen ist inzwischen zu gut bekannt, als daß man, nachdem man A gesagt hat, nicht auch B sagen könnte. Die Erscheinungserzählungen stellen keine Live-Reportagen dar, sondern sind konzipiert als eine Art kerygmatische Wort-Gottes-Erzählungen, die in einem apokalyptischen Gewand präsentiert werden und eine mythologische Sprache benutzen. Man kann von diesen Erzählungen ohne Zweifel sagen, daß sie wahrheitsgemäß die Bedeutung der Auferstehung Christi zum Ausdruck bringen und daß der Auftrag zur bevollmächtigten Sendung, die die Jünger in der Auferstehung gesehen haben, Gottes Willen entspricht. Daß das, was sie über den auferstandenen Herrn schreiben, im eigentlichen Sinn »wahr« ist, drücken wir dadurch aus, daß wir sagen, daß die Erzählungen vom Heiligen Geist inspiriert wurden. Man kann jedoch mit diesen Erzählungen unmöglich so umgehen, als enthielten sie von Jesus hörbar ausgesprochene »ipsissima verba«, und sie auf diese Weise für eine historische Argumentation verwenden. Bei einer derartigen Vorstellung faßt man die Zeit der Ostererscheinungen auf als eine Art Ausdehnung der Weise, wie der irdische Jesus bei seinen Jüngern war. Die Kommunikation, die er mit ihnen pflegte, ist bei dieser Vorstellung genauso wie früher, nur mit dem Unterschied, daß er dies nun jenseits des Todes tut, als eine Art »Revenant«. Das ist typisch mythologisches Denken. Die Erkenntnisse der Literarkritik hinsichtlich der Sendungsworte Jesu bringen Konsequenzen mit sich, die in der Diskussion um das Amt noch lange nicht genügend beachtet worden sind. Es wird höchste Zeit, dies nachzuholen.

Die Linie, die von den Bischöfen über die Episkopen zu den Zwölfen als allein legitimierte Apostel führt, kann aus gutem Grund als legitime Entwicklung in der Kirche – und als solche eine Entwicklung »im Geist«, der sie mit den Aposteln verbindet – verteidigt werden, jedoch unmöglich noch als Ausdruck des expliziten Willens des historischen Jesus oder des erstandenen Christus. Sie datiert bekanntlich frühestens seit der Zeit der Pastoralbriefe, den Briefen des Clemens und Ignatius von Antiochien und bestand im übrigen am Ende des ersten Jahrhunderts noch *neben* anderen Amtsverständnissen, besonders in den Kreisen der johanneischen und der matthäischen Kirche(n)[59]. Die heutige Linie der Amtsentwicklung beweist gerade das, was wir im Zusammenhang mit der Samuelerzählung herausgestrichen haben: daß »der Wille Gottes« die Geschichte in keine vorgegebene und bereits strukturierte Gußform zwingt, sondern daß man eine gewisse kirchliche Entwicklung unter bestimmten Umständen als die beste Übersetzung des Evangeliums akzeptiert, und sie daher – zu Recht – als den historischen Ausdruck von Gottes Willen (als Tradition!) gelesen hat. Daß die strukturellen Formen auf immer unveränderlich seien, impliziert diese Haltung von Treue gegenüber der ursprünglichen Überzeugung – Gott ein Bundesvolk zu bereiten – nicht.

Die primäre Verbindung der Kirche mit dem historischen Jesus ist durch die prophetische Sendungsaufgabe der Apostel gegeben. Insbesondere Jesu Auftreten sollte nicht in erster Linie amtlich, sondern charismatisch verstanden werden. Jesus ist vor allem anderen ein Prophet, und die ersten »Boten des Evangeliums« haben ihre Verkündigungsaufgabe in der Fortführung seiner prophetischen Sendung gesehen. Die Theologie der sogenannten »Wortquelle« (Q), die eine frühchristliche Auffassung wiedergibt, zeigt dies deutlich in Texten wie Lk 6,22; 10,2–16; 11,49–51.

Auch Paulus ist eigentlich noch Vertreter einer solchen Auslegung. Seine Berufung in Gal 1,15f wird mit den Worten zum Ausdruck gebracht, die auch die Berufungsgeschichten von Jeremia und Deuterojesaja kennzeichnen (Jer 1, Jes 49,1). Paulus bezeichnet die Überbringer des Evangeliums in Röm 10,15 als eschatologische Freudenboten Gottes – in Anspielung auf Jes 52,7 und Nah 1,15. Die erste Jesusverkündigung und Kirchenbildung waren gewissermaßen integral getragen von umherziehenden christlichen Propheten: »Apostel, Propheten, Evangelisten, Lehrer«. Paulus ist dafür deutlich das Aushängeschild und beste Beispiel, wir sehen in dieser Rolle jedoch auch Leute wie Barnabas, Johannes Markus, Apollos, Petrus, Philippus und viele andere.

2.3.3 Ein charismatischer Auftakt

Damit wären wir bei einem wichtigen Punkt angelangt: dem charismatischen Beginn der Kirche als »Jesusbewegung«. Lukas bezeugt eine fast unmittelbare Gemeindebildung in Jerusalem und Judäa. Über die Situation an anderen Orten erhalten wir kaum Auskunft. Auch in Galiläa ist es offensichtlich zu einer Jesusbewegung gekommen, möglicherweise gleichzeitig mit (oder noch vor?) der in Jerusalem. Man nimmt an, daß die galiläischen Erscheinungstraditionen dafür ein deutlicher Hinweis sind. Jesu Gespräch mit der Samariterin und das, was danach im 4. Kapitel bei Johannes folgt, läßt annehmen, daß auch in Samarien schon frühzeitig die Predigt des Evangeliums eingesetzt haben muß – mit entsprechender Gemeindebildung. Zur späteren Johannesgemeinde müssen Christen gewordene Samariter gehört haben, was allerdings nicht von allen begrüßt wurde. Die Exegese ist sich größtenteils darin einig, daß Joh 4,34–42 als ein Text angesehen werden muß, der die Missionierung der ersten Christen in Samarien auf Jesus zurückprojiziert. Die Überzeugung, daß auch Samariter berufen seien, Zugang zum Evangelium zu erhalten, war alles andere als selbstverständlich, und es ist daher gut möglich, daß ein frühzeitiges Zurückführen auf Jesu eigenes Handeln eine willkommene Unterstützung für die Gemeinde darstellte.[60]

Wenn auch nur kurz und nebenbei, so hören wir doch auch von Gemeindebildungen an anderen Orten. Ist Damaskus ein Ausläufer der galiläischen Gemeinde gewesen, und war Ananias dort eine Art Episkop? Die Erzählung von Paulus bei Damaskus, sowohl in der Apostelgeschichte wie auch in Gal 1, setzt voraus, daß dort eine strukturierte Gemeinde existierte. Weiter nach Syrien wird Antiochien sich früh zu einer wichtigen Gemeinde mit verschiedenen Verantwortlichkeiten entwickeln. Dort werden die »headquarters« von Barnabas und Paulus sein. Die Kirche Antiochiens war zweifellos eine Mischgruppe, zusammengesetzt aus Heiden und Juden. Über Gebiete wie Rom und Ägypten erfahren wir in den ältesten Texten explizit nichts. Aber offenbar müssen dort sehr früh Gemeinden entstanden sein.

Wenn Paulus seinen Römerbrief schreibt, ist die Gemeinde offensichtlich nicht mehr ganz jung, sondern kennt schon eine gewisse Erweiterung und genießt ein bestimmtes Ansehen nach außen hin. Auch in Ägypten muß sich das Evangelium schnell verbreitet haben. Über die konkreten Formen in diesen christlichen Gruppen jedoch erfahren wir aus dem Neuen Testament leider nichts, das uns weiterhelfen könnte.

In den frühen Gemeinden, in die uns Einblick vergönnt ist, müssen wir von einer nicht-amtlichen institutionellen Form ausgehen. Paulus sieht eigentlich die gesamte Christengemeinschaft als charismatisch, als eine brüderliche Gemeinschaft an, und sein Bild von Gemeinde bringt das zum Ausdruck. Mit dieser Bemerkung schließen wir nicht aus, daß Paulus auf seinen Missionsreisen planmäßig vorging und daß er in den ausgesuchten Zentren besonders starke christliche Gemeinden gründen wollte. Nur die Missionierung unter den Galatern scheint ein Zufallstreffer gewesen zu sein. Paulus schreibt selbst, daß eine Krankheit – also ein Hindernis, die geplante Reise fortzusetzen – der Grund dafür war, daß er das Evangelium in diesem Gebiet von Kleinasien verkündet hat. Bei aller Planung ist jedoch das wesentlich charismatische Bild von einer Kirchengemeinde als Bruderschaft in Christi Geist bei ihm nicht wegzudenken. Alle Aufgaben, Verantwortlichkeiten und Funktionen sieht er als eine Gabe des Geistes an, und den schönsten Blick auf seine Ekklesiologie bietet 1 Kor 12–14. Seine großen Verdienste bestehen u. a. darin, den »Geist« zu demokratisieren. Entgegen einer Überzeugung, daß der Geist die Apanage für spezielle Eliten sei, sieht er als Gabe des Geistes alles an, was die Gemeinde als Leib Christi aufbaut. Einfach gesagt: Was gut ist für die Gemeinde, was den Glauben an Christus den Herrn fördert, ist das Werk des Heiligen Geistes. Insgesamt ist dies jedoch nicht-institutionell gedacht. Paulus wäre zusammengezuckt bei dem Gedanken, daß nur die Leiter der Gemeinde den Geist besitzen und aus dem Geiste sprechen könnten. Man darf hierbei nicht vergessen, daß Paulus selbst womöglich nie Abstand genommen hat von der Erwartung der baldigen Parusie, auch wenn dies kein Gedanke ist, der seine konkreten Ratschläge und Handlungsweisen stark beeinflußt hätte. Seine eigene Herrschaft ist von der Sorte, die Max Weber »charismatische Herrschaft« genannt hat.[61]

Dabei darf man auch niemals vergessen, daß die ersten christlichen Gemeinden Hauskirchen waren – mit einer entsprechenden Hausliturgie. Diese geringe Größe allein ist schon nicht vereinbar mit einem straff amtlichen oder hierarchischen Konzept.

Erst in einem späteren Stadium – gegen Ende des ersten Jahrhunderts – werden allmählich die Amtsstrukturen ausgebaut. Paul Hoffmann schreibt über diese Entwicklung: »Folgende sozio-historische Faktoren sind vor allem wirksam: Maßgebliche Träger der Entwicklung sind nun die Stadtgemeinden. Das Wandercharismatikertum verliert zunehmend an Bedeutung. Es ist die Situation der zweiten und dritten Generation, die durch die Erfahrung der Parusieverzögerung und das wachsende Bewußtsein des Abstandes zur Gründerzeit sich in einer Übergangsphase erlebt. So versucht man einerseits die christliche Identität mit Hilfe des Traditionsgedankens zu sichern, anderseits ist man jedoch genötigt, sich in der Gesellschaft und Geschichte auf Dauer einzurichten. Der Prozeß führt zur ›Veralltäglichung‹ des Charismas (M. Weber). Trotz der Distanz, in der sich die christlichen Gemeinden grundsätzlich zu ihrer Umwelt wissen, kommt es – in unterschiedlichem Maß – zur Anpassung an das zeitgenössische Milieu und seine Ordnungsmuster. Die Ausbildung stabilisierender Strukturen wird durch den Druck von außen auf die christlichen Minderheitsgruppen (gesellschaftliche Diffamierung, Verfolgung) und durch innergemeindliche Krisen (Streit um die wahre Lehre mit ›Irrlehrern‹, Rivalitätskonflikte …) begünstigt.«[62] Die katholischen Briefe und der Hebräerbrief legen von dieser Situation beredtes Zeugnis ab. Auch führt die Zunahme der Gemeinden zu einer Unterscheidung zwischen leitender Elite und großer »Masse« der gewöhnlichen Christen. Zwar bestimmt die paulinische Forderung nach gegenseitiger Unterordnung und Nächstenliebe noch immer das allgemeine Bewußtsein der Gemeinden. Aber faktisch nimmt – wiederum soziologisch bedingt – die religiöse Hierarchie und Ungleichheit zu. Das Leitungsamt wird die für die Gemeinde relevanten Funktionen an sich ziehen, besonders die der Lehre und Leitung im Gottesdienst. Die übrigen kirchlichen Charismen werden nach und nach an Bedeutung verlieren oder werden dem Leitungsamt untergeordnet, während es bei Paulus noch eher eine wirkliche Nebenordnung der Charismen gibt.

2.4 Die Ämter, die der Zukunft Gestalt geben

2.4.1 Diakone[63]

Das griechische Wort *diakonos* (lat. minister) bezeichnet bekanntlich jemanden, der einen Dienst verrichtet. Die Grundbedeutung ist die des Tischdieners. Sein Dienst heißt *diakonia* (lat. ministerium), am Tisch bedienen: diakonein (lat. ministrare). Diese Bedeutung kommt u. a. in Mk 1,13 und Mt 4,11 vor, wo die Engel Jesus »bedienen« kommen. Martha verrichtet Tischdienst in Lk 10,40 und in Joh 12,2. Bei der Hochzeit zu Kana spricht Maria die »Diakone«, die Tischknechte, an. Das Wort wird auch für die Schwiegermutter von Petrus verwendet, die Jesus und dessen Jünger bedient (Mk 1,31). Vgl. auch Lk 12,37; 17,8; 22,27. In Apg 6,2 werden sieben Leute bestellt, um den Tischdienst zu verrichten, was in dieser Situation vielleicht auch überwachen bedeutet. Der Tradition nach sind sie die ersten »Diakone« gewesen. Im gleichen Kontext aber wird die Aufgabe des Tischdienstes (diakonein trapesais) dem »diakonia tou logou«, dem Dienst des Wortes also, gegenübergestellt. Die Bedeutung von Diakonie wird somit erweitert.

Eine allgemeinere Bedeutung von »dienen« kam bereits auch außerhalb des Neuen Testaments vor. Für Flavius Josephus kann der Begriff »diakonein« sogar »gehorchen« und »den priesterlichen Dienst verrichten« bedeuten. In Mt 25,42–44 wird der Ausdruck verwendet für die Hungrigen speisen, die Durstigen laben, die Nackten kleiden, die Kranken und Gefangenen besuchen …

Es ist wichtig zu erwähnen, daß der Ausdruck für die klassisch griechische Kultur nicht ehrenvoll ist, ebenso wenig wie für die hellenistische und römische. Diakonein bezeichnete eine Arbeit für Knechte und Sklaven. Vollwertige Menschen strebten nicht danach zu dienen, sondern zu herrschen. Wenn unter den Christen ein Amt oder eine Wertigkeit mit dem Ausdruck »diakonos« bezeichnet wurde, weist das Wort selbst schon auf eine Umkehrung der Werte hin. Die veränderte Mentalität ist in Apg 6,2 bereits ein wenig spürbar. Wenn derselbe Ausdruck für den Tischdienst und für die hohe Aufgabe der Wortverkündigung verwendet wird, ist das ein Hinweis darauf, daß Dienst für Christen eine »Ehre« darstellt. Auch im Alten Testament und im Judentum existiert bereits die Vorstellung, daß dieser Dienst als ein Werk anzusehen sei, das in Gottes Augen ehrenvoll ist; die erste Kirche hat sich dabei jedoch ausdrücklich von Jesus persönlich inspirieren lassen. Jesu niedrige soziale Position, seine Weigerung, die Macht zu ergreifen und anzuwenden, und zudem seine erniedrigende Selbsthingabe in Leiden und Tod sind für die Christen die Grundlage geworden, nach diesem Vorbild in den Dienst am anderen zu treten, als höchster Ausdruck einer Liebe, die nicht sich selbst sucht. Eindeutige Texte dazu gibt es zahlreich, etwa die Fußwaschung in Joh 13 als Vorbild für die Jünger. Der Text von Mk 10,42–45, wo Jesus aus Anlaß einer Diskussion unter seinen Jüngern, wer denn der größte sei, dem Willen zu herrschen den Willen zu dienen nach seinem Vorbild gegenüberstellt: »denn auch der Menschensohn ist nicht gekommen, sich bedienen zu lassen, sondern zu dienen (diakonein)«. Lukas baut den Paralleltext in den des letzten Abendmahls ein. »Bei den Heiden spielen Könige die Herrscher, bei ihnen lassen Machthaber sich Wohltäter nennen. Bei euch soll das nicht so sein. Der Größte von euch soll der Geringste werden, und der Leiter der Diener. Denn wer ist am wichtigsten? Der, der zu Tische liegt, oder der, der bedient? Der zu Tische liegt doch sicher! Ich aber bin in eurer Mitte der Diener« (Lk 22,25–27). In diesem ganzen Kontext werden für Diener und dienen die abgeleiteten Formen des Verbs »diakonein« benutzt.

Daraus wird ersichtlich, daß man das Leben in den christlichen Gemeinden als ein Leben in Diakonie auffassen konnte.

Die Diakonie des Stephanas in 1 Kor 16,15 bietet dafür ein schönes Beispiel. In 1 Kor 12,28 wird die Diakonie als eine der Geistesgaben der Kirche zwischen Prophetie und Lehre angesiedelt. In 1 Kor 12,4–6 werden Gaben (charismen), Dienste (diakonia) und Arbeit (energeia) als eine Art Synonyma benutzt, um auszudrücken, daß alles, was Christen in ihrer Unterschiedlichkeit zustandebringen, der eine Dienst an dem einen Gott sei. In Offb 2,19 wird die Diakonie in die Nähe von Liebe, Treue und Ausdauer gerückt. H. W. Beyer schreibt von 1 Petr 4,10 her zu Recht, daß alle Charismen und Gnadengaben in der Kirche geschenkt seien, um einander zu dienen. »Dient einander (diakonein) als gute Verwalter von Gottes vielgestaltiger Gnade mit den Gaben (Charismen), wie ein jeder sie empfangen hat.« Das gesamte Werk der Aussendung wurde im übrigen von der Apostelgeschichte und der paulinischen Literatur als Diakonie angesehen: Timoteus, Erastus, Onesimus und Onesiphorus sind »Diakone«, d.h. Mitarbeiter an dem Sendungswerk von Paulus. Vgl. Apg 19,22; Phil 13; 2 Tim 1,18. Die Konnotation mit konkreter materieller Hilfe findet sich vor allem in den Texten von Paulus über seine großen Kollekten für die Armen in der Kirche von Jerusalem. Diese Sammlung zur Unterstützung nennt er auffälligerweise eine Diakonie: vgl. u.a. 2 Kor 8,19; Röm 15,25.

Paulus persönlich versteht sein Apostelamt deutlich als Diakonie. Wiederholt nennt er sich »doulos«, d.h. »Sklave« von Christus. Gelegentlich aber benutzt er als Synonym den Ausdruck »Diakon« des Evangeliums, Diener Gottes und Christi (2 Kor 6,3ff; 11,23); Diener der Kirche durch seine göttliche Sendung (Kol 1,25). Er nennt sich und Apollos »Diakone« Gottes und der Kirche in 1 Kor 3,5.

Dies alles klingt noch nicht allzu amtlich. Nur an wenigen Stellen im Neuen Testament muß der Begriff »diakonos« als Ausdruck eines spezifisch amtlichen Dienstes verstanden werden. In jenem Fall übersetzt die Vulgata nicht mit »minister«, sondern mit »diaconus«. Genauer geht es um die Texte Phil 1,1: »Von Paulus und Timotheus, Knechten Jesu Christi, an alle Heiligen in Jesus Christus in Philippi, mit ihren Vorstehern *(episkopoi)* und Diakonen.« Und dann weiter der bekannte Text in den Pastoralbriefen: 1 Tim 3,8–13, der deutlich auf eine Kirchenordnung hinweist. Die Diakone werden dort nach den Episkopen genannt und müssen in etwa über die gleichen Qualitäten verfügen, um sich ihres Amtes als würdig zu erweisen. In Vers 11 ist von »den Frauen« die Rede. Genau genommen ist unklar, ob es sich um die Frauen der Diakone handelt oder um Diakonissen. Für letzteres spricht eine größere Wahrscheinlichkeit[64]. Ein weiblicher Diakon ist namentlich bezeugt: die bekannte Febe (Phoebe) aus der Gemeinde von Kenchreai bei Korinth, der Paulus vielleicht seinen Römerbrief mitgegeben hat. Auch hier können wir genau genommen nicht mit Sicherheit sagen, ob der Begriff »diakonos« amtlich oder allgemeiner gemeint ist. In letzterem Fall würde Paulus meinen, daß Phoebe – wie viele andere seiner Mitarbeiter – sich als sehr verdienstvoll für den Dienst am Evangelium erweise. Auch hier ist es viel wahrscheinlicher, daß Paulus tatsächlich einen weiblichen amtlichen Diakon vor Augen hatte. Das Amt hätte es also in Kenchreai wie in Philippi gegeben. In der späteren östlichen christlichen Literatur (vom 5. Jahrhundert an auch im Westen) ist häufig von Diakonissen die Rede, die u. a. die Frauen unterrichtet und getauft hätten. Bekanntlich hat die Funktion der weiblichen Diakone sich in der katholischen Kirche nicht halten können.

Was die genaue Aufgabe der Diakone in Philippi oder den Pastoralbriefen ausmachte, wissen wir nicht. Aus der Tatsache, daß sie neben den Bischöfen genannt werden, ergibt sich, daß man einen Unterschied zwischen beiden Ämtern machte, und von dem Titel her müßten wir denken, daß ihre Aufgabe nicht so sehr aus echter Leitung innerhalb der Gemeinde bestand, sondern im Dienst und in materieller Administration. Daß die amtliche Funktion eines Diakons sich aus den »sieben« aus Apg 6,2 entwickelt haben soll, ist wenig wahrscheinlich. Eventuell haben wir es mit einer in etwa parallelen, aber doch unabhängigen Entwicklung zu tun. Der Begriff »diakonos« war in der profanen heidnischen Welt derart verbreitet, daß eine Abhängigkeit von den Jerusalemer Sieben nicht nötig ist, um das Amt zu erklären.

Jeder Dienst, der mit materieller Versorgung oder mit Verwaltung zu tun hat, konnte als Diakonie bezeichnet werden.

2.4.2 Presbyter[65]

Von dem Wort Presbyter (griech. presbyteros) sind die Wörter »Priester, priest, prêtre, prete ...« abgeleitet. Wenn man aber in die Lexika schaut, wird man feststellen, daß das Wort für Priester im Griechischen *hiereus* und im Lateinischen *sacerdos* lautet (vgl. dazu weiter oben). Weil unser Wort Priester nun die Bedeutung von hiereus/sacerdos besitzt, heißt dies, daß die christliche Tradition die Funktion des Sakerdotium auf die Presbyter übertragen hat (wie übrigens auch bei den Episkopen). Aber die Verschiebung bei den Begriffen weist ebenso auf die Tatsache hin, daß die ersten Kirchen ihre Presbyter *nicht* als Priester ansahen. Und tatsächlich ist das Wort ein Komparativ von *prebys,* was »alt« bedeutet. Prebyteros ist also jemand, der älter ist oder zu den »Ältesten« gehört. Im allgemeinen ist dieser Begriff mit der Eigenschaft der Ehrfurcht verbunden. Als (profane) Funktion findet man ihn in vielen Kulturen, wo die Leitung einer Gemeinde oder Organisation in den Händen der Ältesten liegt. Aus diesem Grunde hat man in bestimmten reformatorischen Kreisen in den Niederlanden auch wieder den Begriff »ouderling« für die Gemeindeleitung eingeführt. Weil der Begriff bereits in vielen Kulturen auf eine Leitungsfunktion hinwies, hat er sich häufig von dem wortwörtlichen hohen Alter gelöst und signalisiert lediglich noch eine besondere Würde in der Gruppe. Das gleiche Phänomen findet man auch bei den Worten »Senat« und »Senator«, die auch von einer Wurzel herrühren, die »alt« bedeutet, aber die Konnotation von Alter verloren haben.

Wichtig für das Neue Testament ist die Tatsache, daß die »Ältesten« auf verschiedene Weise im Alten Testament und im Judentum vertreten sind. Wir müssen hierauf nicht ausführlich eingehen, aber in allen Strata des Alten Testaments trifft man die »Ältesten« als Leitungsfunktion an: als Häupter einer großen Familie oder eines Clans im alten Israel des Stämmebundes; als Gruppe, die Moses begleitet und ihm bei seiner Aufgabe zur Seite steht (z. B. Num 11,16f.24f anachronistisch vielleicht; die späteren Rabbiner führen ihre eigenen »Ältesten« über diese Tradition auf die Zeit des Mose); in der Richterzeit als Verantwortliche und Abgesandte (vgl. 1 Sam 4,3; 8,4; 2 Sam 5,3; 17,4). Auch in der Königszeit treffen wir sie an, wenngleich mit weniger Einfluß. In Deuteronomium werden sie bei richterlichen Befugnissen erwähnt, auch in der Zeit des Exils spielen sie als Leiter der Gemeinschaft, die keinen König mehr besitzt, eine Rolle.

Die meisten Stellen in den Evangelien verweisen auf die Gruppe der »Ältesten« im Sanhedrin, die neben den »Hohepriestern« und den »Schriftgelehrten« genannt werden. Vgl. Mt 16,21; 26,3; 27,41; Mk 8,31; 14,43.53 ... usw. Es handelt sich hierbei sehr wahrscheinlich um eine einflußreiche Gruppe von Aristokraten, ursprünglich Laien, die eine Gruppe des Hohen Rats bilden, bevor die Hohenpriester dazu Zutritt erhalten. Nach 70 besteht der Rat in Jamnia jedoch nur noch aus Schriftgelehrten. Die Ältesten haben dann dort keinen Sitz mehr.

In der Diskussion von Mk 7,1ff stellt Jesus das Gebot Gottes den Traditionen der »presbyteroi« kontrastiv gegenüber. In diesem Zusammenhang sind jedoch nicht die Ältesten des Sanhedrin gemeint, sondern die »Vorväter«, für deren Tradition offensichtlich auch Paulus Gal 1,14 zufolge gekämpft hat. Wie in den Weherufen von Mt 23 erhält bei Jesus der Wille Gottes den Vorrang vor den Traditionen der Älteren.

Was das Amt der Presbyter in den neutestamentlichen Kirchen angeht, so ist deutlich, daß verschiedene Gemeinden hinsichtlich der Verantwortlichkeiten die »Institution« der Ältesten übernommen haben. Dabei sollte man nicht vergessen, daß in Palästina zur Zeit Jesu und der Apostel Städte und Dörfer von altersher von einer kleinen Gruppe von Ältesten geleitet wurden, von denen einer oder auch mehrere die Funktion eines Magistrats ausüben konnten. In gewissem Sinn ist die Tatsache, daß die Verantwortlichkeit bei diesen liegt, die natürlichste Sache der Welt: Ihre Erfahrung und Verehrungswürdigkeit prädestiniert sie in allen Kulturen sozusagen spontan dazu. Es scheint daher ganz natürlich, daß die ersten Gemeinden, die noch einen recht häuslichen Charakter besaßen, auf diese Form der Verantwortung zurückgriffen. Daß es diese Institution in Jerusalem ziemlich bald neben den Aposteln gegeben haben muß, wird in der Apostelgeschichte an sehr vielen Stellen deutlich. Von den Presbytern in Jerusalem ist die Rede in Apg 11,30; 15,2ff; 21,18. In 11,30 und 21,18 sind sie offenkundig die Vertreter der Gemeinde, man könnte sie mit den jüdischen synagogalen Räten vergleichen. In 15,2ff, dem Text, der vom Apostelkonzil in Jerusalem handelt, werden sie neben den Aposteln genannt. Das »Konzil« wird als ein Treffen der Apostel und der Ältesten abgehalten (15,6). Das erinnert an eine Zusammensetzung wie im Sanhedrin. Ob aber alle Gemeinden diese Struktur bereits früh gekannt haben, ist die Frage. Merkwürdigerweise kommt der Begriff bei Paulus nicht vor, obwohl die Apostelgeschichte in den von Paulus gegründeten Gemeinden von Ephesus von Presbytern spricht (Apg 20,17).

Bekanntlich hat für Paulus der funktionale Aspekt eine größere Rolle in seinen Kirchengemeinden gespielt als der formal amtliche[66]. Eine Gemeinde muß sich geordnet entwickeln können, so wie ein Leib, bei dem jedes Glied seinen Platz und seine Funktion hat, und daher gehört auch die Leitung zu den von Gott geschenkten Charismen. In 1 Kor 12,28–30 scheint er die Gaben und Aufgaben mehr oder weniger in Kategorien einzuteilen. Zuerst nennt er diejenigen, die den Dienst der Verbreitung und der Vermittlung des Evangeliums verrichten. Das sind die Apostel, Propheten und Lehrer[67]. Darauf diejenigen, die der Christengemeinde mit ihren speziellen Gaben dienen und sie zum Leib Christi aufbauen: diejenigen, die die Gabe besitzen, Wunder zu tun, zu heilen, *zu leiten,* in Sprachen zu reden. Röm 12,6–8 weist in dieselbe Richtung. Die Leitung der Gemeinde wird neben den Gaben der Dienstleistungen, der Verkündigung, der Ermutigung, des Austeilens von Besitz, der Barmherzigkeit genannt. Wenn er von seinen Christen Ehrfurcht und Anerkennung gegenüber denjenigen verlangt, die sie »leiten und zurechtweisen« (1 Thess 5,12f), dann geschieht dies zuallererst wegen der Arbeit, die die Leiter verrichten, nicht wegen einer Sichtweise, die sie ontologisch von den Christen unterscheidet, die – ebenso wie die Leiter vom Geist geführt – andere Gaben besitzen oder andere Aufgaben erfüllen. Bei Paulus ist wegen der ontologisch fundierten Gleichheit mit Christus noch nicht von einer Sakralisierung des Leitungsamtes die Rede. Wie wir wissen, waren diese Verantwortlichen in Philippi Episkopen und Diakone, in Ephesus dagegen möglicherweise Presbyter. Eine deutliche Spezifizierung ihrer Aufgaben besitzen wir nicht. Man kann jedoch a priori und durch den Vergleich mit anderen vermuten, was für die Leitung einer Gemeinde eigentlich nötig gewesen sein muß.

In der neutestamentlichen Phase nach Paulus ist die presbyterale Funktion bereits einer Entwicklung unterworfen. Apg 14,23 läßt Paulus und Barnabas Presbyter in heidnischen Kirchen anstellen. Es handelt sich hier bestimmt um eine ständige Funktion als Verantwortliche. Interessant ist natürlich die Tatsache, daß in Apg 20,28 die Presbyter von Ephesus auch Episkopen genannt werden. Presbyter und Episkop werden hier offensichtlich synonym verwandt. Die Funktion wird nicht differenziert.

Im ersten Petrusbrief schwingt bei der Nennung der Ältesten noch der Gedanke des Alters mit, weil der Autor in 1 Petr 5,15 die Ältesten den jungen Männern gegenüberstellt. Dem Kontext nach zu urteilen, haben diese Ältesten dennoch eine pastorale Aufgabe: die Sorge für die Herde, die ihnen anvertraut ist. Der anonyme Autor des Briefes nennt sich selbst »Mitpresbyter« der Ältesten. Der Brief wird zwar pseudo-epigraphisch Petrus zugeschrieben und ist daher nicht authentisch, aber die Tatsache, daß der Autor es so darstellt, als sei der Brief von Petrus persönlich geschrieben, zeigt zumindest, daß die Bezeichnung des Apostels Petrus als Presbyter denkbar und akzeptabel schien. Die Ratschläge in 1 Petr 5,2ff erinnern stark an die des Pastoralbriefs. Man beachte aber, daß in diesem Brief nur Christus »episkopos« genannt wird (2,25).

Wie für Diakone und Episkopen ist der deutlichste Hinweis im Neuen Testament auf die amtliche Entwicklung des Presbyteriats in den Pastoralbriefen zu finden, genauer: in 1 Timotheus[68].

Der Brief spricht von einem »presbyterium« als einem Kollegium: die »versammelten Ältesten«. Der noch existierende Brauch, bei der Priesterweihe die Hände aller anwesenden Priester auflegen zu lassen, rührt von diesem Text her. Weiter ist in 1 Tim 5,17ff von den erforderlichen Eigenschaften der Ältesten die Rede, in dem gleichen Tenor wie die Stellen im dritten Kapitel, in denen der Brief sich zu den Diakonen und Bischöfen äußert. Merkwürdigerweise spricht der Autor nur im Zusammenhang mit den Presbytern über die Tatsache, daß sie Lohn erhalten sollten, wenn sie gut arbeiten, und auch, daß sie vor leichtfertigen Beschuldigungen in Schutz genommen werden müssen. Dem Text zufolge widmen sie sich vor allem der Predigt und der Lehre. So wie der Autor von den Presbytern redet, könnte man meinen, sie seien als besondere Menschen in der Gemeinde angesehen worden. Es ist daher schwer auszumachen, ob die Aufgabe der Presbyter und die des Episkops (Aufsehers) wohl schon differenziert war. Festgehalten sei, daß der Brief über den Episkopen nur im Singular spricht, über die Diakone und die Presbyter jedoch in der Mehrzahl. Das könnte bereits auf eine Ein-Mann-Funktion des Episkopen und die kollegiale Funktion der beiden anderen Ämter hinweisen.

Interessant ist weiter die Tatsache, daß der Autor des 2. und 3. Johannesbriefs sich selbst als »der Presbyter« bezeichnet. Ob es sich hierbei um ein Amt handelt, ist jedoch fraglich. Der Autor setzt sich von einem gewissen Diotrephes ab, der »gern die erste Position in der Gemeinde einnähme« – ein *episkopos?* – und der die Autorität des Autors nicht anerkennt. Ebensogut könnte man annehmen, daß der Titel »Ältester« sich nicht auf ein spezielles Amt bezieht, das der Autor in der Gemeinde bekleidet, sondern – wie Bornkamm schreibt – auf die Tatsache, daß er als Zeuge der apostolischen Tradition mit besonderer Autorität ausgestattet war.

Die Nennung der *presbyteroi* in der Offenbarung ist in unserem Zusammenhang weniger von Bedeutung. Sie sind die wirklich Älteren, die als eine Art himmlischer Rat (in Weiß und gekrönt) Gott Lob bringen.

2.4.3 Episkopen[69]

Im klassischen Griechisch meinte das Wort *episkopos* einen, der die Dinge überschaut, einen Aufseher, Bewacher; daher auch Beschirmer, Patron. Die religiöse Verwendung des Begriffs ist den Göttern vorbehalten gewesen, die den Lauf der Dinge in der Welt überblicken und beschützen. Ansonsten handelt es sich um profane Funktionen. Die Stadt Athen z.B. kennt »episkopoi«, d.h. Beamte, die als Aufseher (Kontrolleure) in die anderen Städte des attischen Bundes geschickt werden. Auch anderswo kannte man vergleichbare Funktionen.

Das Wort wird im Alten Testament (LXX) einmal für Gott verwandt: in Hiob 20,29, allerdings mit deutlicher Anspielung auf seine richterliche Macht. Weiter verwendet die LXX den Ausdruck für unterschiedliche Aufseheraufgaben (vgl. Ri 9,28; Jes 60,17 – einen Text, der später von Clemens Romanus angeführt wird, um das Amt der Bischöfe und Diakone zu begründen –, 1 Kön 11,18; 2 Chr 34,12.17; Neh 11,9).

Unter den fünf Stellen, bei denen das Wort im Neuen Testament auftaucht, ist eine, die sich auf Christus bezieht. In 1 Petr 2,25 wird Christus der »Hirte und *episkopos*« unserer Seelen genannt. Man kann dies auch ruhig mit »Bewacher« übersetzen, und man spürt, wie sehr der Ausdruck *episkopos* mit der Hirtenaufgabe verknüpft ist.

Bei den anderen vier Fundstellen geht es um eine amtliche Funktion in der Kirchengemeinde. Wie wir oben bereits geschrieben haben, werden in Apg 20,28 die Presbyter von Ephesus Episkopen genannt. Die Begriffe bezeichnen also die gleiche Aufgabe: das Führen der Herde als Hirte. In der Kirche von Ephesus sind also verschiedene Episkopen nebeneinander am Werk. Das deutet darauf hin, daß man im Neuen Testament die Aufgabe des *episkopos* nicht ohne weiteres mit der des späteren Bischofs gleichsetzen darf. Es werden Zwischenschritte erforderlich sein, die die historische Entwicklung mit sich gebracht hat. Daß der Text der Apostelgeschichte, wenngleich aus der Feder von Lukas, die Wirklichkeit der paulinischen Gemeinde wiedergeben kann, wird durch die Grußformel in Phil 1,1 bestätigt, wo

Paulus die Gemeinde in Philippi »mit ihren Episkopen [Mehrzahl!] und Diakonen« grüßt.

In den Pastoralbriefen (1 Tim 3,1f und Tit 1,5ff) scheint man sich bereits in einer anderen Phase zu befinden. Dort muß die Aufgabe des Episkops als bereits feste und stabile Funktion beschrieben werden. Es wird jedenfalls gesagt, daß sie etwas sei, wonach man streben könne und wofür Qualitäten erforderlich seien. Diese Qualitäten umfassen vor allem Kompetenzen auf dem allgemein menschlichen Gebiet. Technisch wird nichts genauer spezifiziert, so daß die genaue Aufgabe des Episkops für uns nicht deutlich ist. Leitung und Verkündigung werden sicherlich dazugehört haben. Der Unterschied zu dem Text mit den Presbytern aber ist, wie gesagt, nicht eindeutig. Der Episkop wird im Singular genannt, und falls der Ausdruck nicht einen Typus, sondern die Anzahl bezeichnet, könnte das bereits auf eine Entwicklung weisen, die später noch deutlicher zutage tritt: der *episkopos* als monokratischer Leiter der Gemeinde.

Man kann nur schwerlich eine formale Parallele zwischen der Funktion des christlichen Episkops und den Funktionen finden, die in der griechischen Welt mit diesem Begriff verbunden wurden. Mehr Sinn macht der Vergleich mit dem jüdischen Vorsteher der Synagoge *(archisynagôgos,* vgl. Lk 13,14), der den Gottesdienst leitete und über die äußere Ordnung wachte und der von den »Ältesten« unterstützt wurde.[70] Trotzdem kann man vielleicht schwerlich behaupten, daß die Christen die Funktion eines Episkops direkt von dem Leiter der Synagoge abgeleitet hätten. Man kann auch hier die Behauptung aufstellen, daß eine ganz natürliche Entwicklung zu den Gemeindeformen geführt hat. Jesus hat den Zwölfen und den anderen – vor allem als Propheten und Lehrer – die apostolische Sendung anvertraut. Oder sie haben diesen Sendungsauftrag zumindest aus ihren Erscheinungserfahrungen herausgelesen. Wo Gemeinden gegründet werden, mußten Leute mit einem besonderen Charisma gefunden werden, um in der Gemeinde die pastorale Leitung, die Lehre und die Predigt sowie die Verantwortung für das gemeinschaftliche Leben zu gewährleisten. Wie das Judentum den

Begriff für Presbyter lieferte, so fand man im griechischen Umfeld die Begriffe *episkopos* und *diakonos,* die gut dazu dienen konnten, die konkreten Gemeindefunktionen wiederzugeben. In dem Maße, wie die Gemeinden zahlenmäßig stärker und stabiler wurden und man weniger herumreisende Glaubensverkünder benötigte, stabilisierten sich diese Funktionen und wurden zu einer ständigen Struktur. Anfangs kommen die Titel von der Funktion her und bezeichnen »niedere« Funktionen. Daß auch Christus als *episkopos* bezeichnet wird (vgl. 1 Petr 2,25), sollte dem Amt natürlich eine zusätzliche theologische Dimension verleihen.

Aber erst mit einer Vorstellung wie der von Clemens, welcher mit einer eher »haggadischen« Schriftauslegung eine direkte Linie von Gott über Christus zu den Aposteln und den Bischöfen zieht, kann die heutige in der katholischen Kirche noch gültige Sichtweise auf die apostolische Sukzession nachgewiesen werden (1 Clem 42–44).

Es ist die Frage, in welchem Maße die Amtlichkeit der Apostel auf den ausdrücklichen Willen Jesu zurückzuführen ist. Und ebenso, in welchem Maße Jesus eine zukünftige Kirche im Auge gehabt hat, der er eine Grundstruktur mitgeben wollte. Er hat ohne Zweifel eine Nachfolgebewegung in Gang gesetzt, doch allein schon die sehr anti-strukturelle Lebensweise seiner Jünger (die radikale Nachfolge, alles zu verlassen, in gemischten Gruppen von Männern und Frauen herumzuziehen, wie Lk 8,1–3 beschreibt) weist auf eine stark eschatologische Mentalität hin. Daß Jesus das »Apostolat« nicht auf die Zwölf beschränkt hat, ist so gut wie sicher. Tatsache ist, daß die zwölf Apostel selber auch andere als Apostel des Auferstandenen anerkannt haben. Jakobus und Paulus sind dafür bekannte Beispiele. Dennoch bleiben zu diesem ganzen Komplex viele Fragen und Zweifel bestehen.

Was man aber nicht in Zweifel ziehen kann, ist die Tatsache, daß kein einziges der genannten Gemeinde-Ämter – Episkop, Presbyter, Diakon – auf einen ausdrücklichen Willens- oder Stiftungsakt zurückgeht. Wenn man das Neue Testament untersucht, ist das erste Ergebnis bezüglich der dort vorkommenden

Strukturen ein negatives: Die Gemeindeämter als solche kann man in ihrer konkreten Form nicht an Jesus festmachen. Wenn man die faktisch gewachsenen Amtsformen festschreiben will, indem man sie an den historischen Jesus bindet, begibt man sich auf Glatteis. Eine historische Argumentation von Jesus her ist äußerst heikel und in Wirklichkeit kraftlos. Es muß zwischen der *Legitimität* einer Entwicklung und ihrer *Unveränderlichkeit* unterschieden werden. Daß eine Entwicklung legitim ist, bedeutet, daß sie für die Situation ihrer Zeit und Umgebung die beste Art darstellt, dem Evangelium Jesu gegenüber treu zu bleiben. In diesem Sinn kann jede legitime Entwicklung ein »Werk des Heiligen Geistes« und »Wille Gottes« genannt werden. Wenn eine kirchliche Form wirklich dem Aufbau der Gemeinschaft Christi dient, gründet sie im Evangelium. »Im Evangelium gegründet« meint jedoch etwas anderes als »von dem historischen Jesus formal gewollt«. Es braucht darum kein Zweifel an der Legitimität und dem evangelischen Fundament der kirchlichen Entwicklung zu einem dreiteiligen Amt zu herrschen, wie wir es seit Jahrhunderten kennen, aber diese Legitimität muß nicht per se Unveränderlichkeit bedeuten. Das Argument, das man eine amtliche Form nicht verändern könne, weil man dadurch gegen den expliziten Willen des historischen Jesus verstieße, hat gerade historisch keine Grundlage. Die faktischen Amtsformen sind aus der konkreten Notwendigkeit hervorgegangen, für eine Gemeinde eine Struktur, eine Ordnung, zu finden, sie zu leiten und zu unterrichten. Man hat Funktionen übernommen, die Parallelen zur griechischen Welt und zum Judentum aufwiesen. Man hat sie in der neutestamentlichen Zeit nicht sakerdotal verstanden, und sie trugen keinen sakralen Charakter. Das sozio-kulturelle Umfeld spielte dabei eine große Rolle. Wo sollten dann Argumente für Unbeweglichkeit gesucht werden? Auch die ontologische Auffassung vom Amt stammt aus einer späteren Phase als die Zeit des Neuen Testaments, und besonders der Grundsatz, der die priesterliche »representatio Christi« an das männliche Geschlecht bindet. Im Neuen Testament wird einige Male gesagt, daß die Getauften Priester seien (1 Petr 2,5.9; Offb 1,6;

5,10; 26,6). Damit sind immer alle Getauften gemeint, Männer und Frauen. Paulus bringt seine Vorstellung von der representatio Christi in dem Bild der Kirche als Leib Christi zum Ausdruck. Die Gemeinde repräsentiere sozusagen die Anwesenheit Christi auf Erden. Sie realisiere sie sogar. Doch wiederum denkt der Apostel dabei an alle Glieder des Leibes, Männer und Frauen. Die speziell sakerdotale Auffassung von den Ämtern ist nachneutestamentlich. Möglicherweise muß man einräumen, daß die Entwicklung zu einem ontologischeren Denkmuster legitim war. Aber diese Denkmuster können nicht auf den ausdrücklich geäußerten Willen Jesu zurückgeführt werden. Und a fortiori auch nicht die Konsequenzen, die man daraus ableitet.

2.5 Die postapostolische Zeit: Die Entwicklung des Amtes auf Ordo und Weihe hin

Bereits im Epheserbrief (gegen Ende des 1. Jahrhunderts?) stellen wir eine Veränderung fest, die sich von der primitiven paulinischen Sicht und Praxis auf eine Gemeindestruktur hin verschiebt, die sich stützt auf »Evangelisten, Hirten und Lehrer« und auf das Fundament der »heiligen Apostel und Propheten« (Eph 2,20; 3,5; 4,11). Man merkt in diesem deuteropaulinischen Dokument aus den beiden letzten Jahrzehnten des ersten Jahrhunderts, daß sich bereits ein chronologischer Abstand zu den Uraposteln entwickelt hat. Die Christen sind sich dessen bewußt, man widmet sich dem »Kirchenaufbau«. Und trotzdem gibt es noch eine Juxtaposition der Ämter: Apostel, Propheten, Evangelisten, Hirten und Lehrer werden nebeneinander und getrennt voneinander genannt. Die Aufgabe von Apostel, Hirte, Lehrer ist noch nicht in der einen Funktion des Bischofs verschmolzen. Darin kann man denn auch den Abstand erkennen, der noch bis zu einer späteren Phase zurückgelegt werden muß. Die »Didachê« oder »Lehre der zwölf Apostel«, eine belehrende Schrift zur Kirchenordnung vom Anfang des zweiten Jahrhunderts, zeigt hinsichtlich der Funktionen einen zweifachen Charakter. Einerseits gibt es noch umherreisende Apostel und Propheten des palästinensisch-syrischen Typs. »Jeder Apostel, der zu euch kommt, soll wie der Herr aufgenommen werden. Er soll aber nicht länger als einen Tag bleiben; wenn es jedoch nötig ist, auch noch einen zweiten; wenn er aber drei (Tage) bleibt, ist er ein Pseudoprophet« (Did 11)[71]. Die Apostel haben Autorität als »Repräsentanten des Herrn«, die Propheten aufgrund ihres charismatischen Sprechens: »Keinen Propheten, der im Geist redet, dürft ihr auf die Probe stellen oder beurteilen ...« (Did 11). Es sieht so aus, als wären das Fehlen eines festen Wohnsitzes, die Absage an Besitz und vielleicht auch an die Ehe für ihre Situation typisch gewesen. Viele Fachleute meinen, daß die Texte, die von diesen Aposteln und Propheten sprechen, Zeugen einer älteren Tradition sind (Did 11,4–12). Auf jeden Fall bieten sie ein spannendes außerbiblisches Dokument der anfänglichen Lebensweise der umherziehenden Verkündiger. Andererseits legt die Schrift auch Zeugnis ab von der Existenz einer institutionell akzeptierten Gruppe von »Bischöfen und Diakonen« in der Gemeinde (Did 15,1ff). Episkop steht eindeutig nicht als Synonym für Apostel. Sie haben neben Propheten und Lehrern eine Funktion, sollen Männer sein, die Gott würdig sind, »sanftmütig, nicht geldgierig, aufrichtig und bewährt«. – Kennzeichen, die an die Pastoralbriefe erinnern. Es scheint, daß die Didachê deren Autorität noch ein wenig gegen die größere Autorität der Charismatiker hervorheben muß. Das »Amt« aber ist stark eingebunden in die Gemeinde. Die Episkopen und Diakone werden demokratisch von den Christen gewählt: »Wählt euch nun Bischöfe ...« steht in Did 15.

Um 120 schreibt Bischof *Polykarp von Smyrna* einen Brief an die Christen in Philippi. In diesem Brief erwähnt er nur Presbyter und Diakone (5,2f; 6,1f; 11,1). Es ist eine interessante Tatsache, daß mehr als sechzig Jahre früher Paulus auch von Episkopen und Diakonen in seiner Gemeinde gesprochen hat. Sind die Episkopen des Paulus zu den Presbytern des Polykarp geworden? Oder gibt es inzwischen nur einen Episkopen, und Polykarp erwähnt ihn nicht? Es ist jedenfalls erneut ein Zeichen für eine fließende Entwicklung des Amtes und – der Terminologie in der frühchristlichen Zeit. Zu den Aufgaben der Presbyter gehören die finanzielle Verwaltung, Zucht, pastorale Arbeit und Predigt.

Für den Fortgang der Geschichte ist es wichtig zu sehen, wie die Idee einer mono-episkopalen Struktur sich durchgesetzt hat. Von großer Bedeutung sind hier der Brief des Clemens und insbesondere die Briefe des Ignatius von Antiochien.

Zwischen 90 und 100, vielleicht um den Tod des Kaisers Domitian im Jahr 96 herum, verfaßt Bischof *Clemens von Rom* im Namen seiner Kirche einen langen Brief an die Gemeinde in Korinth, mit dem er auf Turbulenzen reagiert, die dort stattgefunden haben. Dort haben ein paar junge Leute – anscheinend mit Unterstützung des größten Teils der Gemeinde – einige Presbyter/Episkopen abgesetzt. In den Augen der römischen Gemeinde kann man das nicht durchgehen lassen, es sei ein gottloser Aufstand, der zur Spaltung der Gemeinde führe. An der Reaktion wird überdeutlich, daß die Episkopen/Prebyter Amtspersonen sind, die – offiziell eingesetzt – ein Recht auf Respektierung durch die Gemeindemitglieder haben, weil sie die Herde leiten (dienen).

Clemens findet, daß sie widerrechtlich abgesetzt wurden. Diese Denkweise zeigt natürlich, daß man eine juristische Auffassung vom Amt zu vertreten beginnt. Der Bischof von Rom möchte die Stellung der Amtsträger über das rein Funktionale hinaus erheben, indem er eine grundsätzlich theologische Basis schafft. Er gründet das Leitungsamt auf *eine allumfassende, von Gott sanktionierte Amtsstruktur*[72]. Die Argumentation sieht folgendermaßen aus: Wie Christus von Gott gesandt wurde und die Apostel von Christus, so »... setzten [letztere ihrerseits] nach vorangegangener Prüfung im Geiste ihre Erstlinge zu Episkopen und Diakone für die künftigen Gläubigen ein« (1 Clem 42,4)[73]. Clemens sieht hierin eine Art Erfüllung der Schrift, denn er knüpft die Einsetzung der Bischöfe und Diakone an den Text von Jes 60,17 LXX an, in dem es heißt: »Ich werde dir Leiter (griech. *archontas*) in Frieden geben und Aufseher (griech. *episkopoi*) in Gerechtigkeit.« Clemens zitiert diesen Text jedoch mit tendenziöser »Anpassung«: »Ich werde einsetzen ihre Bischöfe (episkopous) in Gerechtigkeit und ihre Diakone (diakonous) in Treue.« Beide Versionen weichen eigentlich vom ursprünglichen Tenach-Text ab, der im Hebräischen lautet: »Frieden mache ich zum Herrscher bei dir, und zum Leiter die Gerechtigkeit.«

Ein solcher Umgang mit der Schrift muß nicht verwundern. Wer mit der biblischen Argumentation jener Zeit vertraut ist, stellt fest, daß man es hier zu tun hat mit einem ähnlichen haggadischen Umgang mit der Bibel wie bei zahlreichen jüdischen und neutestamentlichen Texten. Auf diese Weise gründet das Judentum z. B. das historisch gewachsene Sabbatgesetz auf Gottes universale Schöpfungsordnung: Gott selbst ruhte am siebten Tag der Schöpfung und heiligte damit diesen Tag. Man kann eine solche Lesart zwar als ein bestimmtes Paradigma sehen, darf es aber nicht als wörtlich-historisches Ereignis auffassen. Auch Paulus und Matthäus passen gelegentlich Texte an, so wie es auch die Rabbiner machten. Wie Paulus in Römer und Galater die Überflüssigkeit der Tora auf den Bund mit Abraham gründet, ist völlig ad hoc konstruiert. Kein einziger jüdischer Rabbiner wird in Genesis die christliche Argumentation von Paulus wiedererkennen oder ihr folgen. Das kann zwar eine legitime Lesart der Schrift sein, stellt uns dann aber doch vor die Frage, wie die Schrift eigentlich funktionierte und was dies dann für heutige Interpretationen bedeutet. Die freie Art, wie die Alten mit den Texten umsprangen, bestätigt meines Erachtens, daß sie die Schrift von der Notwendigkeit und den Erkenntnissen ihrer Zeit her als Inspirationsquelle und Ratgeber lasen, als symbolische Sprache, in der sie ihre eigene Geschichte ausdrückten, die sie aber sicherlich nicht als starre Gußform verstanden, die der Zukunft Zügel anlegte. Auch damals schon war die Tradition dasjenige, was die Schrift geschmeidig genug machte, daß sie als Reservoir für die Notwendigkeiten der eigenen Zeit dienen konnte – sie wurde nicht dazu verwandt, die Entwicklung der Geschichte auf Eis zu legen.

Gleichwohl entwirft Clemens hier – zum ersten Mal – das Denkbild, auf das sich spätere großkirchliche Amtsauffassungen stützen. Hier wird zum ersten Mal *die direkte Sukzessionslinie:*

Christus – Apostel – Bischöfe – Diakone formuliert. Die Art und Weise, wie er die gegenseitige Verbundenheit der Gemeindemitglieder, wie man sie bei Paulus antrifft, engführt auf Gehorsam der Gemeinde gegenüber den Leitern, bezeugt das Aufkommen eines hierarchischen Denkmodells, bei dem allmählich die Amtsträger auch auf einer anderen Ebene gedacht werden als die »laikoi«, die Laien, die das gewöhnliche Gottesvolk ausmachen.

Das Denkmodell zeichnet sich deutlich ab, der Unterschied jedoch zwischen Episkopen und Presbytern ist in diesem Brief noch immer nicht ganz klar. An bestimmten Stellen scheint es, als wenn zwei Begriffe sich auf dieselbe Funktion bezögen. Darum haben wir auch noch die Schreibweise Episkopen/Presbyter beibehalten.

Es sei angemerkt, daß Clemens ungefähr Zeitgenosse der Pastoralbriefe ist, bei denen man auch von einer sich allmählich abzeichnenden Entwicklung in Richtung eines monokratischen Episkopats und – wenn auch nicht ganz eindeutig – von einem dreiteiligen Leitungsamt in der Gemeinde sprechen kann.

Auch das Schreiben, das der *»Hirte des Hermas«* genannt wird und das etwa 140 in Rom entstanden ist, vermittelt ein ähnliches Bild. Ein monarchisches Episkopat scheint es noch nicht zu geben, dennoch spricht der Pastor Hermae von »den Presbytern, die an der Spitze der Gemeinde stehen«. Ein beginnendes hierarchisches Prinzip zeichnet sich auch hier ab.

Die ersten Texte, in denen das dreiteilige Amt unter Leitung eines eindeutig monarchisch gedachten Episkopats im Sinne des heutigen »Bischofsamtes« wiederzufinden ist, sind die berühmten Briefe des Bischofs *Ignatius von Antiochien*. Von ihm wurden Briefe an die Christen in Ephesus, Magnesia, Tralles, Rom, Philadelphia und Smyrna überliefert. Auch ein Brief von ihm an Polykarp ist erhalten geblieben.[74] Die Briefe müssen zwischen 110 und 130 datiert werden und gehören daher zu der sehr alten christlichen Literatur. Letzteres hat auch zu dem großen Einfluß in der Kirche beigetragen.

Ignatius zeigt sich in seinen Briefen als eine sehr intensive und starke Persönlichkeit, leidenschaftlich sogar und mit etwas – wie man heute sagen würde – mystischem Einschlag. Christus begegnen, Christus finden, das ist sein ständiges Anliegen. Was unser Thema angeht, so könnte man ihn den ersten großen Theoretiker des Amts nennen, genauer des Bischofsamts. Ihm geht es nämlich vorrangig um den *episkopos.* Wer die Briefe liest, stellt eine sehr starke Konzentration der Kirche auf den *episkopos* fest – den wir von nun an vielleicht als »Bischof« bezeichnen dürfen – sowie eine auffällige theologische Idealisierung des Amtes. Sein Sprachgebrauch, bei dem der Bischof als Abbild Gottes vorgestellt wird, hat starken Einfluß auf die »Ontologisierung« der kirchlichen Amtstheologie. Sehr vieles der späteren kichlichen Theologie des Bischofsamts geht auf diese Briefe zurück.

Die Einheit der »Heiligen« in Christus erhält nach Ignatius Gestalt in einer sichtbaren Gesellschaft, die, um funktionieren zu können, eine hierarchische Ordnung braucht. An der Spitze stehe der Bischof. Wer der Mann auch sei und welche persönlichen Qualitäten er auch mit sich brächte, in ihm respektiere man nicht den Menschen, sondern den Stellvertreter Gottes. Er sei der sichtbare Leiter *(episkopos)* an der Stelle des unsichtbaren Leiters, Gott (Magn. 3,1–2). Auch für Ignatius kommt die Autorität des Bischofs von den Aposteln, er besteht jedoch auf einer direkten Verbindung mit Gott. Der Bischof ist sozusagen das sichtbare Abbild des unsichtbaren Gottes. Im Brief an die Traller nennt er ihn »tupos tou patros« (»Abdruck«/«Abbild« des Vaters; Trall. 3,1). Eigenartig ist seine Vorstellung in dem Brief an die Magnesier, in dem die Christen aufgerufen werden, die Eintracht zu wahren: »In der Eintracht Gottes bemüht euch, alles zu tun, wobei der Bischof den Vorsitz führt an Gottes Stelle und die Presbyter an Stelle der Versammlung der Apostel und die mir besonders lieben Diakone mit dem Dienst Jesu Christi betraut sind« (Magn 6,1; vgl. Trall. 2,1). Die Stellvertreter der Apostel sind hier also die Presbyter, weil der Bischof nach oben verschoben wurde und an der Stelle Gottes steht! Hierbei merkt man einmal mehr, daß man eine solche Bildsprache, auch im Fall des Ignatius, nicht technisch oder kanonisch verstehen darf. Es stecken wie bei den anderen Briefen jener Zeit viel Rhetorik und Redefiguren in dergleichen Aufzählungen. Erst später hat man solche Ausdrücke als Formeln interpretiert, die eine objektiv ontologisch zu verstehende Wirklichkeit wiedergeben. Bei dergleichen Texten kann man aber faktisch gar nicht eine Diskussion um die Frage beginnen, wer denn eigentlich die Apostel vertrete, der Bischof oder die Priester; oder ob es die Diakone seien, die Christus repräsentierten … Man muß genügend Raum für den Kontext lassen, in welchem ein Bild dynamisch funktioniert. Ignatius paßt die Einheit von Gottes Werk über Christus und die Apostel – Gott, Christus, Apostel: drei Akteure also – an die Dreiteiligkeit des Amtes an. Wegen der kollegialen Form des Presbyteramtes verbindet er dieses mit dem Kollegium der Apostel; wegen der Monokratie des Bischofsamtes paßt hierzu der Hinweis auf den Vater. An anderer Stelle sagt er, daß der Bischof eins sei mit dem Gedanken Jesu Christi, wie Jesus Christus der Gedanke des Vaters sei (Eph 3,2). Von Ignatius stammt auch der Ausspruch, der später in seiner verkürzten lateinischen Form berühmt geworden ist: »Ubi episcopus, ibi ecclesia« (Wo der Bischof ist, da ist die Kirche). »Wo der Bischof ist, da soll auch die Gemeinde sein« (Smyr. 8,2).

Um den Bischof plaziert Ignatius die Presbyter als einen »würdig geflochtenen geistlichen Kranz« (Magn. 13,1), die ihn umringen, wie die Apostel Christus umringten. Mit ihnen zusammen leitet der Bischof die Kirche. Bei Ignatius ist der Bischof jedoch deutlich vom Presbyterium unterschieden. Und mit jenen arbeiten die Diakone, die ebenso wie jene zu dem dreigliedrigen Amt gehören und vom gewöhnlichen Gottesvolk zu unterscheiden sind.[75]

Ignatius ist der erste eindeutige Zeuge einer hierarchischen Amtsstruktur in drei Stufen. Die Idee einer kirchlichen »ordo« findet hier einen bedeutenden Nährboden. Seine Briefe haben einen enormen Einfluß auf die Entwicklung einer Amtstheologie gehabt, die eher in Begriffen von Gleichheit mit Gott und Christus zu denken begann als in einer funktionalen Terminologie. Das heißt jedoch nicht, daß die Kirchen damals schon überall auf diese Weise strukturiert waren. Polycarnus von Smyrna spricht bekanntlich nicht von einem Bischof in Philippi. Sogar Clemens von Rom schreibt seinen Brief an die Korinther anonym, und der Brief wird vorgestellt als ein Brief der Kirche von Rom an die Kirche in Korinth. Ignatius, der die Bischöfe von Ephesus, Damaskus, Tralles, Philadelphia und Magnesia sehr wohl erwähnt, spricht in seinem Brief an die Römer nicht von dem Bischof dieser Gemeinde. Es ist auch möglich, daß die Situation in Smyrna noch nicht die eines monarchischen Episkopats war und daß das achte Kapitel des Briefes an Smyrna in dieser Hinsicht eine Veränderung in Gang setzen sollte. Gab es dort noch eine kollektive Leitung, einen Bischof mit Presbytern wie in Korinth? Wie auch immer, man kann für diese Zeit noch Unterschiede zwischen den einzelnen Kirchen nachweisen. Die kirchliche Landschaft in den Briefen des Ignatius und in deren Umfeld ist noch die einer Kirche in Bewegung.

Von der Mitte des zweiten Jahrhunderts an – schreibt Richard Hanson – gibt es in der Literatur, die wir besitzen, einen deutlichen Trend: Man ist bemüht, alles, was es in der Kirche gibt, auf die Apostel zurückzuführen. Zu den Ursachen für diese Tendenz erteile ich Hanson das Wort: »Um die Mitte des 2. Jh. war sich die Kirche ihrer Geschichtlichkeit als Institution voll bewußt geworden: Sie besaß eine Vergangenheit und hatte eine Zukunft vor sich, und sie hatte sich von ihrem jüdischen Mutterboden gelöst. Ihre Gemeinden, verbunden im Bewußtsein ihrer Solidarität, umspannten nahezu alle Gebiete des Römischen Reiches. Die Kirche war nicht mehr im Traum von Parusie, Gericht und Weltende befangen, sondern stand vor Aufgaben, Verantwortungen und Problemen wie jede andere Institution auch. Wenn die Kirche ihre Identität bewahren wollte, mußte sie nicht nur der Konkurrenz zugkräftiger Mysterienreligionen und uralter Kulte, die von den örtlichen Behörden oder vom Kaisertum gefördert wurden, standhalten, sie mußte sich auch gegen zahlreiche gnostische Sekten und Schulen durchsetzen. Die gnostischen Gruppen tendierten dazu, mit dem kirchlichen Christentum zu verschmelzen, und sie erhoben den Anspruch, über einen direkteren und interessanteren Zugang zu den Quellen der christlichen

Wahrheit zu verfügen, als die Kirche ihn offensichtlich besaß. In dieser Situation richtete die Kirche ihren Blick auf die älteste Periode ihrer Geschichte, auf ihr ›Goldenes Zeitalter‹, und führte alles, was ihr im eigenen Leben wichtig galt, auf die Anregung und Stiftung der Apostel zurück.«[76] Diese Rückwärtsbewegung auf die Apostel nahm unterschiedliche Formen an. Bereits die späteren Schriften des Neuen Testaments (Deuteropaulinum, Katholische Briefe, Apokalypse) hatten sich auf die Autorenschaft eines Apostels berufen. Die Glaubensregeln der Kirche untermauerte man mit apostolischer Autorität. Auch ungeschriebene Traditionen oder Gebräuche stellte man manchmal ohne weiteres Nachdenken auf das Fundament eines berühmten Apostels[77]. Das Credo, das langsam Form annahm, wurde auf die Apostel zurückgeführt ... usw., sehr wichtig war jedoch, daß die verschiedenen Gemeinden ihren Ursprung von einem Apostel ableiteten und daß außerdem Bischofslisten entstanden, die eine ununterbrochene Verbindung zu einem Apostel herstellten. Die *apostolische Sukzession* wird das große Argument für Kontinuität in der Kirche und fungiert z. B. als solches schlagkräftig gegen die Gnostiker, für die die individuelle – gänzlich unhierarchische – tiefere Einsicht die einzige und eigentliche Verbindung mit Gott und Christus darstellte.

Dieser Beitrag kann die Entwicklung im späten zweiten und dritten Jahrhundert nicht detailliert nachzeichnen. Hegesippus, Ireneus von Lyon, Tertullian, Clemens von Alexandrien, Hyppolytus von Rom, Origenes sind die wichtigsten Namen auf dem Weg der Entwicklung des Amtes in dieser Phase. Es ist die Zeit, in der die Idee von *ordo,* einem vom Volk unterschiedenen Amt, zunehmend an Bedeutung gewinnt. Und die *Weihe* der Amtsträger, genauer vom Bischof, wird ein tragender Faktor der Kontinuität der Kirche mit ihrem Ursprung, der apostolischen Sukzession.

Einen Namen müssen wir in diesem Zusammenhang ausdrücklich nennen: *Cyprian von Karthago* (Bischof von 249 bis 258). Nach seiner Vorstellung sind die Bischöfe direkt von den Aposteln eingesetzt und geweiht worden, und die Apostel wiederum waren von Christus eingesetzte und geweihte Bischöfe. Für Cyprian ist die apostolische Sukzession wirklich eine Nachfolge der Weihe, oder besser: eine Sukzession der Vollmacht, die in der Weihe weitergegeben wird. In einem seiner Briefe schreibt er: »Danach verläuft im Wechsel der Zeiten (per temporum et successionum vices) und der Nachfolge im Amt die Einsetzung der Bischöfe und die Ordnung (ratio) der Kirche in der Weise, daß die Kirche auf die Bischöfe gegründet und jede kirchliche Handlung durch eben diese Vorgesetzten (praepositos) geleitet wird« (Ep 33,1,1)[78]. Seiner Meinung nach sind sie alle durch eine Kette von Weihen mit den Aposteln verbunden.

Man erkennt sogleich, welchen Einfluß diese Sichtweise auf die Bischofstheologie ausgeübt hat. Wir verdrehen die Dinge nicht, wenn wir behaupten, daß Ignatius von Antiochien und Cyprian von Karthago den wesentlichen Stempel auf die Theologie des (Bischofs)Amtes bis auf den heutigen Tag gedrückt haben. Es ist nicht die Absicht dieses Beitrags, auf die Exklusivität einer solchen Denkweise oder deren Legitimität einzugehen. Für unser Thema ist jedoch wichtig, daß diese Sichtweise stark von historischen Umständen im zweiten und dritten Jahrhundert beeinflußt wurde und daß sie legitim sein konnte und kann, aber nicht in dem Sinn, daß man damit eine historische Verbindung mit einem unveränderlichen Willen Christi oder der Apostel freilegen könnte. Es handelt sich um ein theologisches Denkmuster, das die Kirche des dritten Jahrhunderts Christus und den Aposteln zugeschrieben hat, um ihrer Entwicklung ein Fundament zu geben, das aber ist ein anderes Thema.

2.5 Das Amt wird priesterlich

Ein letzter Punkt, dem wir uns auf diesen Seiten widmen müssen, ist die Verbindung des christlichen Amtes mit dem Priestertum. Sogar Ignatius von Antiochien spricht vom Bischof und den Presbytern noch nicht mit dem Ausdruck, den man später für die Priesterfunktion verwendete: *hiereus/sacerdos.* Trotz möglicher früherer Vorschläge in diese Richtung (Didachê 13,3;

1 Clem 40–44; Ign. Philad. 9,1) muß man erst auf Hippolyt und Tertullian (Ende zweites, Anfang drittes Jahrhundert) warten, bevor der Gedanke eines christlichen amtlichen Priestertums klar formuliert wird. Hippolyt von Rom nennt den Bischof den »archiereus«, den Hohenpriester. Auch Tertullian spricht vom Bischof als Priester und Hohenpriester (*sacerdos* und *summus sacerdos*).

Wie sich der Gedanke einer christlichen amtlichen Priesterschaft entwickelt hat, steht eigentlich noch immer nicht ganz fest. Bekanntlich hat die Reformation ihn wieder aufgegeben, weil er nicht neutestamentlich war. Ehrhardts Erläuterung, daß die Christen das jüdische Hohepriesteramt übernommen und vervielfacht hätten, kann freilich nicht in Frage kommen. Auch die Erklärung, daß die »Sakerdotalisierung« des Amtes mit der zunehmenden Macht der Bischöfe zu tun hätte, scheint nicht recht wahrscheinlich, wenn auch nur, weil die Bischöfe jener Zeit nicht viel Macht besaßen.

Verschiedene Faktoren können Einfluß auf diese historische Entwicklung gehabt haben. Man denke u. a. an die Konzentration des Lebens der frühen Kirche auf die Mahlfeier. Diese Konzentration auf das, was eine *Kulthandlung* geworden war, verstärkte sich womöglich, nachdem die Parusieerwartung wegfiel. Der Schritt jedoch von dem Gedanken an einen christlichen »cultus« lag natürlich nicht weit entfernt von dem Gedanken an eine »Priesterschaft«, besonders für diejenigen, die von der biblischen Tradition her wußten, daß Kultus und Priesterschaft zusammengehörten.

Die Verbundenheit der Christen mit der Bibel muß übrigens auch ins Gewicht gefallen sein. Die Christen wollten stets gerne zeigen, daß alle Teile des Alten Testaments Zeugnis für Christus und die Kirche ablegten. Was aber sollte man in diesem Fall mit ganzen Textpassagen im Pentateuch anfangen, die bedeutungslos geworden schienen? Ich meine die vielen Texte zu Kultus und Opfer, besonders in Exodus, Levitikus und Deuteronomium. Trotz der Auffassung von Paulus und des Hebräerbriefes, der die alte Heilsordnung und den Opferkultus in Christus für immer beendet sah, bedeutete dies ein Problem für die Kirche der späteren Zeit. Wenn man aber die Vorschriften für die levitische Priesterschaft als einen »Entwurf« für ein christliches Priesteramt lesen konnte, dann erhielten diese Texte als Vorankündigung von Christus und seiner Kirche wieder einen sinnvollen Ort innerhalb der christlichen Bibellesung.

Auch der zunehmende Abstand zum Judentum muß eine Rolle gespielt haben. Solange das Christentum innerhalb des Judentums lebte oder zu ihm enge Verbindung besaß, gab es eine sehr verständliche Hemmschwelle, die christlichen Ämter als Priesteramt zu sehen: Soziologisch betrachtet konnte sich der Ausdruck »Priester« nur auf die offiziellen Tempelpriester der jüdischen Religion beziehen. Die jüdische Priesterschaft war mit der Zerstörung Jerusalems im Jahre 70 weggefallen, und die aufkeimende Vorstellung von Christi Kreuzestod als eine Art kultischen Opfers, das die levitischen Opfer ersetzte, konnte nun Platz machen für eine sakerdotale Funktion innerhalb der christlichen Kirche.

Hanson meint weiter, daß ein wichtiger Einfluß auch in dem heidnischen Umfeld der Kirche gegeben sei. Dieser Einfluß gelte jedoch mehr in sozialer denn in kultischer Hinsicht. Hanson behauptet, daß es nie die Absicht der Christen war, die heidnischen Gebräuche und Ämter nachzuahmen. Aber der offizielle Hohepriester einer Stadt (archiereus) war eine bedeutende Person, die Prestige hatte und bei den Behörden in großem Ansehen stand. Man kann sich vorstellen, daß – wenn eine bereits größere Gemeinde in einer Stadt ein gutes Verhältnis zu den Behörden hatte und gefragt worden wäre, wer denn der Leiter der Gruppe sei – die Antwort »der Aufseher« *(episkopos)* etwas mager geklungen hätte. Dies kann zu einer Bezeichnung des religiösen Leiters einer Christengemeinde mit einem Terminus geführt haben, den das Umfeld gut verstand: *archiereus* oder Hoherpriester.[79]

Die hier angeführten Ursachen gehören alle in die Rubrik häufig genannter Hypothesen zum historischen Ursprung des Priestergedankens in den Christengemeinden. Als die Vorstellung erst einmal im Umlauf war, hat man logischerweise auch eine Theologie des christlichen Sakerdotiums entwickelt. Wir stellen am Ende dieser historischen Übersicht noch kurz die Sichtweise des Hippolyt und Cyprianus von Karthago vor.

Bei Tertullian scheint die Titelwahl »(Hoher)Priester« noch nicht viel mehr zu sein als ein neuer Name. Hippolyt geht ein Stück weiter. Zu Beginn von *»Elenchos«,* einer Schrift gegen die Häresien, weist er auf sein eigenes Bischofsamt hin und schreibt, daß »wir«, die Bischöfe also, Nachfolger der Apostel seien. »Wir haben Anteil an derselben Gnade, hohepriesterlichen Würde und Lehre und sind wie sie Hüter der Kirche« (Elench. I, praef. 6). Wichtig hierbei anzumerken ist, daß die Apostel in den Augen von Hippolyt »bekleidet waren mit der hohepriesterlichen Würde«. Auch wenn dies eine historisch legitime Deutung sein kann und in diesem Sinne »vom Geist geleitet«, so ist doch deutlich, daß solche Sichtweisen absolut nicht neutestamentlich sind. Sie widersprechen den Texten des Neuen Testaments sogar, die im Hebräerbrief eine hohepriesterliche Würde nur Christus vorbehalten und die Apostel sicher nicht als Hohepriester denken. In einem Gebet vor der Bischofsweihe (zum Teil rekonstruiert von B. Botte[80]) heißt es: »Laß Deinen Diener … die Herde weiden, unbescholten als Deinen Hohenpriester arbeiten *(archierateuein)* …«. In den sogenannten *Didascalia apostolorum* wird ein Text von Num 18,1 LXX: »Du und Aaron (im ursprünglichen Text: Du [= Aaron] und mit dir deine Söhne) müssen die Sünden der Priesterschaft auf euch nehmen« auf den Bischof übertragen. Dieser Text weicht wiederum leicht vom Tenach ab.

Bei *Cyprian von Karthago* (249–258) wird die Idee einer christlichen amtlichen Priesterschaft für die damalige Zeit am deutlichsten ausgedrückt. Daß er Bischöfe und Presbyter Priester nennt, ist in jener Zeit schon nicht mehr ungewöhnlich. Wohl aber die Theologie, die er dazu entwickelt, da sie so weitgehend über das Neue Testament und das vorhergehende Jahrhundert hinausgeht. In verschiedenen seiner Briefe wird behauptet, daß der Bischof wie die levitischen Priester in der Tora sakrosankt sei[81]. Wichtiger als Novum ist vielleicht, daß er eine enge Beziehung zwischen dem Priestertum des Bischofs und dem eucharistischen Altar herstellt. In epistula 43,5,2 heißt es: »Es gibt nur *einen* Gott und *einen* Christus und *eine* Kirche und *einen* Stuhl (cathedra), der auf Petrus durch das Wort des Herrn gegründet ist. Ein anderer Altar kann nicht errichtet, ein neues Priestertum nicht eingesetzt werden, außer dem *einen* Altar und dem *einen* Priestertum.« In dem 63. Brief wird die Lehre vom eucharistischen Opfer weiter ausgebaut. Der Bischof vollziehe als Opferpriester in der Eucharistie genau das, was Christus im Letzten Abendmahl vollzogen habe. Er biete den Leib und das Blut Christi Gott als Sühneopfer an. Für Cyprian wird der Zelebrant zum kultischen Opferpriester im alttestamentlichen Sinn, der Christus dem Vater darbringt. Der Zelebrant war in der Regel der Bischof.

Diese Übersicht möge genügen. Sehr deutlich haben Autoren wie Ignatius von Antiochien, Hippolyt von Rom und vielleicht noch am meisten Cyprian von Karthago die Grundlagen für die späteren Auffassungen von Amt, Priestertum und Eucharistie als Sühneopfer geschaffen. Ebenso deutlich haben diese Vorstellungen eine Form von Amt geschaffen, die historisch weit über die der neutestamentlichen Zeit hinausgeht und die mit beeinflußt wurde von unterschiedlichen historischen und religiösen Umständen: dem Anwachsen und Bewußtwerden der Kirche als Institution; der Loslösung vom Judentum, die einherging mit einem neuen Verständnis vom Alten Testament, das als Paradigma Geltung erhielt auch für die Formen und Strukturen innerhalb der christlichen Kirche; dem Suchen, Verteidigen und Stabilisieren der Position der Kirche in der heidnischen Welt und womöglich noch vielen Faktoren mehr. Sie bringen Versuche der Kirche zum Ausdruck, Christi Botschaft in ihrer Situation und ihrer Zeit die passendste Form zu geben. Doch ist auch deutlich, daß man die konkreten Formen des Amtes nicht in Verbindung mit dem ausdrücklichen Willen des historischen Jesus bringen kann. Um so weniger, als es die Kirche selbst war, die aussortiert hat, was der historische Jesus gesagt hat, und Jesus auch schon einmal Worte in den Mund legte, die ihre Interpretation von ihm wiedergaben. Lukas und Johannes liefern uns dafür mehr als genügend Beispiele. Die Ergebnisse der Form- und Redaktionskritik der Evangelien sind in ihrer allgemeinen Richtigkeit nicht mehr zu widerlegen.

2.6 Schluß

Ich habe den unmöglichen Versuch unternommen, auf kleinstem Raum eine Übersicht zu bieten: die der Entwicklung der Ämter und Amtsauffassungen im Neuen Testament und den ersten zwei Jahrhunderten danach. Die Unvollständigkeit wird nicht überraschen, ist aber nicht sehr bedeutsam: Eine größere Vollständigkeit würde nur noch weiter bestätigen, was die These dieses Artikels war, daß nämlich die Strukturen in der Kirche faktisch gewachsen sind und diese wie auch die Theologie, die sich um das Amt herum gebildet hat, in starkem Maße historisch bestimmt sind. Unsere historische Übersicht zu der Entwicklung des Amtes ist nicht näher auf die theologischen Modelle eingegangen, die im Lauf der Zeit entstanden sind. Diese theologischen Modelle äußern sich nicht selten sehr tiefsinnig zum Amt in der Kirche. In der katholischen Kirche entwickeln sich durchweg Argumente der sakramental-ontologischen Art, um das Besondere der amtlichen Priesterschaft zu begründen. Es war nicht Absicht dieses Kapitels, darauf einzugehen. Ich möchte auch keinesfalls die Legitimität einer bestimmten theologischen Entwicklung bestreiten, aber ein Hauptanliegen dieses Kapitels war es zu zeigen, daß auch eine legitime theologische Entwicklung historisch, zeitgebunden und relativ ist. Keine einzige Theologie hat eine überzeitliche Dimension, sonst wäre sie Gott, und das ist sie zum Glück nicht. Alle Amtstheologien sind die Folge einer historischen, oft vorreflexiven Entwicklung in der kirchlichen Struktur. Die Tradition hat von Christus ein je eigenes Bild ihrer Zeit gezeichnet, um das Evangelium lebendig zu halten.

Dies ist im Grunde eine befreiende Erkenntnis. Sie läßt sehen, daß die Kirche eine *sehr große Freiheit* hat, wie sie ihre Strukturen verstehen will. Sie genießt in diesem Punkt die völlige Freiheit der Kinder Gottes, und dies ist eine sehr frohe Botschaft, wenn man an die Jahrhunderte und Jahrhunderte, Jahrtausende vielleicht sogar, denkt, die die Welt noch vor sich hat.

Bevor ich zum Ende gelange, möchte ich noch einmal Paul Hoffmann zu Wort kommen lassen: »Kirche kann nicht anders als in der durch ihr geschichtliches Wesen bedingten Differenz zu jenem eschatologischen Reich Gottes begriffen werden. Sie ist mit ihm nicht identisch. Das ist gegen jeden totalitären oder schwärmerischen Versuch, solche Identität mit Gewalt herzustellen oder ideologisch herbeizureden, festzuhalten. Vielmehr ist sie nicht mehr und nicht weniger als der immer neue Versuch, in der Diskontinuität der Zeiten und Kulturen eine dem christlichen Glauben angemessene Gestalt menschlicher Gemeinschaft zu finden. Dieses ihr geschichtliches Wesen bedingt ihre *Vorläufigkeit,* macht sie zur ecclesia semper reformanda, gibt aber auch allen im Lauf der Kirche entstandenen Formen ihr relatives Recht. Gerade als solche steht sie jedoch auch unter der immer wieder neu provozierenden Frage, wie sie die Kontinuität zu jenem Ursprungsimpuls bei Jesus von Nazareth, dem sie ihre Existenz verdankt, bewahren kann. Zu jenem Jesus, der als charismatischer Außenseiter und Prophet durch die Botschaft seines Gottes einer unbedingten Güte die religiösen und gesellschaftlichen Konventionen seiner Zeit in Frage stellte und – in solcher Weise revoltierend – gerade innovierend wirkte, der mit seinem Leben für diesen neuerschlossenen Weg einstand und dessen Anspruch von Gott durch die Auferstehung von den Toten in endgültiger Weise bestätigt wurde.

In dieser Polarität stehen auch die Gemeinden der Frühzeit, deren Selbstverständnis in vielfältiger Weise in den neutestamentlichen Schriften seinen Ausdruck fand. Es kann also im Folgenden nicht darum gehen, ein gleichsam überzeitliches Wesen der Kirche aus ihnen herauszudestillieren und dann unvermittelt auf unsere Situation zu übertragen. Gerade die Pluralität der neutestamentlichen Gemeindeformen verdeutlicht die grundsätzliche Variabilität der geschichtlichen Verwirklichung der Kirche, die sich darin gerade immer auch abhängig von soziohistorischen Faktoren erweist.«[82]

Der Autor beendet seinen bemerkenswerten Artikel mit folgenden Überlegungen: »Die Entwicklung [der Ämter] dokumentiert auf ihre Weise, wie die frühe Christenheit konkret auftretende Organisations- und Autoritätsprobleme unter dem Einfluß des zeitgenössischen Milieus zu lösen versuchte. Nun gilt es zu bedenken, daß das Ergebnis eine kirchengeschichtlich zwar sehr folgenreiche, aber dennoch sozio-historisch bedingte Lösung repräsentiert, die ihrerseits den Keim zahlreicher Probleme in sich trägt. Neben ihr stehen, wie der vorangehende Überblick zeigte, die Vielzahl der Gemeindemodelle der christlichen Frühzeit, die die Gemeindeleitung in verschiedener gleichfalls situationsbedingter Weise kollegial begriffen haben. Auch deren theologische Legitimität wird durch die neutestamentlichen Autoren deutlich gemacht. Daß sie sich nicht durchsetzen konnten, dürfte ebenso historisch bedingt sein wie die Durchsetzung der Episkopalverfassung. Das gilt schließlich auch für das paulinische Modell einer Bruderschaftsgemeinde, das am Ende des Jahrhunderts von Matthäus in Aufnahme jesuanischen Erbes erneut als für die entstehende Völkerkirche verbindlich vorgestellt wird.

So offenbart der Blick in die frühe Kirchengeschichte zugleich mit der historischen Bedingtheit der entstehenden Gemeindeordnungen deren geschichtliche ›Vorläufigkeit‹. Ihre Pluralität macht deutlich, daß keine von ihnen eine letztgültige Verbindlichkeit beanspruchen kann. Entscheidend für jede von ihnen bleibt, ob und wie es ihr gelingt, dem Erbe Jesu in der eigenen geschichtlichen Situation angemessen Ausdruck zu geben.«[83]

Das Neue Testament stellt im Grunde den christlichen Kirchen aller Zeiten eine bleibend junge Frage: Wie vermittelt man die Botschaft Christi in seiner Zeit?

Den eigentlichen Schluß möchte ich mit Hilfe einiger Thesen formulieren:

1. Die Entwicklung, die von den Amtsbegriffen des Neuen Testaments zum dreiteiligen Amt und der Verbindung mit dem Priestertum verlief, geschah vielleicht zu Recht und war völlig legitim. Sie ist jedoch Ergebnis einer historischen Entwicklung,

die nicht direkt auf einen ausdrücklich formulierten Willen weder Jesu noch des auferstandenen Christus zurückgeführt werden kann.

2. Das Verhältnis zwischen Jesus und den amtlichen Formen in der Kirche ist äußerst offen. Dies verleiht der Kirche grundsätzlich eine große Freiheit in der Frage, wie sie konkrete Notwendigkeiten von Ordnung beim Aufbau des Leibes Christi interpretiert. Sie braucht nicht zu behaupten, sie sei im Zusammenhang mit den Ämtern nicht frei, zu verändern, was Jesus selbst gewollt habe. Denn etwas Spezielles im Zusammenhang mit den späteren Amtsformen hat Jesus sicherlich nicht gewollt.

3. Es sind über die Zeiten und Kulturen hin verschiedene Formen möglich, die durchaus legitim sind und ganz und gar treu den Willen Gottes zum Ausdruck bringen, wie er von Christus offenbart wurde. Überall dort, wo Ämter dem wahren Aufbau der Gemeinschaft Christi im Evangelium dienen und ihn vorantreiben, sind sie das Werk des Heiligen Geistes und Ausdruck für den Willen des Herrn. Wir sprechen hier jedoch auf einer anderen Ebene als der der historischen Verbindung mit Jesus. Zu sagen, daß die Entwicklung einer bestimmten Amtsform legitim sei und im Geist des Evangeliums geschah, bedeutet nicht, daß sie deshalb zu einem bestimmten Zeitpunkt die für alle Zeiten gültige unveränderliche Amtsform zu werden bräuchte.

4. Gottes Offenbarung bleibt lebendige Geschichte, immerfort. Daher können auch die Amtsformen keine außerhistorische Wirklichkeit sein, die vom Wechsel der Zeiten nicht berührt würde. Historische Veränderlichkeit bedeutet keineswegs Untreue gegenüber dem Willen Gottes oder Jesu Christi. Im Gegenteil, auch hier wird gelten: Der Buchstabe tötet, der Geist macht lebendig.

5. Das Evangelium ist die Frucht der Tradition und schafft selbst Tradition. Trotzdem sind spezielle Traditionen, wie alt und sakral sie auch immer sein mögen, nicht das Ziel des Evangeliums. Wenn sie ein entfremdender Faktor für das kirchliche Leben werden, verfehlen sie ihr Ziel, das darin besteht, die Freiheit der Kinder Gottes errichten zu helfen. Der Apostel sagt:

Prüft alles, bewahrt das Gute. Solange die bestehenden Amtsformen die besten sind, um das Evangelium unter Gottes Menschen voranzubringen, muß man sie bewahren. Wo sie aber zu Hindernissen für die Menschen mit dem Evangelium werden, darf und muß man sie verändern. Christus ist nicht mit der Absicht auf die Welt gekommen, feste Amtsformen einzuführen oder die Welt in eine Reihe hierarchischer Ebenen einzuteilen. Er ist auf die Erde gekommen, um die Menschen aus den Fesseln des Bösen zu befreien, auf daß sie lernen, Gott zu lieben und ihren Nächsten wie sich selbst. Das muß auch das Ziel der Ämter sein.

[42] Die Bezeichnung Tenach besitzt nicht die Konnotation »alt« (und damit »vergangen«). Das Alte Testament ist auch für Christen nicht vergangen. Tenach ist ein Buchstabenwort, gebildet aus den Anfangsbuchstaben der hebräischen Namen für die drei großen Textblöcke, die die jüdische Bibel ausmachen: Tora – Nebiim – Ketubim: Gesetz – Propheten – (übrige) Schriften. Aus den Buchstaben T, N und K (am Ende eines Wortes als CH ausgesprochen) hat man das Buchstabenwort TeNaCH gebildet, um das Alte Testament zu bezeichnen. Man verwendet es nur für den hebräischen Schriftenkanon, nicht für die griechische Übersetzung der Septuaginta (LXX), die mehr Bücher umfaßt.

[43] Zur Verdeutlichung kann vielleicht auf den regelmäßig wiederkehrenden Akt der Handauflegung des Königs verwiesen werden, der Menschen von bestimmten Krankheiten befreien können sollte. Das Gemälde von Ludwig XIV. als Wundertäter in der Kirche von Saint-Riquier (Frankreich) ist einer der vielen Belege für diese Auffassung. Die Gewänder und rituellen Gegenstände, die im Juwelenhaus des Londoner Towers ausgestellt sind, vermitteln ebenfalls, für wie sakral (sogar sakramental) eine Königssalbung angesehen wurde. Die Verbindung mit der Bibel hat sogar in der Legende um den »Stone of Scone«, der unter dem Königsthron in Westminster Abbey liegt, Gestalt angenommen: Es soll der Stein sein, auf dem Jakob in Betel schlief, Gen 28,11.

[44] Bekannte Beispiele antiroyalistischer Überzeugung: Gideons Weigerung, König zu werden (Ri 8, 22–23); die Königsfabel von Jotam (Ri 9, 7–15; 1 Sam 10, 17–27); vielleicht sogar 1 Kön 1–2 u. a.

[45] Das Verhältnis von Erinnerungen (10. Jahrhundert) und deuteronomistischer (6. Jahrhundert) oder noch späterer Neulektüre und Überarbeitung ist noch immer ein vieldiskutiertes Problem. Vgl. A. Caquot – Ph. de Robert, Les Livres de Samuel, coll. Comm. A.T. VI, Genf 1994, 15–19, und die Literaturangaben dort; K. Whitelam, Kings and Kingship, in: ABD, IV, New-York

1992, 40–48. Seit A. Alt ist es relativ üblich geworden anzunehmen, daß der faktische Ursprung des Königtums Israels auf einen charismatischen Auftritt Sauls bei militärischen Auseinandersetzungen – dem Streit der Philister und der Ammoniter – zurückzuführen ist und daß es ursprünglich nicht als Dynastie angelegt war.

[46] [franz. Das ist mehr als ein Verbrechen, das ist ein Fehler] Ich wähle als Beispiel für die Einsicht in notwendige Veränderung: die Kurve des Bevölkerungswachstums in der Welt. Die lebhafte Konferenz in Kairo 1994 macht dieses Beispiel aktuell. Man kann mit Hilfe wissenschaftlicher Extrapolation die Kurve des Anstiegs der Weltbevölkerung in etwa berechnen, angefangen im Altertum bis heute. Für das letzte Jahrhundert ist man in der Lage, diese Kurve sehr exakt zu zeichnen. In vielen Diskussionen über Empfängnisverhütung spielt die Zahl der Menschen eine Rolle, die unsere Welt theoretisch fassen kann. Heute sind es sechs Milliarden, und die Überlegungen lauten häufig, daß die Welt theoretisch 20, 30 … Milliarden Menschen fassen kann, wenn wir genügend Nahrung beschaffen (was für sich bereits wieder ein schreckliches Problem hinsichtlich der praktischen Umsetzung darstellt). Diese Berechnungen gehen auch über einen wie auch immer kurzen Zeitraum hinaus. Vielleicht über die kommenden 50, 100 Jahre. Wenn aber die Geburtenziffer mit derselben Kurve steigt und man von 150, 200, 500 Jahren ausgeht, dann werden die Ziffern so karikatural groß, daß man nicht umhinkommt einzusehen, daß man etwas tun darf, einfach weil etwas getan werden muß. Und das beeinflußt natürlich den Standpunkt, den man gegenüber Empfängnisverhütung einnimmt.

[47] J. Roloff, Amt/Ämter/Amtsverständnis, IV, Im Neuen Testament, in: TRE, 2, 1978, 509. Für unseren Text haben wir dankbar den gesamten Artikel Amt/Ämter/Amtsverständnis zu Rate gezogen, in: ebd., 500–622; besonders die Beiträge von D. Michel (Altes Testament, 501–504), Cl. Thoma (Judentum, 504–509), J. Roloff (Neues Testament, 509–533), R. Hanson (Alte Kirche, 533–552).

[48] Die wesentlichen Fundstellen für den amtlichen Gebrauch von leiturgia, timê und archê: Lk 1, 23; 12,11; 20,20; Röm 8,38; 13,6–7; 1 Kor 15,24; Eph 1,21; 3,10; 6,12; Kol 1,16; 2,10.15; Tit 3,1; Hebr 1,7; 3,3; 5,4; 8,2.6; 10,11f; Jud 6; für Ausdrücke im Zusammenhang mit Priestertum: vgl. z. B. Lk 1,9; Apg 14,13; Hebr 2,17; 5,6; 7,5; 1 Petr 2,5.9. Damit der Text oder der Fußapparat nicht unnötig belastet werde, teilen wir an dieser Stelle das herangezogene Basismaterial für unsere lexikographischen Angaben mit: Man kann die Angaben jeweils unter den eigenen Lemmata wiederfinden. A. van Den Born (Hg.); Bijbels Woordenboek, 3. Aufl. Roermond 1969 col; G. Kittel – G. Friedrich (Hg.), Theologisches Wörterbuch zum Neuen Testament, 9 vols, Stutt-gart 1933–1973; auch die handliche Zusammenfassung von G. Bromiley, Theological Dictionary of the New Testament, Grand Rapids 1985, 1356

S.; H. Balz – G. Schneider, Exegetisches Wörterbuch zum Neuen Testament, 3, vols, Stuttgart 1980–1983; W. Bauer, Griechisch-Deutsches Wörterbuch zu den Schriften des Neuen Testaments und der übrigen urchristlichen Literatur, Berlin 1971, XVI pp. und 1780 col.; H. G. Lidell – R. Scott, A Greek-English Lexicon, Oxford XLVIII-2111 S.; R. Morgenthaler, Statistik des neutestamentlichen Wortschatzes, 4. Aufl., Zürich 1992, 187 S.; weiter auch der oben erwähnte Basisartikel von J. Roloff, und R. Ed. Schweizer, Ministry in the Early Church, in: ABD IV, 1992, 835–842. Für den alttestamentarischen Kontext zogen wir als Grundlage J. Botterweck – H. Ringgren zu Rate, Theologisches Wörterbuch zum Alten Testament, 6 vols, Stuttgart 1973–1989; L. Köhler – W. Baumgartner, Hebräisches und Aramäisches Lexikon zum Alten Testament, 3. Aufl., Leiden 1967–1990, 1659 pp.; E. Jenni – C. Westermann, Theologisches Wörterbuch zum Alten Testament, 2. vols, München-Zürich, 1971–1976, XLIpp.+942col;+XIpp.+1060col+72pp.; benutzte Konkordanz H. Bachmann – W. A. Slaby (Hg.), Computer-Konkordanz zum Novum Testamentum Graece von Nestle-Aland 26. und zum Greek Nieuw Testament 3., Berlin 1980, 1964 col.+64* col.app.; benutzte Textausgabe Nestle-Aland 27. Aufl. 1993; benutzte Vulgata-Ausgabe: hrsg. von A. Colunga – L. Turrado, BAC Madrid, 1977.

[49] Oder 79mal, je nachdem, ob man den textkritisch unsicheren Text Mk 3,14 (»die er Apostel nannte«) als eine Interpolation von Lk 6,13 wegläßt. Daß es sich dabei um eine Interpolation handelt, ist wahrscheinlich, und trotzdem ist der Text in den großen Manuskripten wie Sinaiticus und Vaticanus bezeugt und daher vermutlich textkritisch korrekt.

[50] Hebr 3,1; 1 Petr 1,1; 2 Petr 1,1; 3,2; Jud 17; Offb 2,2; 18,20; 21,14.

[51] Es würde unseren Rahmen sprengen, wenn wir uns auch zur profanen und außerbiblischen Bedeutung von apostolos äußerten. Das lexikographische Instrumentarium der griechischen Sprache bietet genügend Angaben dazu. K. H. Rengstorf hat in Kittels Theologischem Wörterbuch zum Neuen Testament, Teil I, 398–447, den historischen und kulturellen Hintergrund des Wortes ausführlich beleuchtet.

[52] Siehe u. a. Joh 5,36; 6,29.57; 8,42; 10,36; 17,18.21.23.25.

[53] Vgl. J. A. Bühner, in: Exegetisches Wörterbuch zum Neuen Testament (Hg. H. Balz – G. Schneider), Teil 1, col. 344.

[54] Die heutige Textkritik liest den Namen der zweiten Person eher als Junia, Frau des Andronicus. Dies bedeutet, daß Paulus auch Frauen als Apostel bezeichnet. Früher sprach man eher von Junias als Mann. Wie auch immer, sie gehören nicht zu den Zwölf und werden doch Apostel genannt.

[55] Man könnte für Lukas eine Ausnahme der Regel anführen: Lk 11,49. In einer Invektive gegen die Gesetzeslehrer sagt Jesus: »Darum hat auch die Weisheit Gottes gesprochen: Ich werde Propheten und Apostel zu ihnen senden, und sie werden sie töten und verfolgen.« Wegen der möglichen allgemeinen

Verwendung des Begriffs übersetzt die frühere Willibrodübersetzung »Propheten und Abgesandte«. Es ist jedoch auch möglich, daß Lukas hier eine Anspielung auf die Zwölf macht, dann würde der Text keine allgemeine Bedeutung haben, sondern eine Art vaticinium ex eventu der Verfolgung und des Kreuzestods der Jünger Jesu darstellen. Sicher ist dies nicht.

[56] Die Echtheit dieses Textes als authentisches Logion Jesu wird in Zweifel gezogen. Falls das Wort nicht von Jesus selbst stammt, dann gehört es zu der frühest erreichbaren prophetisch-eschatologischen Interpretationsschicht in der Verkündigung des frühen Christentums, da es aus der Quelle Q stammt. Vgl. F. Neirynck, Q-Synopsis. The Double Tradition Passages in Greek, Löwen 1988, 62. Burton Mack, De verloren woorden van Jezus. Het boek Q en de oorsprong van het christendom, Den Haag 1994, 118. Amtliche Interpretationen sind dann auf jeden Fall jünger.

Für die Entstehung der Zwölf, vgl. W. Trilling, Die Entstehung des Zwölferkreises. Eine geschichtskritische Überlegung, in: Die Kirche des Anfangs (Festschrift für Heinz Schürmann), Erfurter Th.St., Erfurt 1977, 201–222. Trilling selbst läßt die Frage nach dem vor- oder nachösterlichen Ursprung der Zwölf offen. Aber wenn es sich herausstellen sollte, daß die Zwölf aus der Zeit nach Jesus stammen, dann fungiert dies als ein a fortiori Argument, die kirchlichen Ämter und die Männlichkeit der Amtsträger nicht an Jesu Willen festzumachen.

[57] Dabei darf auch nicht vergessen werden, daß sowohl die zwischentestamentliche Literatur wie auch die von Qumran zeigen, daß die Symbolik der Versammlung der zwölf Stämme Israels einen wichtigen Platz in dem eschatologischen Erwartungsmuster jener Zeit einnahm. Die Gattung der Testamente der Patriarchen, von denen neben den bereits früher bekannten Versionen auch Fragmente in Qumran gefunden wurden (4Q537.538.539; 1Q21; 4Q213.214; 4Q540.541.215), und eine fragmentarische Beschreibung des neuen Jerusalem (2Q24; 4Q554; 5Q555; 4Q15; 11Q18 1–24) liefern interessantes Vergleichsmaterial.

[58] Vgl. E. Schillebeeckx, Kerkelijk Ambt. Voorgangers in de gemeente van Jezus Christus, Bloemendaal 1980, 64.

[59] Zur fraternalen Struktur der matthäischen Gemeinde vgl. W. Trilling, Amt und Amtsverständnis bei Matthäus, in: Mélange Biblique (Festschrift für Béda Rigaux), Gembloux 1970, 29–44. Neuaufgelegt in: Studien zur Jesusüberlieferung, SBAB 1, Stuttgart 1988, 77–92.

[60] Für die spannende Diskussion dieses Punktes vgl. R. E. Brown, The community of the Beloved Disciples, New York 1979, 34ff. Jesu Predigt in Samaria und die Bekehrung eines ganzen samaritanischen Dorfs stehen im Widerspruch zu Jesu Anweisung an die Gesandten in Mt 10,5: »Geht nicht in eine Stadt der Samariter.« Dieses Verbot hat viel eher Aussicht, als historisch angesehen zu werden, als die Vorstellung des Johannes. Lk 9,52–55 berichtet,

daß die Samariter sehr feindselig gesonnen waren, und nach der Apostelgeschichte 8,1–25 hat die Missionierung in Samaria nur einige Zeit nach Entstehung der Kirche eingesetzt. Daher nimmt man an, daß Joh 4 kein Tatsachenbericht ist, sondern daß der Evangelist in einer großartigen theologischen Erzählung die (anstößige?) Missionierung unter den Samaritern proleptisch auf Jesus zurückgehen läßt.

[61] Vgl. Paul Hoffmann, Priestertum und Amt im Neuen Testament. Eine kritische Bestandsaufnahme, in: Priesterkirche, Düsseldorf 1987, 12–61. Neuaufgelegt in und für die deutsche Ausgabe zitiert nach Studien zur Frühgeschichte der Jesus-Bewegung, SBAB 17, Stuttgart 1994, 274–325, vgl. hier 293.

[62] P. Hoffmann, a.a.O., 295.

[63] Statistisch betrachtet: Diakonos kommt im ganzen Neuen Testament 29mal vor. Davon 18mal bei Paulus und Eph und Kol; 3mal in 1 Tim; Mt 3mal; Mk 2mal; Joh 3mal (7mal in der LXX). Vgl. R. Morgenthaler, a.a.O.; Diakonein: 36mal im ganzen Neuen Testament. Fundstellen im einzelnen: Mt 6mal; Mk 5mal; Lk 8mal; Joh 3mal; Apg 2mal; Paulus 4mal; 1 Tim 2mal; 2 Tim 1mal; Tit 1mal; Hebr 1mal; 1Petr 3mal; Diakonia: 33mal im ganzen Neuen Testament. Fundstellen im einzelnen: Lk 1mal; Apg 8mal; Paulus 19mal (12mal in 2 Kor!); 1 Tim 2mal; 2 Tim 1mal; Tit 1mal; Hebr 1mal; 1 Petr 3mal.

[64] Es wird nicht gesagt »ihre Frauen« – wobei sich »ihre« auf die männlichen Diakone bezöge –, sondern »die Frauen«. Über die Frauen der Diakone wird in Vers 12 etwas gesagt, genau das gleiche wie über die Bischöfe: Sie sollen die Männer von einer Frau sein. Weil zu den Frauen der Bischöfe weiter nichts Bestimmtes geäußert wird, scheint es, als wenn in Vers 11 etwas Spezifisches über die Frauen gesagt wird, weil sie eine gleichartige Funktion wie die männlichen Diakone ausüben. Bei dieser Interpretation scheint es dann sehr wahrscheinlich, daß es keine weiblichen Bischöfe waren, so daß von ihnen nicht die Rede ist.

[65] Statistisch betrachtet: Presbyteros kommt 65mal im ganzen Neuen Testament vor. Die Fundstellen im einzelnen: Mt 12, Mk 7, Lk 5, Apg 18, 1 Tim 4, Tit 1, Hebr 1, Jak 1, 1 Petr 2, 2 Joh 1, 3 Joh 1, Offb 12 (LXX: ca. 150mal). Der Begriff taucht bei Paulus und im Johannesevangelium nicht auf. Das Wort presyterion – als Versammlung der Presbyter – kommt nur in 1 Tim 4,14 vor.

[66] Vgl. u. a. G. Bornkamm, in: ThWNT VI, 651–683.

[67] Es ist interessant zu sehen, daß Paulus zwischen Aposteln, Propheten und Lehrern unterscheidet. Die Aufgaben und Gaben sind bei ihm noch nicht wegen des »Amtes« in einer Figur zusammengeflossen, wie spätere Auffassungen dies mit der Figur des Bischofs tun werden.

[68] Merke, daß das Wort presbyteros in 1 Tim 5,1 noch immer lediglich das Alter widerspiegelt; presbyteros ist ein älterer Mann.

[69] Statistisch betrachtet: episkopos kommt im ganzen Neuen Testament 5mal vor. Apg weist eine Fundstelle auf; Phil: 1; 1 Tim: 1; Tit: 1; 1 Petr 1. Der Ausdruck episkopê: 4mal im Neuen Testament. Fundstellen: Lk 1; Apg 1; 1 Tim: 1, 1 Petr: 1.

[70] Vgl. H. W. Beyer, art. cit.

[71] Für die deutsche Ausgabe: Didache. Zwölf-Apostel-Lehre, übers. und eingel. von Georg Schöllgen, Freiburg/Basel/Wien 1991, 129.

[72] Vgl. Hoffmann, art. cit. 47; auch J. Roloff, in: TRE 2, 527f.

[73] Für die deutsche Ausgabe: Clemens von Rom. Brief an die Korinther, übers. und eingel. von Gerhard Schneider, Freiburg/Basel/Wien 1994.

[74] Ursprünglich nach P. Th. Camelot, in: coll. Sources Chrétiennes, 3. Aufl., Paris 1958; für die deutsche Ausgabe: Die apostolischen Väter. Griechisch-deutsche Parallelausgabe, neu übers. und hrsg. von Andreas Linckmann und Henning Paulsen, Tübingen 1992.

[75] Für diese Zusammenfassung der Briefe des Ignatius zum Bischofsamt verdanke ich sehr viel der Einleitung von Th. Camelot, 43ff.

[76] R. Hanson, art. cit., in: TRE 2, 536.

[77] R. Hanson nennt als Beispiel den sogenannten »quartodezimanischen Streit« im Zusammenhang mit dem Osterfest.

[78] Für die deutsche Ausgabe: Des Heiligen Kirchenvaters Caecilius Cyprianus Briefe, aus dem Lateinischen übers. von Julius Baer, München 1928.

[79] Art. cit., 540. Auch für andere mögliche Ursachen bot uns der Artikel von Hanson viele Anregungen.

[80] B. Botte, Hippolyte de Rome. La Tradition Apostolique d'après les anciennes versions, coll. SC 11 bis, Paris 1968, 44.

[81] u. a. Cyprianus Epistulae 3,1,1–2; 4,4.3; 59,4,1; 73,8,1 …

[82] P. Hoffmann, art. cit., 274f.

[83] P. Hoffmann, art. cit., 323f.

3. DER GEMEINDEPRIESTER IN HISTORISCHER SICHT

Robrecht Boudens

3.1 Das Früh- und Hochmittelalter

Als die unruhige Zeit der Völkerwanderungen verebbte und die Völker Westeuropas sich in den Gegenden niedergelassen hatten, wo sie letztendlich Wurzeln schlagen sollten, konnte die Kirche, die die Missionierung nie aus dem Auge verloren hatte, sich an den Ausbau ihrer organisatorischen Formen machen. Mönche hatten bereits das Evangelium gebracht und hier und dort Klöster gegründet. Nach einigen Jahrzehnten hatte sich eine Hierarchie entwickelt. Einflußreiche Städte erhielten einen Bischofssitz, und als die Christen zahlenmäßig wuchsen oder eine Diözese zu groß wurde, als daß sie noch von einem Bischof versorgt werden konnte, da entstanden Gemeinden, die von einem »Pastor« betreut wurden. Dieser vertrat dort den Bischof und nahm in dessen Namen eine Reihe von Funktionen wahr[84]. In dem nun folgenden Kapitel wird es vornehmlich um das Selbstverständnis, die Lebensweise und die Geschichte dieser Gemeindehirten gehen.

Vorausgeschickt sei, daß die Entwicklung nicht in allen Ländern parallel verlaufen und daher auch nicht von einer strengen Gleichzeitigkeit auszugehen ist. Kommunikationsmittel waren kaum entwickelt und nicht so verbreitet wie heute. Das hatte unvermeidlich auch zur Folge, daß Vorschriften oder Richtlinien, die Rom ausgab, nicht unmittelbar zu allen Orten vordrangen oder überall befolgt wurden. Dennoch kann man in den ersten Jahrhunderten des europäischen Christentums bereits allgemeine Tendenzen feststellen, die für fast alle Länder zutreffen.

Vom fünften bis zum neunten Jahrhundert veränderte sich das Leben der Priester, die für die Seelsorge in Landgemeinden zuständig waren, noch kaum, und lange Zeit sollte dies auch auf die Stadtgemeinden zutreffen. Im großen und ganzen blieb das Bild des Gemeindehirten dasselbe: Er mußte die Messe halten, die Sakramente spenden, die Kranken besuchen, dafür Sorge tragen, daß die verstorbenen Gemeindemitglieder ein würdiges Begräbnis erhielten, und regelmäßig predigen. Außerdem hatte er sonntags für seine Gemeindemitglieder die Messe zu feiern. Für eine »tägliche« Messe gibt es in den Quellen widersprüchliche Belege, und das kann ein Hinweis auf unterschiedliche Traditionen sein. Vielerorts nahm der Pastor zusätzlich auch die Funktion eines zivilen Beamten wahr. Man kann davon ausgehen, daß es überall eine enge Verbindung zwischen dem Pastor und seiner Gemeinde gab. Nach dem damals geltenden Recht war es ihm nicht einmal gestattet, in fremden Gemeinden die Messe zu lesen, es sei denn, er befand sich auf Reisen. Ebensowenig durfte er Fremde am Leben seiner Gemeinde teilnehmen lassen, außer wenn es Fremde betraf, die auf der Durchreise waren, oder solche, die beauftragt waren, in seiner Gemeinde einen zivilen Rechtsstreit zu führen.[85]

Aus erhalten gebliebenen Texten von Synoden und örtlichen Konzilien kann man rückschließen, daß die Priester anfangs keine besondere Kleidung trugen, die sie vom gewöhnlichen Mann unterschied. Erst 742 wurde von Karloman das Tragen der *casula* vorgeschrieben, einem weiten Überkleid, das durchweg auch von Mönchen getragen wurde, während das *sagum,* das der gewöhnliche Mensch des Volkes trug, verboten wurde[86]. Der Lebensweise der Gemeindepriester wurde nun mehr Aufmerksamkeit gewidmet. Papst Celestinus I. erinnerte einige gallische Bischöfe daran, daß sie sich nicht so sehr durch ihre äußere Kleidertracht als durch ihren Lebensstil von ihren Gemeindemitgliedern unterscheiden sollten. Wiederholt wird an die kanonischen Vorschriften erinnert, die den Umgang mit Frauen, den Besuch von Trinkgelagen und die Teilnahme an Jagden verboten. Die Konzilien des 6. und 7. Jahrhunderts teilen auch das ein oder andere über die kanonischen Strafen mit, die für die verschiedenen Vergehen der Geistlichen vorgesehen waren[87].

Solche Vorschriften und Bestimmungen lassen vermuten, daß das Leben der Kleriker nicht immer fehlerlos und einwandfrei war. Es verwundert denn auch nicht, wenn man dafür eintrat, daß die Priester, die in einer Gemeinde irgendeine Funktion wahrnahmen, in Gemeinschaft leben sollten, so wie es in einigen bischöflichen Kirchen üblich war. Sie könnten so einander Hilfe und Kraft sein und sich z. B. im Kampf gegen Aberglauben und heidnische Gewohnheiten, die weiter existierten, abstimmen. Auf der bereits genannten Synode von 742 wurden folgende aufgezählt: Totenopfer, Hexereien, Amulette, Vogelwahrsagerei, Zauberformeln – praktiziert in verdächtiger Weise und unter Anrufung von Märtyrern und Bekennern[88].

Den halb christlichen, halb heidnischen Praktiken der Gläubigen lag eine mangelhafte Katechese zugrunde, die ihrerseits eine Folge davon war, daß die Priester selber keine eigentliche Glaubensunterweisung erhalten hatten. Wer sich damals auf das Priestertum vorbereitete, ging bei einem Pastor in die Lehre. Darauf hatte ein Examen zu folgen, es wurde von einem Priester aber nur verlangt, daß er das Vaterunser und das Credo kennen sollte, und wie er die Sakramente spenden mußte, er sollte eine Vorstellung von den kirchenrechtlichen und liturgischen Vorschriften haben und in der Lage sein, ein wenig die Heilige Schrift und die Kirchenväter zu erläutern.

Die Priester mußten auch über genügend Lateinkenntnisse verfügen, um die liturgischen Gebete verstehen zu können[89]. Anregungen für die Vorbereitung seiner Predigten konnte der Priester sich aus vorgefertigten Homilien, die in der karolingischen Zeit in nicht geringem Maße im Umlauf gewesen sein müssen, verschaffen[90].

Zwischen den Jahren 1000 und 1150 und faktisch bis ins 13. Jahrhundert hinein veränderte sich das Bild des Pastors kaum oder gar nicht. Er blieb die anerkannte Autorität seiner Gemeinde und übte seine Funktion durchweg zufriedenstellend aus. Viele engagierte Priester, die einfach ihre Pflicht taten, weder durch gute noch durch schlechte Eigenschaften auffielen, haben in den Quellen keine Spur hinterlassen und sind nicht im Gedächtnis der Geschichte haften geblieben. Dagegen findet sich ansatzweise die Sorge der Bischöfe, ihre Gemeinden mit solchen engagierten Priestern zu versorgen.

Auf Bitte des Erzbischofs von Trier stellte Réginon, Abt der rheinländischen Abtei von Prüm, eine Sammlung der kanonischen Vorschriften zusammen, die von den Bischöfen auf ihren Besuchsreisen in den Gemeinden ihrer Diözese als Handreichung benutzt wurden[91]. Aus den gestellten Fragen spricht die Sorge sowohl um die priesterliche Lebensführung als um das Wohl der Gläubigen. Daraus geht ebenso hervor, daß sich in der Praxis zahlreiche Mißbräuche eingeschlichen haben mußten und daß einige pastorale Pflichten zu toten Buchstaben verkommen waren.

Der Bischof hatte dafür Sorge zu tragen, daß der Pastor die liturgischen Bücher und Gewänder mit Sorgfalt behandelte und die Kirche in Ordnung hielt, daß die verschiedenen Bücher sorgfältig geführt wurden. Wichtiger noch war, daß er die Seelsorge nicht vernachlässigte. Der Bischof mußte darüber wachen, daß jener die Kranken und Sterbenden besuchte, ihnen die Beichte abnahm und sie mit den letzten Sakramenten versorgte. Die Kommunion mußte jener ihnen persönlich bringen und durfte sich dies nicht von Laien abnehmen lassen. Kinder mußten getauft werden. Kümmerte er sich um die Armen, die Waisen, die Pilger? Lud er sie gelegentlich an seinen Tisch?

Auf seinen Besuchen mußte der Bischof auch darüber wachen, daß der Gottesdienst gehalten wurde. Sang der Pastor das Officium zu den dafür vorgesehenen Zeiten? Verfügte er über einen Klerikus, der als Lektor fungieren konnte, der die Antworten bei den Gebeten der Messe geben und abwechselnd im Psalmgesang einspringen konnte? Wurden die Gottesdienste mit Glockengeläut angekündigt? Verkündete er das Wort des Herrn? Konnte er die Epistel und das Evangelium sinnvoll deuten?

Auch war der Lebenswandel des Gemeindepriesters von allergrößter Bedeutung. Verdächtigte man ihn des unerlaubten Umgangs mit Frauen? War er dem Alkohol verfallen? Wurde er als ein Kneipengänger angesehen? Zettelte er Streit an? Griff er in Zeiten des Aufstands und Aufruhrs zu den Waffen?[92]

Die Tatsache, daß diese Fragen gestellt werden mußten, setzt voraus, daß es diese Mißbräuche gab. Wissenschaftlich verantwortbare Statistiken für diese Periode gibt es nicht, aber der allgemeine Eindruck, den die Dokumente hinterlassen, ist der einer Zeit, in der die Gemeindepriester vielleicht aufrecht und engagiert sein konnten, der Ungeschliffenheit in ihren Kreisen aber noch nicht entwachsen waren. Nicht selten kam es zu Spannungen zwischen Ordens- und Gemeindepriestern. Viele Gemeinden waren ursprünglich von einer Abtei aus gegründet worden, und im Lauf der Zeit war es nicht immer leicht auszumachen, unter wessen Jurisdiktion sie genau fielen. Mit Aufkommen der Norbertinen, die die Seelsorge in ihre Ordensregel mit aufgenommen hatten, wurde jedenfalls die Grenzlinie zwischen den Gemeinden, die von einer prämonstratenser Abtei abhingen, und Gemeinden, die unter die Jurisdiktion eines örtlichen Bischofs fielen, deutlicher gezogen. Spannungen konnten auch entstehen zwischen dem Fürsten oder dem Lehnherrn, der ursprünglich eine Gemeinde gegründet hatte, und dem Bischof, der als kirchliche Instanz Jurisdiktion über sie besaß.

Über Jahrhunderte hin haben Gemeindepriester in einer Sphäre juristischen Tauziehens leben müssen, in den meisten Fällen aber hatten sie direkt nicht viel mit dem Tauziehen zu tun.

3.2 Vierzehntes und fünfzehntes Jahrhundert

Die zwei Jahrhunderte, die der Reformation vorangingen, zeichnen ein Priesterbild, das sich nicht wesentlich von den vorhergehenden Jahrhunderten unterscheidet, in denen sich zweifelsfrei aber doch bestimmte Zustände eingebürgert hatten[93]. Die Aufgabe des Priesters ist die gleiche geblieben. Ihm kommt es zu, die Taufe zu spenden und eventuell Eltern, die die Taufe ihrer Kinder hinausschoben, auf ihre Pflicht hinzuweisen.

Der Priester ist der Diener der Eucharistie und muß darüber wachen, daß die jährliche Osterpflicht (als Pflicht während des Vierten Laterankonzils im Jahr 1215 festgelegt) erfüllt wird. Bei Hochzeitsfeierlichkeiten ist er meistens zugegen, und er muß dafür sorgen, daß die Sterbenden rechtzeitig die Sterbesakramente gespendet bekommen.

So viel Arbeit brachte das für die Gemeindepriester nicht mit sich, sicher nicht auf dem Lande und nicht einmal in kleineren Städten. Die Beichte zu hören und die Kommunion zu verteilen, nahm nicht allzuviel Zeit in Anspruch. Man ging im übrigen auch nicht häufig zur Beichte oder zur Kommunion. Zumeist hielt man sich an die kirchliche Vorschrift, mindestens einmal im Jahr diese Sakramente zu empfangen. Dagegen nahm die Zahl der Segnungen einen immer größeren Raum ein. Für fast alles erbaten die Gläubigen göttlichen Beistand, und die Rituale beinhalteten Gebete, die diesen Beistand erbitten sollten. Das Haus mußte gesegnet werden, die Herde, das Land, die Ernte. Wenn eine Epidemie unter den Tieren oder Menschen auszubrechen drohte, mußte diese Gefahr durch das Gebet abgewendet werden. Die Aufgabe des Priesters war es weiter, regelmäßig zu predigen und den Kindern den Katechismus beizubringen. Aus den synodalen Statuten weiß man, daß er auch Aufgaben zu erfüllen hatte, die heutzutage der bürgerlichen Regierung oder der Polizei zukommen. Er mußte Kinder und Schwache beschützen, die Aufsicht über Kneipen und Trinkgelage führen, Sünder öffentlich zurechtweisen. In verschiedenen Gegenden war seine Anwesenheit beim Verfassen von Testamenten und anderen notariellen Handlungen erforderlich.

Auf der anderen Seite gab es keine Seelsorge für spezielle Gruppen wie Jugendorganisationen für Jungen oder Mädchen, auch keine sozialen Gruppen oder Zusammenschlüsse, die eine Leitung oder Mitarbeit der Gemeindegeistlichkeit voraussetzten. Die bestehenden Gilden konnten von einem Priester verlangen, daß er eine Messe lesen sollte, weiter aber wollten sie keine Begleitung[94].

Auf dem zumeist dünn besiedelten Lande war der Pastor also nicht so sehr beschäftigt, um so weniger als die Seelsorge kaum Büroarbeit mit sich brachte. Das Führen der Traubücher, der Tauf- und Sterberegister nahm wenig Zeit in Anspruch. Außerdem hatte der Gemeindehirte Mitarbeiter. In den größeren Ballungsgebieten gab es Kapläne, die in der Seelsorge mithalfen. In den letzten Jahrzehnten des 13. Jahrhunderts kam noch eine neue Kategorie Priester hinzu, die nicht direkt etwas mit der cura animarum zu tun hatte, aber dem Pastor nützliche Hilfe bieten konnte. Unter den Gläubigen war die Gewohnheit entstanden, bei Testamentsvollstreckung eine Summe für die Bestellung einer Messe für die Seelenruhe des Schenkenden zu hinterlassen. Auf die Dauer mußte jeden Tag eine Reihe von Messen gehalten werden, und dafür hatte man Priester nötig. Sie wurden Altaristen oder Vikare genannt. Gelegentlich bekamen sie auch die Aufgabe anvertraut, beim Officium im Chor mitzusingen oder bei der Gestaltung von liturgischen Festlichkeiten mitzuhelfen. Auch durften sie einige Sakramente spenden. Ein großes Einkommen besaßen sie jedoch nicht. Die Pastöre dagegen und einige Kapläne verfügten durchweg über den Ertrag einer oder mehrerer Benefizien und des Zehnten (der Früchte der Erde und des Zuwachses der Herde[95]).

Bei den Gemeindemitgliedern war es außerdem Brauch, dem Pastor bei gewissen Gelegenheiten – etwa dem Schlachten eines Tieres – eine Naturalie anzubieten. Für das Lesen einer Messe durfte der Pastor zwar kein Geld nehmen, aber mit einer nicht einmal so spitzfindigen Unterscheidung wurde dieses Problem gelöst: Er erbat kein Geld für geistliche Dinge wie für Gnade, aber für die Arbeit und die Mühe. Faktisch kam man so zu einer doppelten Kategorie von Klerikern: Dem reichen Klerus stand ein wahres Priesterproletariat gegenüber. Die Kirche als solche mag sehr reich gewesen sein, viele Geistliche aber waren es nicht.

Diese Situation brachte es mit sich, daß sich keine geringe Zahl von Priestern nach einem Nebenverdienst umsah. Viele besaßen ein kleines Fleckchen Grund, das sie bearbeiteten; einige gingen einem Beruf nach oder betrieben in kleinem Umfang Handel, andere fungierten als Schreibkraft, wieder andere können regelrecht als Schacherer bezeichnet werden. Mit der priesterlichen Aufgabe hatte das nur noch wenig zu tun.

Im 14. und 15. Jahrhundert nahm die Zahl der Vikarien und Benefizien derart zu – und damit auch die Zahl der Bewerber –, daß ein paradoxer Zustand entstand: Es gab einerseits eine außergewöhnlich hohe Zahl von Geistlichen und andererseits dünn besiedelte Gemeinden. Die Zahl der weltlichen Priester betrug zu Beginn des 16. Jahrhunderts im Bistum Utrecht, das ungefähr 600.000 Seelen zählte, ca. 5.000. Von 1508–1518 zählte man durchschnittlich 213 Weihen pro Jahr. Bezogen auf eine Bevölkerungszahl, die auf ungefähr eine Million geschätzt wurde, ist die Zahl der Priester folglich unnormal hoch. Man muß sich außerdem vor Augen halten, daß einige Städte wie Frankfurt oder Montpellier lange Zeit nur *eine* Gemeindekirche besaßen, während Ieper oder Worms vier hatten, Köln sechzehn, Metz sechsundzwanzig (für 25.000 Seelen)[96]. Es ist klar, daß die große Zahl von Priestern dem Absentismus zuarbeitete. Wenn man zudem weiß, daß einige Gemeinden weniger als hundert Seelen zählten und die meisten weniger als 1.400, ist es unschwer zu verstehen, daß ein solcher Zustand eine Ursache für Mißbrauch wurde.

Wie hatte sich ein Landpastor zu benehmen? Wenn man untersucht, was auf Synoden und Konzilien besprochen wurde, kann man sich eine Vorstellung davon machen, wie sich die Kirche den Priester wünschte. Er sollte einfach sein, jede Form von Überheblichkeit in Haltung und Kleidung vermeiden, nicht aufzufallen versuchen, sich hüten vor regelmäßigem Besuch der Herberge oder Gewinnspielen. Zwei Punkte werden immer wieder angesprochen: zuerst der Zölibat. Wiederholt wird daran erinnert, daß er gebührend zu beachten sei. Seit dem ersten Laterankonzil (1123) wurde die Heirat eines Geistlichen, der die höheren Weihen empfangen hat, für ungültig erklärt (vorher wurde sie als illizit angesehen). Später empfahl man den Geistlichen, in Gemeinschaften zusammenzuwohnen. Die Absicht dabei war, die Vereinsamung allein wohnender Priester und das daraus hervorgehende ungebührliche Verhalten zu vermeiden. Zu diesem Ziel wurden Priesterkonferenzen einberufen und landesweite Kapitel abgehalten, die die Solidarität der Dekanate auf dem Lande stärken sollten. In diesem Punkt jedoch scheiterten alle Versuche zunächst. Die Priester hielten zu sehr an ihrer persönlichen Freiheit fest.

Lebensstil und Verhalten der Geistlichkeit können von Land zu Land unterschiedlich gewesen sein, doch scheint es so etwas wie einen Zeitgeist gegeben zu haben, der fast überall gleich war. Eine Untersuchung im Erzbistum Köln hat ergeben, daß zwischen zwei und fünf Prozent des Klerus wegen ernster Vergehen mit dem Strafrichter zu tun hatten.[97] Für sich betrachtet haben solche Ausfälle, die sich im Laufe von zwei Jahrhunderten zugetragen haben, wenig historische Bedeutung. In der Literatur und den Quellen – besonders in den humanistischen Werken – werden jedoch wiederholt und mit so viel Nachdruck andere Unzulänglichkeiten benannt, daß man ohne Zögern behaupten kann, daß sie tatsächlich für einige Priestergenerationen typisch waren. Die Tatsache, daß die Vorschriften der Synoden auch in diese Richtung weisen, bestätigt, daß es sie wirklich gab. Den Priestern wird Geldgier zur Last gelegt. Für geistliche Dienste verlangte man Geld, und oft mehr, als die normalen Tarife vorschrieben. Gelegentlich führte dies zu Simonie. Man muß der Ehrlichkeit wegen jedoch sagen, daß es auch nicht wenige Priester gab, die Geld für Stipendien oder einen anderen guten Zweck zur Verfügung stellten.[98] Weiter gab es beim Klerus eine recht verbreitete Alkoholabhängigkeit oder wenigstens die Vorliebe für Wirtsstuben. Manchmal trat dies in Verbindung mit Gelagen, weltlichen Vergnügungen, Würfel- oder anderen Glücksspielen auf. Diese Gewohnheit hatte sich so sehr eingebürgert, daß die Visitationsberichte vieler Bischöfe auch noch nach Trient davon berichten. Vielleicht darf man nicht verallgemeinern, und Statistiken dazu lassen sich nicht erstellen, dennoch kann man wohl behaupten, daß eine Reihe von Priestern allzu leichtfertig Wirtsstuben besuchte und daß einige derart alkoholabhängig waren, daß der gute Ruf des ganzen Priesterstandes gefährdet war.

Man nahm noch an anderen Dingen Anstoß. Einige Priester gingen zu häufig auf Jagd. Andere vernachlässigten ihre Gebete oder sprachen unehrbietig und lautstark in der Kirche, das Sakrale des Ortes dabei außer acht lassend. Wieder andere übten sich in übler Nachrede oder zettelten Streit an. Häufig lautete der

Vorwurf, daß die Geistlichen zurückgeblieben waren und keine Kultur besaßen. Bei letzterem muß man allerdings beachten, daß dieser Vorwurf meist von Humanisten stammte und daß Leute, die einen etwas ungehobelten Eindruck machten, in den Augen der Humanisten schnell als Barbaren galten.[99] Inzwischen scheint jedoch festzustehen, daß die meisten Landpriester wenig intellektuelle Ausbildung aufwiesen. Manchmal können sie ausgezeichnete Seelsorger gewesen sein, doch nur wenige sind als Gebildete oder Gelehrte hervorgetreten. Chronisten konnten sie wegen ihrer Unwissenheit und fehlenden Kultur lächerlich machen. In einigen Fällen konnte ein authentischer Glaubenseifer die mittelmäßige Ausbildung oder andere Schwächen ausgleichen, das aber traf bei weitem nicht immer zu. Die mangelhafte Glaubensunterweisung brachte es mit sich, daß wesentliche Dinge vernachlässigt wurden, während das Nebensächliche überbetont wurde. Sakramentalien rückten an die Stelle von Sakramenten. Eine Andacht für Maria und die Heiligen erhielt mehr Aufmerksamkeit als eine für Christus. In diesem »Herbst des Mittelalters«[100] fand eine Zunahme der Feierlichkeiten und Frömmigkeitspraktiken statt und nahmen die Segnungen einen unnormalen Raum ein, so daß der gewöhnliche Gläubige leicht vom Volksglauben in den Aberglauben abglitt. Huizinga behauptet, daß bestimmte Handlungen geradezu an Zauberei grenzten. Auf jeden Fall gab es im späten Mittelalter eine derartige Überladenheit im geistlichen Leben, daß Mißbräuche und Auswüchse unvermeidlich waren. Für eine nur wenig gebildete Geistlichkeit und sicher für das arme Priesterproletariat war die Versuchung sehr groß, jede Form von Frömmigkeit zu unterstützen, die zugleich mehr materiellen Wohlstand mit sich brachte.[101]

Die Schwierigkeiten, den Zölibat einzuhalten, wurden bereits weiter oben angesprochen. Da man sich wiederholt damit befassen mußte, sollte man sich ein wenig damit auseinandersetzen, wie das Zölibatsgesetz in der westlichen Kirche entstanden ist.

Zu Beginn des 4. Jahrhunderts stößt man auf erste Spuren dessen, was später allgemein geltendes Gesetz wurde. Auf dem örtlichen Konzil von Elvira (Spanien) um 306 erklärt Kanon 33, daß es Bischöfen, Priestern und Diakonen verboten sei, Geschlechtsbeziehungen mit ihren Frauen zu haben und Kinder zu zeugen. Man kann darin den Widerhall des Grundsatzes einiger Kirchenväter sehen, nach denen nicht die Heirat der Kleriker verboten war, sondern der Geschlechtsverkehr in der Ehe, durch den man sich befleckte.[102] Gegen Ende desselben Jahrhunderts, etwa um 386, wurde für die Bischöfe aus Mittel- und Süditalien in Rom ein Konzilium abgehalten, bei dem den Priestern wiederum das Recht auf Geschlechtsverkehr untersagt wurde (Kanon 9). Als Grund wurde auch hier angeführt, daß sie, da ihre pastorale Aufgabe sie völlig in Beschlag nehmen sollte, kein Bedürfnis nach Sexuellem mehr verspüren würden.

Der in Rom gefaßte Beschluß wurde den anderen Bischöfen von Papst Siricius (384–399) mitgeteilt, wobei er darauf drängte, daß sie ihn auch in ihren Bistümern einführen sollten. Innozenz I. (401–417) und Leo der Große (440–461) äußerten sich in derselben Weise, und einige Konzilien im 5. Jahrhundert unternahmen den Versuch, diese Regelung für die gesamte Kirche verbindlich zu machen. Noch immer wurde dabei vorausgesetzt, daß die Priester verheiratet sein durften, sie sollten aber mit ihren Frauen wie Bruder und Schwester leben.[103]

Zwischen dem neunten und dem zwölften Jahrhundert entwickelte sich allmählich das Zölibatsgesetz, wie man es heute kennt. Leo IX. (1049–1054), Gregor VII. (1073–1085) und Urban II. (1088–1099) ergriffen Maßnahmen gegen Frauen, die mit einem Priester verheiratet waren. Die Priester wurden vor die Wahl gestellt, entweder auf ihre Ehe zu verzichten oder die priesterlichen Funktionen nicht mehr wahrzunehmen. Das Zweite Laterankonzil (1139) ordnete an, daß eine Ehe, die von einem Priester eingegangen werde, als ungültig anzusehen sei.

Während des ganzen Mittelalters hat die Kirche auf die Einhaltung des Zölibats dringen müssen. Im Spätmittelalter ist ein Tiefpunkt erreicht. Es scheint möglicherweise paradox, aber einerseits gibt es eine Vielzahl von Texten, die eine Hochachtung der Keuschheit widerspiegeln, andererseits können in allen westlichen Ländern zahlreiche Übertretungen des Zölibats festgestellt werden. Es fällt schwer, sich ein nuanciertes Urteil über die eigentliche Situation der Priester zu bilden, zumal man immer auch regionale Unterschiede berücksichtigen muß. Wie oben bereits angedeutet, werden in den Quellen zumeist Fälle von Priestern behandelt, die es auf moralischem Gebiet nicht so genau nahmen. Es ist die Frage, wie verbreitet die Übertretungen waren und wie die Menschen über die Schändung des Zölibats urteilten. Fraglich ist nicht, ob es Priester gab, die ihren Pflichten nicht nachkamen, denn die gab es sicher, sondern ob das Leben im Konkubinat vor Trient ein so üblicher Zustand geworden war, daß man ihn für normal ansah. Man findet Texte, die letzteres positiv beantworten würden, während es andererseits auch solche gibt, die einen weniger radikalen Eindruck vermitteln.

Texte, die für eine allgemeine Verbreitung sprechen, kommen wiederholt vor. R. R. Post etwa zitiert einen, aus dem einerseits hervorgeht, daß es den Gläubigen verboten war, der Messe eines *concubinarius sacerdos* beizuwohnen, der andererseits aber auch deutlich macht, daß eine sehr strenge Einhaltung dieser Vorschrift schwerfiel, weil fast jeder eine Frau hatte. Dies war so verbreitet, daß das Zusammenwohnen mit einer Frau als eine kleine Sünde angesehen und ohne weiteres geduldet wurde.[104]

Die ausdrücklichsten Belege der großen Zahl von Priestern, die im 14. und 15. Jahrhundert als Verheiratete lebten, kann man in den Schriften der Humanisten antreffen. Es ist denkbar, daß sie bei ihrer Kritik an Zuständen in der Kirche ein wenig einer Modeerscheinung oder einem Kulturphänomen folgten; das Übertreten des Zölibats wird jedoch ernst genug gewesen sein, um eine solche Kritik zu ermöglichen. Wenn man einige Tatsachen aneinanderreiht, erhält man den Eindruck, daß die Mehrheit der Geistlichen in einer Beziehung lebte, die die Kirche zwar verbot, die aber so häufig vorkam, daß sie – vom Einzelnen wie von den Behörden – als quasi-normal und gewiß nicht als großes Übel angesehen wurde.

Man darf jedoch nicht ohne weiteres verallgemeinern. Es gibt auch Berichte, die vermuten lassen, daß das Übertreten des Zölibats – wie verbreitet auch immer – im allgemeinen nicht die

Regel war. Der Theologe Dionysius der Kartäuser (14. Jahrhundert) schrieb, daß die Gläubigen sich ärgerten, wenn ein Priester mit einer Frau zusammenwohnte. Dies hätte er schwerlich schreiben können, wenn das Konkubinat so weit verbreitet gewesen wäre, wie man aus einigen Texten zu schlußfolgern geneigt ist. Es gibt auch Texte, von denen man erwarten würde, daß sie moralische Unsitten ansprechen, dies jedoch nicht tun.

Es ist nicht leicht, sich ein objektives und nuanciertes Bild von der eigentlichen Situation des Klerus zu machen. Je nachdem, welches Dokument man vorliegen hat, kann man entweder feststellen, daß die meisten Geistlichen mit einer Konkubine lebten, oder zu dem Urteil gelangen, daß die Mehrheit unbescholten war. Man muß sich außerdem immer bewußt sein, daß die Situation von Land zu Land unterschiedlich sein konnte. Zwei Dinge scheint man mit Sicherheit behaupten zu können, nämlich, daß einige Priester mit einer Haushälterin wie Mann und Frau lebten und daß dies sowohl von den Gläubigen wie von den kirchlichen und bürgerlichen Behörden toleriert wurde[105], weiter, daß eine Gesetzgebung gültig blieb, die diesen Zustand verurteilte und regelmäßig neu verkündet wurde, wobei jedoch Übertretungen selten geahndet wurden. Dadurch weitete sich das Konkubinat zu einem historischen Phänomen aus, das – aufgrund der Isolation und der Langeweile – auf dem Lande noch verbreiteter war als in der Stadt.

Von Zeit zu Zeit erhob sich immer mal wieder eine Stimme, die zur Reform aufrief. Zu denken wäre etwa an Nicolas de Clémanges, Gerson, Pierre d'Ailly. Ihre Aufrufe fanden wenig Resonanz. Erst als die Reformation in einem Großteil von Europa um sich gegriffen hatte, wurde das Konzil von Trient zusammengerufen, das neben den doktrinären Stellungnahmen auch eine Reihe von Reformdekreten erließ. Es wird dann jedoch noch einige Generationen dauern, bevor der Lebensstil der Priester sich grundsätzlich ändert.

Bei der Beurteilung der Gemeindehirten jener Zeit muß man sich immer vor Augen halten, daß das, was die Bischöfe ihnen vorlebten, alles andere als vorbildlich war.

3.3 Sechzehntes bis achtzehntes Jahrhundert

Man muß das Konzil von Trient in seinem konkreten historischen Kontext sehen. Es wurde aus zweierlei Gründen einberufen: Einmal sollte die orthodoxe Lehre gegenüber einem wachsenden Protestantismus verbindlich festgelegt werden, und zweitens mußten Regelungen gefunden werden, die den zahlreichen Mißbräuchen ein Ende bereiteten, die sich in das Leben der Kirche und des Klerus geschlichen hatten.

Was das Priestertum anbelangt[106], wurde insbesondere *ein* Aspekt vertieft. Der Priester sollte vor allem Seelsorger sein. Der Dienst des Wortes war weder das einzige noch das wichtigste konstitutive Element des Priestertums. Christus hatte mit der Eucharistie ein sichtbares Opfer gestiftet, und der Priester war dabei der Diener. Das verlieh ihm Würde, setzte jedoch voraus, daß er diese Würde auch ehrfürchtig lebte. Kleriker sollten sich nicht auf weltliche Dinge einlassen. Die Leute müßten zu ihnen aufschauen und ihnen nachfolgen können. Die Lebensführung des Priesters sollte so geregelt sein, daß er »in Kleidung, Gebärde, Haltung, Verhalten und allen sonstigen Dingen nur Ernst, Demut und tiefe Frömmigkeit zeigen sollte«[107]. Selbst geringe Fehler hatte er zu vermeiden, denn bei ihm waren kleine Mängel bedauerlicher als bei anderen. Die Bischöfe wurden darauf hingewiesen, daß sie die Vorschriften früherer Konzilien erneuern und die Priester gegebenenfalls daran erinnern sollten, was diese zu meiden hatten: Überfluß, Festgelage, Tanz, Spiel und alles, was die Kirche als zu weltlich ansah. Wenn einige dieser Vorschriften in Vergessenheit geraten waren, sollten die Bischöfe wieder eindringlich auf sie hinweisen.

Auf dem Konzil von Trient widmete man sich ausführlich dem Priesterideal. Der Priester sei der Stellvertreter Christi, der Opferpriester des Neuen Bundes, ein Mann Gottes, der aus dem Evangelium lebte. Er sollte Reife verkörpern, Mäßigung, inneres und äußeres Gleichgewicht und besonders tiefe Frömmigkeit. Das Bild des Priesters, das in Trient entworfen wurde, war das eines engagierten Gemeindehirten, der würdig und verehrungswürdig war, allein in einem schlichten Pfarrhaus wohnte, wo er zu jeder Zeit für Arme und Unglückliche erreichbar war, und sich einzig um das Wohl der Seelen und den Dienst des Herrn kümmerte.

Die Konzilsväter waren sich im klaren, daß die Verwirklichung eines solchen Priesterbildes keine leichte Angelegenheit darstellte. Die Landgemeinden befanden sich zum Großteil in den Händen reicher nicht-residierender Kanoniker oder anderer untätiger Kleriker, während das Amt des Gemeindehirten de facto von »Gemieteten« des unteren Standes und mit geringer Bildung ausgeübt wurde, die meist in armseligen Verhältnissen lebten und daher ganz profan nach einem Nebenverdienst Ausschau hielten. Auch für die Ausführung ihres Priesteramtes wollten sie bezahlt werden: Kinder wurden nur gegen Vorausbezahlung getauft, und ohne Beichtpfennig erhielt man keine Absolution. Diese Mißbräuche trafen nicht auf alle Priester zu, aber die Tatsache, daß Synoden und einzelne Bischöfe sie wiederholt verbieten mußten, zeigt, daß man den Richtlinien wenig Beachtung schenkte. Dabei sei noch vermerkt, daß die Zahl der Priesterberufungen im 16. Jahrhundert in ganz Westeuropa besorgniserregend sank. Neben religiösen Ursachen wie der allgemeinen Verflachung des Glaubenslebens gab es auch gesellschaftliche Gründe. Der Landadel, mit dem es ökonomisch bergab ging, zeigte sich gegenüber der Kirche als Institution, die über erhebliche Einkünfte verfügte, verbittert.

Weil man eine solche Situation ändern wollte, wurde in Trient beschlossen, in Zukunft niemanden mehr das Priesteramt bekleiden zu lassen, der nicht eine ordentliche Ausbildung in einem Seminar genossen hatte. Nicht zu Unrecht hat man sagen können, daß sich allein wegen des Seminardekrets schon das ganze Trienter Konzil gelohnt habe.[108] Die Konzilsväter begannen darauf hinzuweisen, daß junge Männer, die für das Priestertum in Betracht kamen, von Jugend an in der *ecclesiastica disciplina* geschult sein und daher eine Ausbildung in einem »Kolleg« – einer geeigneten Bildungsstätte für die Diener Gottes – erhalten sollten, wo sie gegen alle weltlichen Einflüsse geschützt wären: ita et hoc collegium Dei ministrorum perpetuum seminarium sit. Später bildete sich ein Unterschied heraus zwischen dem kleinen Seminar (mehr oder weniger mit dem identisch, was heutzutage auf einem altsprachlichen Gymnasium unterrichtet wird) und dem großen Seminar (an dem neben einer theologischen Ausbildung auch Fächer wie die Heilige Schrift, die Kirchenväter, die Sakramentenpraxis und die Liturgie angeboten werden). In dem großen Seminar sollte man auch alles Nötige für das Hören der Beichte lernen. Das Seminarleben hatte den Rahmen zu schaffen, innerhalb dessen man zu ernster Frömmigkeit ausgebildet werden konnte, das hieß: tägliche Messe, monatliche Beichte, regelmäßige Kommunion, eine Reihe von Frömmigkeitspraktiken.

Das Seminardekret war für die Zukunft des Klerus vielversprechend. Es dauerte jedoch einige Jahrzehnte, bis die gewünschten Seminare in den verschiedenen westeuropäischen Ländern entstanden. Da es zu weit führen würde, dies ausführlich zu behandeln, beschränken wir uns darauf, einige Gründungsdaten zu nennen. Die ersten Seminare, die in Italien eingerichtet wurden, waren die in Mailand und Rieti (beide 1564), weiter Immola und Ravenna (1567), Rimini und Bologna (1568), Velletri (1612). Was Frankreich angeht: Reims (1567), Toulouse (1590), Metz (1608), Rouen (1612), Mâcon (1617), Lyon (1618), Langres (1619). Für die südlichen Niederlande sind zu nennen: Ieper (1565), Arras (1571/1646), Brügge (1571/1591), Löwen (collegium regium, 1579), Dowaai (1586/1606), St. Omaars (1638), Namen (1640), Doornik (1666).

In den deutschsprachigen Gebieten entwickelte sich das Seminarsystem nur mühsam. Das hatte teilweise mit dem desolaten Zustand, den der Dreißigjährige Krieg verursacht hatte, zu tun, teilweise jedoch auch mit den Domkapiteln, die sich gegen eine Beteiligung an der Einrichtung solcher Priesterseminare sperrten. Zu nennen aber wären: Eichstätt (1564), Breslau (1565), Ermland (1567), Würzburg (1570), Salzburg (1577), Basel (1606), Dillingen (1614), Köln (1615), Münster (1639) und Osnabrück (1662).

Die tridentinischen Vorstellungen von Priestertum und Priesterausbildung wurden zum Großteil von den europäischen Priesterseminaren über die sogenannte französische Schule der Spiritualität verbreitet, zu Beginn vor allem verbunden mit der »Genossenschaft des Oratoriums von Jesus und Maria«. Als Gründer wird zumeist Kardinal Bérulle (1575–1629) genannt. Er betonte die Notwendigkeit der – wie er es nannte – *adhérence,* der zu erwerbenden Gewohnheit, sich aktiv auf Gott einzulassen, für Gottes Aktivität empfänglich zu sein, sie innerlich zu verarbeiten und zu einer Lebenshaltung auszubauen. Der Priester soll sich bewußt sein, daß er aus sich heraus nichts ist und keine Hindernisse für das aufstellen darf, was Gott in ihm zuwege bringen will. Er soll möglichst wollen, was Gott will.

Nach dem Tod von Bérulle wurde die Leitung des Oratoriums von Charles de Condren (1588–1641) übernommen. Er widmete sein Leben der Reform des Klerus und der Ausbildung heiliger Priester. Nach seinem Tod ließ sich der Orator M. Picoté 1641 in einem Dorf bei Paris nieder. Zusammen mit M. Olier[109] bildete er eine Priestergemeinschaft, welche Mitglieder aufnehmen wollte, die sich in Frömmigkeit und kirchlicher Wissenschaft ausbilden lassen wollten. Bald danach siedelte man in die Gemeinde Saint-Sulpice über. Ohne Mönche werden zu wollen, hielten sie sich doch an ein ähnliches Reglement und beteten gemeinsam das Officium. Auch der pastoralen Ausbildung wurde viel Aufmerksamkeit geschenkt. M. Olier verfaßte für sie ein *Directoire Spirituel du séminaire de Saint-Sulpice* und bemühte sich um das geistliche Leben der Seminaristen.[110] Er hob den innigen Umgang mit Gott hervor und sprach mit seinen Seminaristen häufig über die Erhabenheit des Priestertums. Aus seinem *Traité des Saints Ordres* geht hervor, wie er sich den idealen Priester vorstellte und wie er die priesterliche Heiligkeit sah. Er legte großen Wert auf die Vereinigung mit Christus[111]. Seine Sichtweise sollte auf das traditionelle Priesterbild des 17. Jahrhunderts weiter Einfluß haben.

Der Priester sollte sich vor allem von Christus dem Opferpriester inspirieren lassen und demzufolge dem Opfer vom Kalvarienberg und dem Heiligen Sakrament, das er anbeten sollte, viel Aufmerksamkeit widmen. Die Einheit mit Christus bringe ihn zu einer tiefen Ehrfurcht vor der Eucharistie. Der Priester sei schließlich ein »anderer Christus«. Er habe teil an der Macht des Oberpriesters, trage den priesterlichen Charakter als Merkmal in seiner Seele. Seine Haltung müsse daher die Haltung Christi widerspiegeln. Wie Christus sei der Priester der Mittler zwischen Gott und den Menschen.

Immer wieder wird die Größe des Priestertums hervorgehoben. Dem Priester sei es gegeben, den Heiligen Geist durch die Spendung der Sakramente auf die Gläubigen herabkommen zu lassen. Zur Illustration dieser Größe ein Auszug von H. Eudes:

»Du bist, oh Priester, der edelste Teil des mystischen Leibs des Sohnes Gottes. Du bist die Augen, der Mund, die Zunge und das Herz Jesu; oder, um es noch besser auszudrücken, du bist die Augen, die Zunge und das Herz Jesu selbst.

Du bist die Augen, denn es geschieht durch dich, daß der gute Hirte fortwährend über seine Herde wacht.

Du bist der Mund und die Zunge, denn es geschieht durch dich, daß er zu den Menschen spricht und daß er weitergeht, indem er ihnen dasselbe Wort und dieselbe frohe Botschaft predigt, die er selbst verkündet hat, als er auf Erden war.

Du bist sein Herz, denn es geschieht durch dich, daß er allen Gliedern seines Leibes auf Erden das wahre Leben der Gnade schenkt, zusammen mit dem ruhmreichen Leben des Himmels.«[112]

In der Lehre der französischen Schule der Spiritualität wird häufig darauf hingewiesen, daß die Größe des Priesters alle anderen Größen übertraf. Seine Würde überstieg die der Engel und sogar die Mariens. Der Priester sollte Gott im Namen der Menschen loben und ihm Genugtuung verschaffen für das Böse, das getan wurde. Nur wenn er sich für die ihm anvertrauten Seelen opferte, konnte er sich heiligen. Priesterliche Heiligkeit hieß Teilnahme am Leiden und an der Auferstehung des Herrn. »Der Priester« – so M. Olier – »muß leben wie ein Mensch, der der Welt gestorben ist und auferstanden zu neuem Leben. Er muß leben wie ein Engel, in seinem Herzen ein heiliges und göttliches Leben führen, ein Leben, das dem des auferstandenen Heilands gleicht. Wie die Engel muß er seinem Körper entsagen, denn er ist ein Kind der Auferstehung.« Vom Priester wurde Feuereifer erwartet, eine ständige Aufmerksamkeit für die Seelen, die er zu heiligen hatte. Daher die Notwendigkeit von Gebet und Eifer.

Heutzutage muß man schmunzeln, wenn man hört, daß ein Priester, der ja doch auch nur Mensch ist, wie ein Engel zu leben hatte. Man darf jedoch nicht außer acht lassen, daß die Schule von Bérulle eine Reaktion auf die Mißbräuche der vorhergehenden Periode gewesen ist, in der die göttliche Sendung so sehr aus dem Blick geraten war.[113]

Während des 18. Jahrhunderts blieb das geistliche Leben der Priester – zumindest in den romanischen Ländern Europas – wesentlich von der französischen Schule der Spiritualität beeinflußt. Hervorgehoben wurde die Größe des Priestertums. Es gab keinen Mangel an Berufungen, so daß keine Gemeinden ohne Hirten waren, im Gegenteil, wie schon in früheren Jahrhunderten, gab es oftmals mehrere Priester in einer Gemeinde. Sie lebten nicht in Gemeinschaft, stellten aber – besonders in den Städten – eine gewisse Hierarchie dar. Einer von ihnen fungierte als Pastor, daneben gab es Kapläne und weitere Priester, die der Gemeinde angeschlossen waren und die eine oder andere Aufgabe wahrnahmen. B. Plongeron nennt sie »parasitär«, weil sie außer den bestellten Messen über kein anderes festes Einkommen verfügten. Einen kleinen Nebenverdienst konnten sie erwerben, indem sie z. B. das Kreuz, den Baldachin, die Glocke trugen, wenn die Eucharistie zu den Kranken gebracht wurde, oder wenn sie für die Sakristei sorgten oder als Chorsänger beim Singen des Officiums auftraten.[114] Es war die Fortsetzung dessen, was im Mittelalter bereits üblich war.

Auf dem Lande war die Einsamkeit eine nicht geringe Gefahr. In einer Zeit, da es praktisch noch keine Kommunikationsmittel gab, hatten die Priester nur wenig Kontakt mit den Pastören der Nachbargemeinden. Sie waren daher um so froher über die Treffen zu besonderen Gelegenheiten wie etwa dem Patronatsfest der

Gemeinde oder dem Begräbnis eines bedeutenden Gemeindemitglieds.

Im Seminar hatte man dem künftigen Klerus ans Herz gelegt, sich später den Tag möglichst so wie im Seminar einzuteilen, und diesem Rat folgte man durchweg. Das hieß konkret: früh aufstehen, Beichte hören, meditieren, Messe feiern, das Officium beten, frühstücken; danach eventuell ein wenig Studium. Nach der Mittagsruhe wurden Kranke besucht, der Kontakt mit Gemeindemitgliedern gepflegt und zudem administrative Aufgaben erledigt. Dazu gehörten oftmals auch zivile Funktionen. Kurz nach neun Uhr am Abend begann für die meisten Priester die Nachtruhe.

Den Zölibat hielt man zumeist besser als in den vorhergehenden Jahrhunderten ein. Es entstanden scharfe Polemiken pro und contra die Zölibatspflicht. Roskovany listet mehr als tausend Abhandlungen und Pamphlete aus dem 18. Jahrhundert auf, die diese Pflicht entweder verteidigten oder in Frage stellten.[115]

Das Kulturphänomen, das unter der Bezeichnung »Aufklärung« firmiert und dieser Periode so sehr seinen Stempel aufgedrückt hat, konnte an den Priestern nicht unbemerkt vorbeigehen. Die aufgeklärten Köpfe schwärmten für die Naturkräfte und sahen Frömmigkeitspraktiken als Aberglaube an. Sie leugneten nicht die Existenz Gottes, ihr Gott aber war ein Gott, den man mit dem Verstand erreichen konnte, eine kalte Macht, die vielleicht im Ursprung der Welt lag, sich aber um diese Welt oder ihre Bewohner nicht weiter kümmerte.

Für die Kirche, die an der Offenbarung festhielt und an die Vorsehung glaubte, hatten sie nur Gleichgültigkeit oder Mißfallen übrig. Sie traten für Toleranz ein. Der Volksglaube war von aufgeklärtem Gedankengut weit entfernt. Auch die große Mehrheit der Priester wehrte sich dagegen, wenngleich es in jedem Land Geistliche gab, die auf Volksfrömmigkeit und entsprechende Praktiken herabblickten und sich in der Kirche eine größere Toleranz gewünscht hätten. Es ist auffällig, daß sich unter den Mitgliedern der ursprünglichen Freimaurer – trotz des päpstlichen Verbots – relativ viele Priester finden. Dies kann man praktisch in allen Ländern antreffen.

Gegen Ende des 18. Jahrhunderts bemühte man sich vor allem im deutschsprachigen Raum um eine stärker rationale Ausbildung des Klerus. Ignaz Heinrich von Wessenberg war der Überzeugung, daß der klassische sulpicianische Priestertyp nur ungenügend in der Lage war, das neue Gedankengut aufzufangen. Die Priester seien zu sehr von der Welt abgesondert, so daß sie nicht auf der Höhe der Zeit sein könnten. Wessenberg zeichnete den Geistlichen nach seinem eigenen Modell: Priester, die mit einiger Geringschätzung auf die Frömmigkeit der Leute vom Lande herabblickten, auf den Schmuck, mit dem die Bauern ihre Kirchen ausschmückten, auf die mit Eifer gebauten kleinen Kapellen am Wege, die frommen und mirakulösen Bilder, die Vorliebe für Prozessionen und Wallfahrtsorte.[116]

3.4 Das neunzehnte Jahrhundert

Während des 19. Jahrhunderts war in ganz Westeuropa für das Priesterbild noch immer die französische Schule der Spiritualität vorherrschend. Nur die deutschsprachigen Länder bildeten da eine Ausnahme. In Frankreich war die große Revolution eine Zeit der Krise. Viele Priester hatten sich geweigert, den Eid auf die Constitution du Clergé abzulegen, und waren ins Ausland ausgewichen.[117] Die, die geblieben waren, lebten in einem Zustand bürgerlicher Illegalität und sahen sich gezwungen, im Geheimen die Messe zu feiern und die Sakramente zu spenden. Dennoch ist die Französische Revolution für das Selbstverständnis des Priesters kein wesentlicher Wendepunkt gewesen. Das kam insbesondere durch den Direktor des Seminars in Saint-Sulpice, Monsieur Emery, den einzigen Priester, zu dem Napoleon mit Respekt aufblickte und dem er niemals den Befehl erteilt hätte, das Seminar zu schließen.[118] M. Emery verstand es so geschickt zu taktieren, daß das berühmte Ausbildungszentrum für Geistliche auch unter dem Konsulat und Kaisertum Napoleons weiterexistiert hat. Vor allem also wegen des Seminars von

Saint-Sulpice hat sich der Priestertyp, wie er in der französischen Schule der Spiritualität entwickelt wurde, über die Revolution hinaus gehalten. Das angestrebte Ideal sollte seine Gültigkeit sogar noch bis zum Zweiten Weltkrieg behalten.

Besonders drei Bücher haben in jener Zeit großen Einfluß ausgeübt. Einmal das *Memoriale vitae sacerdotalis* von Claude Arvisenet, das ursprünglich 1794 in Konstanz erschienen war, in viele Sprachen übersetzt und immer wieder neu aufgelegt wurde[119]. Beim Verfassen des Buches – das seiner Auffassung nach an die Nachfolge Christi erinnert – hatte der Autor Priester vor Augen, die nach dem Abklingen der Stürme der Revolution die Notwendigkeit empfinden würden, wieder in einer hingebungsvollen Seelsorge und der Verbundenheit mit Gott gestärkt zu werden. Um die Einladung eindringlicher zu gestalten, wird in allen siebzig Kapiteln der Dialog zwischen Christus und dem treuen Jünger beibehalten. Fortwährend wird die Heiligung der Priester hervorgehoben. Es ist von der Größe der priesterlichen Berufung die Rede, von der Notwendigkeit, nach Vollkommenheit zu streben, der liebevollen Erfüllung der Standespflicht.

Ein zweites Werk entstammt der Feder von G. Carron, *L'Ecclésiastique accompli.* Lange blieb es Manuskript, wurde dann aber 1823 in Paris herausgebracht. Der Autor war ein aktiver Priester, der sich bewußt war, wie sehr der Klerus nach der Französischen Revolution Ermutigung und Innerlichkeit benötigte. Er wollte das Leben der Priester voll übernatürlicher Ausstrahlung sehen, und so ist sein Buch zu einem Handbuch der Spiritualität im Geist von Saint-Sulpice geworden. Es zeugt von einer soliden Frömmigkeit, aber auch von klerikalem Geist. Dennoch findet man dort eine authentische geistliche Betroffenheit.

Zuletzt sei noch ein Werk des Sulpicianers C. Denise erwähnt: *Thesaurus sacerdotum et clericorum,* zum ersten Mal 1754 in Orléans erschienen, später mehrmals bis weit in das Jahrhundert in Paris, Avignon und Saint-Malo neu aufgelegt. Hierin wird auf die Tugenden verwiesen, die jeder Priester besitzen sollte. Zur Hervorhebung der Würde und der Heiligkeit des Priestertums wurden zahlreiche Zitate von den Kirchenvätern und dem Trienter Konzil angeführt. Der ganze dritte Teil handelt von der Eucharistie. Um das Meßopfer würdig begehen zu können, müsse man ein reines Leben führen. Zusammen mit Arvisenet und Carron kommt C. Denise das Verdienst zu, die geistliche Strömung, die die französische Schule der Spiritualität ins Leben gerufen hat, ins 19. Jahrhundert übersetzt zu haben.

Was kann man zu dem Bild des Priesters im 19. Jahrhundert sagen? Erwartet wird, daß er bestrebt ist, eine heilige Lebensweise zu haben, kein oberflächliches Leben zu führen, mit dem Herrn innig verbunden zu sein. Die Bücher, die er als Seminarist in die Hände bekommen hatte und die ganz und gar von den Ideen und dem Geist von Sulpice gekennzeichnet waren, wiesen bereits in diese Richtung und werden sich auch später in seiner zumeist dürftig ausgestatteten Priesterbibliothek wiederfinden. Von dieser traditionellen Innerlichkeit ausgehend, wird er sein Brevier beten, die Eucharistie feiern, seine Gewissenserforschung vornehmen, das Heilige Sakrament empfangen, alles genau so, wie er es im Seminar gelernt hat. Als Norm für sein eigenes Verhalten gilt seine Treue gegenüber den geistlichen Übungen und Praktiken, die er machen muß und die sich regelmäßig (täglich, wöchentlich oder monatlich) in seinem Leben wiederholen. Man legt es dem Priester ans Herz, daß er von den Menschen stammt und dafür berufen wurde, ihnen in Heiligkeit voranzugehen. Er ist Priester auf ewig und verschwindet hinter der Größe des eucharistischen Amtes[120]. Einige Bischöfe kommen in ihren Schreiben und Ansprachen vor Priestern und Dechanten immer wieder auf diese Vorstellungen zurück.

Die Kirche hielt streng an den Vorschriften der Moral fest. Das Zölibatsgesetz wurde daher im allgemeinen auch recht gut befolgt. Zustände wie die aus der Zeit vor der Gregorianischen Reform oder zur Zeit der Reformation gab es nicht mehr. Einzelne Fälle moralischer Schwäche wurden von den Gläubigen angezeigt, inzwischen standen darauf auch schwere kirchliche Strafen. Das Übertreten des Zölibatsgesetzes war ein Sich-Vergreifen an der Heiligkeit des Priestertums. Immer wieder wurde darauf hingewiesen, daß der Zölibat die Voraussetzung für eine vollkommene Liebe war, das Freisein für die Kirche, Nachfolge Christi. Verstöße gegen den Zölibat wurden als viel schlimmer angesehen als etwa Nachlässigkeiten in sozialer Gerechtigkeit.

Das hieß nicht, daß sich das Problem nun nicht mehr stellte. Das tat es besonders in den Ländern, in die die französische Spiritualität weniger oder gar nicht vorgedrungen war. In dem Seminar in Rottenburg engagierte sich eine Reihe von Professoren, unterstützt von Seminaristen, für die Aufhebung des Zölibats. Dort gründete man auch eine Vereinigung zur Aufhebung dieses Gesetzes[121]. In der Überzeugung, daß etwas unternommen werden müsse, um das moralische und geistliche Niveau der Geistlichkeit auf einen höheren Stand zu bringen, reichten 1828 die Laienprofessoren in Freiburg eine Petition bei der Regierung ein, den Priestern die Ehe zu erlauben. Nicht wenige Geistliche wie auch Theologiestudenten setzten ihre Unterschrift unter die Petition.

In jener Zeit begann Johann Adam Möhler – gelegentlich der Vater der modernen Theologie genannt – seine wissenschaftliche Karriere in der Theologischen Quartalschrift. Einer seiner ersten Artikel behandelt das Problem der sinkenden Zahl von Priestern. Er stellt dort die Behauptung auf, daß die Zahl der Priesteramtskandidaten u. a. wegen des Zölibats immer eher gering bleiben werde[122].

Auch in Italien gab es Schwierigkeiten. 1865 schrieb ein Engländer einige Briefe aus Florenz an »The Guardian«[123], in denen er mitteilte, daß man in Neapel eine Organisation – Società emancipatrice e di mutuo soccorso des sacerdozio italiano – mit der Zeitschrift »Emancipatore Cattolico« gegründet habe. In einem Memorandum wird das Ziel der angestrebten Reform erläutert. Von vierundzwanzig Untergruppen mit beinahe tausend Priestern und ebenso vielen Laien als Mitgliedern in verschiedenen Gegenden des Königreichs war die Rede. Aus unterschiedlichen Gründen waren sie alle Befürworter der Aufhebung des Zölibats. Das war für die gesamte italienische Halbinsel nicht einmal eine so große Zahl und darf nicht den Eindruck erwecken, als sei in Italien der Zölibat insgesamt nicht eingehalten worden. Von beiden Seiten wurde übertrieben: von seiten der Gegner, indem sie viel Lärm machten; von seiten der Hierarchie und der Kurie, indem sie den Zölibat zu einem fast göttlichen Gesetz erhoben und nicht als kirchliche Maßnahme ansahen, an die im übrigen nur die westliche Kirche gebunden war.

Als Zeichen für das Aus-der-Welt-genommen-Sein galt die Soutane. Nach der sulpicianischen Tradition konnte sie dabei auch eine Hilfe in delikaten Situationen darstellen und als Schutz gegen Verführungen dienen. In den katholischen Ländern erlaubten es die Bischöfe den Priestern nur äußerst selten und nur aus triftigen Gründen, die Soutane gegen zivile Kleidung auszutauschen. War die Soutane oder die Priestertoga das Symbol für das Aus-der-Welt-genommen-Sein, war sie zugleich ein Ausdruck des priesterlichen Schmucks, war die charakteristische Kleidung des priesterlichen Standes und eine Erfordernis des priesterlichen Anstandes. In der Soutane besuchte man keine Kneipen, ging nicht an den Strand, zeigte sich nicht in Tanzsälen. Wegen des priesterlichen Anstandes auch zeigten sich die Bischöfe um die Jahrhundertwende ähnlich zurückhaltend gegenüber dem Fahrradfahren der Geistlichen. Nach einem absoluten Verbot – man sah es zunächst nur als eine vorübergehende Modeerscheinung an – wurde das Fahrradfahren später gelegentlich erlaubt. Man erhielt die *licentia utendi rota dicta »bicyclette«* unter der Bedingung, daß diese Erlaubnis nur für den Einsatz in der Seelsorge und nicht außerhalb der eigenen Gemeinde gültig sei.[124]

Es fällt auf, daß die zugestandenen Ausnahmen immer durch die Seelsorge motiviert wurden. Einsatz in der Seelsorge hieß für den Priester: Sakramente spenden, Predigt, Katechese, Besuch seiner Gemeindemitglieder, Sorge für die Lehre und für die geistliche Reinheit derer, die ihm anvertraut waren. Beichtvater zu sein war ein wichtiger Auftrag. Im 19. Jahrhundert verbrachten die Priester viele Stunden im Beichtstuhl, besonders wenn sie als Männer Gottes bekannt waren. Sie hörten die Beichte in ihren Gemeindekirchen, in Instituten und für Schulkinder. Der Beichtvater kannte seine Leute. In der Heimatliteratur aller Länder kommen Priesterfiguren vor, die dem Volk nahestanden und bei den Leuten sehr beliebt waren. Der ideale Priester war herzlich und jovial, lebte schlicht, verschmähte andererseits aber auch kein gutes Glas Wein und kein gutes Mahl, wenn sich die Gelegenheit bot. So konnte er ohne viel Skrupel auch beim Baron dinieren. Die Leute aus dem Volk nahmen das in Kauf. Die Tatsache, daß er Kontakt zu den hohen Herren pflegte, entfremdete ihn nicht vom Mann auf der Straße. Erst gegen Ende des Jahrhunderts wird sich dies in einigen industrialisierten Gegenden ändern. Die Priester sprachen den Dialekt des Volkes und verteidigten dieses Verhältnis, manchmal auch gegen die Bischöfe. In Frankreich z. B. förderte der Episkopat die französische Hochsprache, weil er einen großen Vorteil in einer Zentralisierungspolitik sah. In einigen Gegenden jedoch erhob sich Widerstand. In Französisch-Flandern, dem Elsaß, der Mosel, dem Baskenland, der Provence wurde den Kindern der Katechismus ganz oder teilweise in der Muttersprache beigebracht. In nicht wenigen Fällen gaben die Bischöfe dem Druck ihres Klerus nach und gestatteten, daß zumindest in einigen Messen in »la langue vulgaire du pays« gepredigt werden durfte. In Französisch-Flandern spielte Camille Looten eine große Rolle bei der Bewahrung der flämischen Sprache. In den achtziger Jahren hatte er sich bereits für den Erhalt der Volkssprache im Katechismusunterricht eingesetzt, ihm wurden dabei aber von übermächtigen staatlichen Behörden viele Knüppel in den Weg geworfen. 1890 wurde jedoch noch in siebenundfünfzig Gemeinden des Bezirks Duinkerken und Hazebroek flämischer Katechismusunterricht erteilt. Im Fahrwasser von Looten verteidigte der Priester Gantois mit dem selben Feuereifer den Gottesdienst in der Volkssprache.[125]

Zwischen 1870 und 1914 setzten sich viele Priester für den Erhalt der regionalen Traditionen ein. Oftmals wurden sie zu Pionieren in der Erforschung der Lokalgeschichte, der Folklore, der Archäologie. Dadurch waren sie den Menschen sehr nahe, hielten Gewohnheiten und Gebräuche, eigene Sprichwörter und Ausdrücke fest.[126] In Belgien wurden in den verschiedenen Städten sogenannte »sociétés d'émulation« gegründet und Zeitschriften für das Studium der eigenen Mundart und der örtlichen Geschichte ins Leben gerufen. Mit Ausnahme einzelner, die Anhänger der Aufklärung waren, standen die Priester des 19. Jahrhunderts dem Volk sehr nah. Besonders auf dem Lande waren sie gern gesehene Leute. Man akzeptierte sie mit all ihren Eigenarten. Das Volk wußte, daß sie sich wirklich um es bemühten.

Andererseits beharrten die Bischöfe darauf, daß die Priester einen gewissen Abstand zum einfachen Volk wahrten. Das geschah nicht aus Mißbilligung des einfachen Mannes, sondern aus dem Wunsch heraus, daß der Priester sich jeglicher Form vulgären Lebens enthalte und sich nicht zu einem allzu weltlichen Lebensstil erniedrige. Das jedoch hat unweigerlich auch zur Entstehung eines »Priesterstandes« beigetragen: Man begann den Priester mehr und mehr zu den Honoratioren zu zählen, die studiert und eine gewisse Bildung genossen hatten und sich in allen Kreisen zu benehmen verstanden. In allen Seminaren war »Manuel de politesse et de convenance ecclésiastique« ein klassisches Handbuch.

Im allgemeinen kann man sagen, daß der Klerus im 19. Jahrhundert eine tatsächliche Pastoral praktiziert hat. Priester kümmerten sich darum, daß Räume für die Jugend, Heime für Ältere, Gemeindesäle gebaut wurden. Ohne sich als Gründer zu verstehen, errichteten sie religiöse Kongregationen oder wenigstens fromme Vereinigungen, die später zu Kongregationen wurden. Während der letzten Jahrzehnte des Jahrhunderts riefen sie manchmal sogar Kooperativen ins Leben, Vereinigungen gegenseitiger Hilfe, Sparkassen für Landwirte und Arbeiter. Der durchschnittliche Priester war kein Gelehrter, kein Patriot, sondern Seelsorger, und so wollte das Volk ihn auch sehen: als Mann Gottes, der sich Zeit für das Gebet nahm, Interesse für die Menschen hatte und sich einsetzte.

Vielleicht haben die Priester im 19. Jahrhundert zu spät auf die sozialen Probleme geachtet. Die Entwicklung der Zeit entglitt ihnen. Die Folgen der Industrialisierung veranlaßten sie nicht, die Pastoral neu zu überdenken, sie hielten nicht Ausschau nach Zugangsweisen, die sich eher für das Lebensgefühl der

Menschen eigneten. Sie hatten die Neigung zu einer konservativen Lebenshaltung, obwohl sich das gegen Ende des 19. Jahrhunderts – vor allem in den städtischen Gemeinden – zu ändern begann. Vor »Rerum novarum« standen die meisten Geistlichen dem, was sie »le progrès« nannten, feindlich gegenüber, ein Wort, das seit der Aufklärung einen negativen Beiklang erhalten hatte. Fortschrittliche Entwicklungen in Bildung und Kultur taten sie leichtfertig mit dem Etikett »revolutionär« ab. All dem gegenüber nahmen sie eine defensive Haltung ein. Dies traf besonders für Länder zu, die noch nicht durch die Industrialisierung oder andere soziale oder politische Faktoren in Bewegung gekommen waren. Auf lokaler Ebene ließen sich viele Beispiele für Priester finden, die ihre Einmischung in die Politik als Teil ihrer Pastoral auffaßten, besonders als Sozialisten, die sich antiklerikal gaben, eine Bedrohung für katholische Politiker zu werden begannen. Die Geschichte der Kirche in Belgien – doch nicht nur dort – liefert dafür ein beredtes Beispiel. Die belgische Kirche hat die Politik, bewußt oder unbewußt, als Mittel zur Verbreitung und Festigung des Christentums angesehen. Die Korrespondenz der Bischöfe mit den Dechanten enthält häufig politische Hinweise. Die erteilte man nicht aus parteipolitischen Gründen, sondern vielmehr aus religiöser Sorge. Weil die Kirche ihren Einfluß auf das öffentliche Leben behalten wollte, war es in ihren Augen nur konsequent, daß sie auch Stellung in politischen Angelegenheiten beziehen konnte. Erst zog man zu Felde gegen den Liberalismus, der die Arbeiter ausbeutete, danach gegen den Sozialismus, bei dem man nicht sofort erkannte, daß er sich auch für die Rechte der Arbeiter einsetzte. Der Priester war gegen Ende des Jahrhunderts ausgesprochen mißtrauisch gegenüber allem, was einer Fabrik glich, weil sie in seinen Augen ein Herd antiklerikaler Agitation zu werden drohte, ein Herd des Protestes gegen alles, was geistlich oder christlich war, der die Arbeiter völlig von der noch immer als ideal betrachteten klerikalen Gesellschaft zu entfremden drohte. Die Gemeindepriester sahen es als ihre Pflicht an, die Errichtung von Werken und Organisationen zu unterstützen, die sich zum Ziel gesetzt hatten, die Arbeiter und Bedürftigen zu beschützen. Man erinnere sich an die Vinzenz-Konferenzen, die von dem Laien A.-F. Ozanam gegründet, vom Klerus jedoch sehr empfohlen wurden, an den Gesellenverein in Deutschland, später an die Kolpingbewegung. Viele Organisationen entstanden aus Mißtrauen gegenüber dem Sozialismus, den man als Bedrohung für die Religion ansah, und weil man ein ungenügendes Interesse für die Arbeiter feststellte.

Aufgrund des Antiklerikalismus, der in vielen Ländern zum Vorschein kam, fühlte sich der Priester im 19. Jahrhundert manchmal als ein Priester in Bedrängnis, gleichzeitig lebte er jedoch in dem Bewußtsein seiner Würde und hielt auch weiter an seinem Priester-Ideal fest. Ihm war klar, daß er von einigen als ein Anachronismus angesehen wurde, zugleich aber war er zutiefst davon überzeugt, ein von Gott auserwählter Mann zu sein. In seiner Theologie fand er die nötige Kraft, in der christlichen Gemeinschaft die Rolle zu spielen, die ihm von der sakramentalen nachtridentinischen Theologie zugewiesen wurde, und auf diese Theologie gründete auch seine Spiritualität.

Die Theologie, die die Priester des 19. Jahrhunderts während ihrer Ausbildung mitbekommen haben, war zumeist recht dürftig. Da es hier nicht möglich ist, die Situation in allen Ländern detailliert zu untersuchen, seien nur die Bereiche behandelt, die ursprünglich Teil des Kirchenstaates waren. Das örtliche Konzil von Loreto 1850 stand ganz im Zeichen der Erneuerung der Priesterschaft. Sowohl die Situation in den kleinen als auch in den großen Seminaren kam zur Sprache. In den kleinen Seminaren wurden die altsprachlichen Fächer unterrichtet. Auf dem Konzil unternahm man den Versuch, sie auf das Niveau der staatlichen Schulen zu heben. Die Fächer sollten mit dem klaren Ziel unterrichtet werden, die Jungen in die Lage zu versetzen, die gediegenen Anfänge einer Theologie mitzubekommen, das Officium zu verstehen, das sie jeden Tag beten sollten. Griechisch wurde praktisch an keinem kleinen Seminar unterrichtet. Wo Mathematik angeboten wurde, geschah das nur in allerersten Ansätzen. Physik gab es nicht. Im Blick auf das spätere Priestertum legte man großen Wert auf Religion, und alle Fächer trugen einen deutlich kirchlichen Stempel. In den kleinen Seminaren herrschte eine Art Selbstverteidigungsstimmung, fast ein Gefühl von Unterlegenheit und Mißtrauen gegenüber den eigentlichen gesellschaftlichen und kulturellen Entwicklungen.

Die Moderne, die sich bereits gegen Ende des 19. Jahrhunderts zu manifestieren begann, wird scharfe Anklage gegen diesen Zustand erheben. Romolo Murri, der selbst das kleine Seminar in Fermo durchlaufen hatte, nannte die Erziehung statisch, weltfremd und den Interessen der Jugend nicht entsprechend.[127]

Wichtiger noch ist, sich die Situation an den großen Seminaren anzusehen. Auf dem Provinzkonzil von Urbino 1859 hatte man, was die Philosophie angeht, den Wunsch geäußert, daß man sich vor allem von der Lehre des Thomas von Aquin leiten lassen sollte. Einige Jahrzehnte später wird das zu einem Neo-Thomismus führen, der bald in den meisten italienischen Seminaren gelehrt wurde. Das lag im übrigen auch auf der Linie der Verschärfung von Zucht und Lehre, die die Kirche, besonders zu Beginn des Pontifikats von Leo XIII., kennzeichnete[128]. Gehorsam und Befolgung der Lehre wurden gepredigt, gegen den Geist des Liberalismus gerichtet und gegen das, was man »il progresso moderno« nannte. Die Philosophie wurde als »ancilla theologiae« betrachtet. Die philosophische Kultur, die die Seminaristen mitbekamen, schien daher immer mit dem Schema verknüpft, das in früheren Zeiten Geltung hatte. Von liberaler Seite wurden die Priester – nicht ganz zu Unrecht – kultureller Gleichgültigkeit und fehlenden Interesses für die Wissenschaft beschuldigt. Durch das traditionelle Gepäck, das sie in den großen Seminaren aufgeschnürt bekommen hatten, fehlten den Priestern die nötige Offenheit und Kreativität, um neue Wege einzuschlagen. Das Handbuch von Perrone[129], das für dogmatische Theologie verwendet wurde, war solide, aber überwiegend spekulativ und trocken, was die Präsentation betraf, es bot starre Konzepte. Die Moraltheologie war wie überall vor allem kasuistisch angelegt, es dominierte eine strenge Moral. P. Scavini, dessen Buch in den Seminaren maßgeblich war, trat unerbittlich für den Erhalt der Rechte und Vorrechte der Kirche ein.[130] Dem großzügigeren

Handbuch des Redemptoristen Panzuti[131] warf man Laschheit vor, obwohl dieser Autor auch nicht freizusprechen ist von langen akademischen Ausschweifungen und nicht zu der tieferen Problematik der moralischen Tat vorstieß.

Die Handbücher der Exegese blieben ebenfalls der traditionellen und antirationalistischen Sphäre verhaftet. Ein viel benutztes Handbuch war Zama Mellinis »Institutiones biblicae sive dissertationes isagogicae in S. Scripturam«. Es zeugte von Bildung, eine echte Exegese jedoch, bei der nach dem religiösen Gehalt des heiligen Textes gesucht wurde, fehlte. Kirchliches Recht wurde streng juristisch aufgefaßt. Man konnte darin nicht die geringste pastorale Sorge erkennen. Dies mußte unweigerlich seinen Niederschlag in der Mentalität des derart ausgebildeten Klerus finden.

Kirchengeschichte war völlig nebensächlich, und die benutzten Handbücher endeten mit dem Konzil von Trient.[132] Die Liturgie war reduziert auf eine minutiöse Erläuterung der Rubriken während der Zeremonien[133]. Die geistliche Sprachgewandtheit achtete mehr auf die Form als den Inhalt.

Man kann zu dem Schluß kommen, daß bis gegen Ende des 19. Jahrhunderts für echte Offenheit kein Raum war. Die scholastische Theologie beschränkte sich auf spekulative Betrachtungen. Das hieß, daß die künftigen Priester außerhalb der gesellschaftlichen Entwicklung standen, außerhalb des wissenschaftlichen Fortschritts, außerhalb der Quellen der Kultur, außerhalb der wirklichen Probleme des Lebens.

Es ist bekannt, daß die Theologiestudenten der einzelnen Seminare (z. B. Macerata, Urbino) anfangs die Gelegenheit erhielten, an den Universitäten der entsprechenden Städte Fächer zu belegen, die an den Seminaren nicht angeboten wurden. Doch auch an diesen Universitäten war wenig von Neuerung zu merken. Man verwendete die gleichen Handbücher wie in den Seminaren, und von der kirchlichen Behörde wurde darauf gedrungen, daß man streng auf die Reinheit der Lehre achtete. 1860, als der Kirchenstaat zu existieren aufhörte, wurden die theologischen Fakultäten dieser Universitäten aufgelöst, und von da an wurde Theologie nur noch in den Priesterseminaren gelehrt.

Um der Ausbildung künftiger Professoren zuzuarbeiten, erhielt jede Diözese fortan jedes Jahr die Möglichkeit, einen ihrer besten Studenten in das Seminario Pio in Rom zu schicken. Dieses Seminar, untergebracht in dem Apollinaris-Studienhaus, war 1853 von Pius IX. mit der ausdrücklichen Zielsetzung eingerichtet worden, das Ausbildungsniveau im Kirchenstaat zu erhöhen. Dort widmete man sich sonst nicht gegebenen Fächern wie Hebräisch, dem neutestamentlichen Griechisch und der Kirchenväterlehre. Dort konnte man auch den Doktor in Theologie und in kirchlichem Recht machen.

Um das Studium des Thomismus voranzubringen, wurde in verschiedenen Städten eine Akademie nach dem Modell der Academia di San Tommaso eingerichtet, die 1879 in Rom von Leo XIII. neu organisiert worden war. 1900 wurde als Handbuch – Konsequenz einer ausdrücklichen Empfehlung der Kurie – die Summa des Heiligen Thomas empfohlen. Es bildete sich eine »römische Schule« der Theologen, die den Thomismus für wichtig, jede andere Form eines theologischen Glaubenszugangs diesem jedoch unterlegen hielten. Historische und patristische Forschung wurden als weniger bedeutsam angesehen. In der Exegese vernachlässigte man die Hilfswissenschaften wie Philosophie oder biblische Archäologie. Gelegentlich wurde das Argument der Macht mißbraucht, und man merkt eine gewisse Geringschätzung gegenüber der Kenntnis moderner Kultur und aktueller Probleme wie Evolutionslehre oder Marxismus. Mit einem gewissen akademischen Wohlbehagen hielt man an der scholastischen Methode fest, wie langweilig und formalistisch sie auch immer sein mochte. Die Kirche wurde als vollkommene Gesellschaft dargestellt.

Gegen Ende des 19. und zu Beginn des 20. Jahrhunderts wies das theologische Studium an den europäischen Seminaren – bis auf wenige Ausnahmen – die Kennzeichen der römischen Schule auf. Die als Modernisten bekannten italienischen Professoren wie Murri, Buonaiuti, Minocchi und sogar der unverdächtige

Vincenco Ceresi haben auf die Unbeweglichkeit und die Abgeschlossenheit der Seminarausbildung sowie die Einseitigkeit des Studiums hingewiesen, bei der wissenschaftliche Forschung nicht möglich war.[134] Gerade dieses konservative Denken hat den sogenannten modernistischen Tendenzen Nahrung geliefert.[135]

Die Teilnahme an der Messe hatte, was die geistliche Bildung der Seminaristen angeht, den Vorrang, die Betonung liegt dabei aber auf dem Hören der Messe, der Anwesenheit, weniger auf der aktiven Teilnahme. Die Messe wurde als die Gnadenquelle schlechthin angesehen. In der Praxis jedoch rangierte sie nicht viel höher als andere geistliche Übungen, war eine Gelegenheit neben anderen, das geistliche Leben zu pflegen. Die Kommunion wurde von der Messe ganz getrennt gesehen. Die Seminaristen kommunizierten durchweg nur alle vierzehn Tage einmal; wer die höheren Weihen erhalten hatte, konnte einmal in der Woche zur Kommunion gehen. Man überließ die Häufigkeit des Empfangs der Eucharistie im übrigen dem Beichtvater, und dieser sah die Kommunion eher als Belohnung für ein tugendhaftes Leben an denn als Ermutigung, Stärkung und Zeichen der Verbundenheit. Die Häufigkeit der Beichte hing mit der der Eucharistie zusammen. Man sollte möglichst einen festen Beichtvater haben.

Die Meditation war eine weitere wichtige Praxis, die im Tagesprogramm eines guten Seminaristen nicht fehlen durfte. Man meditierte morgens etwa eine halbe Stunde. In Gedanken verweilte man bei den ewigen Wahrheiten, dem Leben Christi und den Pflichten des geistlichen Standes. Abends wurde das Gewissen erforscht, dabei sollte man die Fehler des vergangenen Tages bereuen und den Vorsatz fassen, sich zu bessern.

In der Ausbildung der Seminaristen nahmen die einzelnen Frömmigkeitspraktiken eine eigene Stellung ein. Besondere Aufmerksamkeit wurde der Eucharistie in Form des Besuchs des Heiligen Sakraments und der Anbetung gewidmet. Auch die marianische Frömmigkeit wurde hervorgehoben: Rosenkranz, Angelus, das kurze Officium Unsrer Lieben Frau für den, der noch nicht an das Breviergebet gebunden war. An marianischen

Festen bestand die Gelegenheit, Maria einen geistlichen Strauß zu schenken. Auch die Verehrung einiger Heiliger war bedeutsam, wie etwa die des Aloysius, dem Patron der Jugend. Jedes Zimmer oder jede Zelle des Seminars trug den Namen eines Heiligen. Als Vorbereitung auf liturgische Feste (und in einigen Seminaren auch an jedem Freitag) wurde der Kreuzweg gebetet. Das hauptsächliche Ziel der verschiedenen devotionalen Praktiken war die Förderung der Frömmigkeit und christlichen Tugenden, um sich auf diese Weise auf ein würdiges Priesterleben vorzubereiten. Um die Jahrhundertwende schrieb R. Murri, daß man, was die Ausbildung der Seminaristen anging, Gefahr lief, die innerliche Vitalität des Geistes zu vernachlässigen, indem man sich derart krampfhaft an der Einhaltung der »geistlichen Übungen« festhielt.[136]

In den meisten europäischen Seminaren folgte man dem Trend der katholischen Spiritualität Italiens. Auf der Grundlage eines gewissen Individualismus und einer persönlichen Verehrung stützte sich die Frömmigkeit stark auf das Gefühlsmäßige. Dies geschah allein schon beim Lesen der Seminarstatuten. So war man gehalten, sich nach dem Gespräch in liebevoller Dankbarkeit zurückzuziehen, wobei die Seminaristen ihre ganze Affektivität wirken lassen sollten. Das Gebet zu Unserer Lieben Frau sollte warmherzig und innig sein. Im Monat Mai sollte man sich der lebendigen, warmen und zärtlichen Verehrung Mariens hingeben.

Was man den Seminaristen beibrachte, war eine affektive Frömmigkeit, wie man sie auch in der französischen Spiritualität antrifft. In dieser Spiritualität wurden die Seminaristen auf die Gefahren einzelner Freundschaften hingewiesen. Um dem Zölibat die Treue zu halten, mußten sie ihre Affektivität in der Liebe zu übernatürlichen Realitäten ausleben können. Diese doch künstlich wirkende Frömmigkeit hat nichtsdestotrotz eine Reihe pastoral-engagierter Persönlichkeiten hervorgebracht (Don Bosco, Angello Roncalli).

Bei den Frömmigkeitsübungen wäre noch die jährliche Retrait zu nennen, eine Zeit geistiger Zurückgezogenheit, verstanden als eine »temps fort« des innerlichen Lebens, eine Zeit der Einkehr, Stille, Nach-innen-Gewandtheit, der Konzentration auf Gott, der Sorge um persönliche Heiligung und des Nachdenkens über die Größe des Priestertums.

Während der Ausbildung wurde allem, was die Zucht betraf, viel Aufmerksamkeit gewidmet. In Süditalien warnte man die Seminaristen davor, eitel zu sein und sich nach modischen Neuheiten umzusehen. Einen Spiegel zu besitzen galt als zu locker. Bücher, die man vielleicht mit nach Hause brachte, wurden einer gründlichen Untersuchung unterzogen, und alle Werke wurden einbehalten, die von der Konzentration auf Gott hätten ablenken können.

In Frankreich unterschied sich die Situation in den Seminaren nicht wesentlich von der in Italien. Auch in den meisten französischen Seminaren blieb das Studium oftmals unter Niveau.[137] Die Professoren selbst hatten meist wenig studiert, waren nicht wirklich spezialisiert und nicht im Besitz eines höheren Diploms. Oft hatten sie keine Erfahrung, obgleich einige von ihnen Autodidakten waren, die den universitär Ausgebildeten nicht unterlegen waren. Bei den Sulpicianern warnte man vor einem übertriebenen Eifer für das Studium, weil das zu Lasten der Frömmigkeit gehen konnte.

Von den Professoren wurde verlangt, daß sie »des serviteurs utiles du clergé, lequel a bien plus besoin encore de prières, des exemples et de la direction de ceux qui sont chargés de le former, que de leur enseignement, et à qui la piété est beaucoup plus nécessaire que la science profonde et étendue« sein sollten.[138] Den Priestern, die in diesen Instituten ihre Ausbildung erhalten hatten, legte man nahe, daß sie – wenn sie erst einmal Verantwortung für die Seelsorge in einer Gemeinde trügen – den Rhythmus ihrer Ausbildungsjahre möglichst beibehalten sollten. So kam es zur Ausbildung des oben beschriebenen Typs von Priester im 19. Jahrhundert.

Deutschland nimmt hinsichtlich der Priesterausbildung eine eigene Stellung ein. In diesem Land gab es drei Zentren für wissenschaftliche Bildung und theologische Forschung. Damit verbunden waren auch bestimmte Gefahren, die sich mit jeder Forschung und jedem Versuch einer Neuinterpretation ergeben können.

Da war zunächst einmal die Schule von Tübingen. In der bereits erwähnten Zeitschrift »Tübinger Theologische Quartalschrift« wurden die theologischen Probleme gründlich angegangen. Dabei stieß man auf die Bedeutung und den Wert der historischen Methode. Man beachtete stärker das »Leben« des Dogmas als dessen Metaphysik, untersuchte die Folgen des Faktums Christentum und Offenbarung in der Geschichte.[139]

Daneben gab es noch den Münchener Kreis. Auch hier arbeitete man an einer Erneuerung der Theologie und suchte engeren Kontakt mit den Laien herzustellen, die sich von der Kirche zu entfremden schienen. Sie mußten von ihren Minderwertigkeitsgefühlen befreit werden. Döllinger wollte sie davon überzeugen, daß sie die Fähigkeit besaßen, den protestantischen Rationalismus mit gleichen Waffen zu schlagen. Er betonte, daß sie in allen Problemen, die nicht unmittelbar das Dogma berührten, wissenschaftlich frei waren.[140]

In Mainz, dem dritten Zentrum, galt das hauptsächliche Interesse nicht den Intellektuellen, sondern dem durchschnittlichen Menschen: dem Landwirt, Arbeiter, Mittelständler, dem Menschen guten Willens, der an der Kirche interessiert war. Mit dem Blick auf diese Zielgruppe läßt es sich verstehen, warum man der Ausbildung der künftigen Priester soviel Aufmerksamkeit widmete. Im Gegensatz zu Tübingen und München wehrte man sich gegen ein Bildungssystem, bei dem man das philosophische und theologische Studium an einer staatlichen Universität machen konnte. Man wollte hier das System durch ein solches wie in Frankreich ersetzen, wo die Priesteramtskandidaten abgesondert wurden und eine eher abgeschlossene Erziehung erhielten.

In Deutschland suchte man durchweg nach Annäherung, wurden die theologischen Probleme und das Verhältnis zum Rationalismus neu angegangen. Faktisch war es das einzige Land Westeuropas, wo wirklich kreativ nachgedacht wurde. Dies wiederum findet auch seinen Niederschlag im Typus des deutschen Gemeindepriesters.

Erneute Suche nach der Identität des Priesters

Die Katholische Aktion, die seit dem Pontifikat Pius XI. ins Leben gerufen worden war und besonders von Cardijn Impulse erhalten hatte, wurde von der Geistlichkeit anfangs propagiert und mitgetragen. Der Akzent lag auf der Aktion, der Beeinflussung der Masse, dem Einsatz für die geistliche Auffrischung der verschiedenen sozialen Klassen der Gesellschaft. Gegen Ende des Interbellum waren die meisten Priester in einem der zahlreichen Apostolatswerke, die entstanden waren, aktiv. Damit die Priester jedoch keine allzu große Aktivität an den Tag legten, die sie zu sehr in Beschlag nehmen würde, hatte Dom Chautard 1937 ein Buch veröffentlicht – »L'âme de tout apostolat« [franz. Die Seele eines jeden Apostolats] –, worin er hervorhebt, daß die absolute Bedingung für ein fruchtbringendes Apostolat ein tiefes, innerliches Leben sei. Das Buch wurde allen Seminaren wärmstens empfohlen und fand seinen Weg auch in die meisten Priesterbibliotheken.[141]

In jenen Jahren gelangte man jedoch allmählich zu der Überzeugung, daß das geistliche Leben und die äußerliche Aktivität des Priesters nicht voneinander getrennt werden durften. Nicht allein im Gebet konnte Gott gefunden werden, sondern ebenso in allen Lebenssituationen, wenn man nur die rechte Einstellung dazu hatte. Bemerkenswert war, daß damals auch traditionelle Apostolatsmethoden in Frage gestellt wurden. Man fragte sich, ob Gemeinden und Gemeindepriester noch länger die richtige Antwort auf die neu entstandene weitreichend nicht-kirchliche Situation sein könnten.

Das Experiment der Arbeiterpriester[142], das erst in Frankreich und später in den meisten westeuropäischen Ländern Eingang fand, war der Versuch, den Priester näher zu den Menschen zu bringen, denn durch die traditionellen Gemeindestrukturen erreichte man sie nicht mehr. Nach dem Zweiten Weltkrieg trat eine Reihe von ehemaligen Kriegsgefangenen in die verschiedenen Seminare ein. Sie waren meist persönlich reifer als die übrigen Seminaristen und kannten die Welt auch besser. Ihnen mußte die Ausbildung, die die zukünftigen Priester erhielten, aufgrund ihrer Erfahrungen in den Kriegsgefangenenlagern einfach unpassend vorkommen. 1943 war das Buch von H. Godin und Y. Daniel »La France, Pays de mission?« [franz. Frankreich – ein Missionsland?] erschienen, und dieses hatte ebenfalls ein negatives Bild von der religiösen Situation in Frankreich gezeichnet. So war auch auf diese Weise die Überzeugung gewachsen, daß man, um näher bei den Menschen zu sein, nach neuen Formen Ausschau halten mußte.[143]

Der Erzbischof von Paris, Kardinal Suhard, war sich bewußt, daß das traditionelle Verhältnis von Priestern und Gläubigen nicht länger mehr befriedigen konnte. In zwei bekannten und einflußreichen Hirtenschreiben – Essor ou déclin de l'Eglise (1947) [franz. Aufschwung oder Niedergang der Kirche] und Le Prêtre dans la Cité (1949) [franz. Der Priester in der Stadt] – wird er sich deutlich in dieser Weise äußern. Wichtiger noch ist, daß er zwei Experimente guthieß, die sich zum Ziel gesetzt hatten, die Kluft zwischen Kirche und Gottesvolk zu überbrücken: die »Mission de Paris«, eine Priestergemeinschaft, die die Präsenz des Priesters bei denjenigen zu garantieren versuchte, die durch die Gemeindestrukturen nicht mehr erfaßt wurden; und die »Mission de France«, ein interdiözesanes Seminar, das den Priestermangel in bestimmten Gegenden Frankreichs ausgleichen sollte. Die meisten Arbeiterpriester machten bei der »Mission de Paris« mit. Aus Überzeugung hielten sie sich nicht mehr sklavisch daran, wie man früher Priester erlebt hatte, sondern versuchten, die Botschaft des Evangeliums auf eine für den heutigen Menschen verständliche Weise zu übersetzen.

Kardinal Suhard hatte darauf hingewiesen, daß Anpassung an die Welt keinesfalls »von der Welt sein« oder »die Normen der Welt zu den eigenen machen« heißen dürfte. In der Praxis jedoch war das gar nicht so leicht. Nicht selten war der edelmütige Einsatz derer, die sich als Arbeiterpriester anboten, größer als ihr Unterscheidungsvermögen. In ihrer philosophisch-theologischen Ausbildung waren sie nur ungenügend auf die Kontroverse mit der Ideologie des Marxismus vorbereitet worden. Ihre Solidarität mit den Arbeitern brachte sie dazu, zusammen mit Kommunisten an Demonstrationen zu Lohnforderungen und Streiks teilzunehmen und Aufforderungen zu unterstützen, Mitglied in kommunistisch orientierten Gewerkschaften zu werden.

In Rom befürchtete man, daß die Arbeiterpriester zu sehr in dem Ideal der menschlichen Befreiung aufgehen und dabei ihren eigentlichen priesterlichen und pastoralen Auftrag aus den Augen verlieren würden. 1953 rief Nuntius Marella die französischen Bischöfe und Äbte zusammen, um sie von dem Wunsch Roms in Kenntnis zu setzen, daß das Experiment abgebrochen werden sollte. Diese Maßnahme sorgte in Frankreich und in den anderen Ländern, wo das französische Experiment Nachfolger gefunden hatte, für einen allgemeinen Aufruhr, um so mehr, als im Jahr zuvor Gilbert Cesbron den Roman »Les saints vont en enfer«, in welchem die Arbeiterpriester als Heilige gezeichnet werden, auf den Markt gebracht hatte. Nach zähen Verhandlungen wurde gestattet, daß einige Priester weiter tätig bleiben durften, wenn sie bereit wären, auf ein paar Bedingungen einzugehen: Sie sollten ein gewisses Lebensalter erreicht haben, nur drei Stunden pro Tag arbeiten und mit anderen Priestern in einer Gemeinschaft leben.

Nicht alle Arbeiterpriester waren bereit, auf diese Bedingungen einzugehen. Der Konflikt schwelte weiter. 1959 meldete das Heilige Officium den Bischöfen, daß Roms Entschluß unwiderruflich sei. Es dürften keine Priester mehr als Arbeiter in das Arbeitermilieu geschickt werden, denn das sei mit der sakralen Lebenssphäre, in die sie gehörten, unvereinbar. Die Integrität des Priesterums müsse unbedingt gewahrt bleiben. Heute fällt es schwer, diese Gründe als hinreichend anzusehen. Um den Grund für die Aussetzung des Experiments zu verstehen, muß man es im Gesamtkontext der internationalen Situation von damals und der langen Geschichte der katholischen Kirche sehen.[144] Es war die Zeit des kalten Kriegs, in der sich zwei Blöcke gegenüberstanden; im kommunistischen Ostblock gab es nur die Kirche der Stille; im Westen das vatikanische Europa mit der strengen und unbeugsamen Kirche Pius' XII. mit ihrer autoritären Zentralisierung, dem Officium, dem theologischen Dogmatismus, der starren Liturgie, dem mächtigen Netz von Einrichtungen, Gemeinden, Organisationen, christlichen Syndikaten, Christdemokratien. Zugleich gab es aber in dieser Kiche auch bereits ein apostolisches Suchen nach mehr Offenheit, einem missionarischen Geist, der sich vielfältig äußerte, einem fortschrittlichen Flügel in der Kirche, der sich über seinen Minderheitenstatus im klaren war. Eine wirklich einheitliche Front existierte nicht, doch waren es insbesondere die Arbeiterpriester gewesen, die die Zielscheibe von Vorwürfen waren. Es heißt, das Patronat, die französische Regierung, die integristischen Katholiken hätten in Rom gegen sie agitiert. Beweise im eigentlichen Sinn gibt es dafür nicht, dafür zahlreiche Vermutungen. Auf jeden Fall steht die feindselige Haltung der »Action catholique ouvière« und der christlichen Syndikate fest.

Es wäre verkehrt, die ganze Sache auf die Spannung zwischen Links und Rechts oder Fortschritt und Traditionalismus zurückzuführen. Faktisch sind die Arbeiterpriester in ein Abenteuer geschlittert, auf das sie nicht vorbereitet waren. Bischöfe, Priester, Theologen, Gläubige, alle reagierten auf ihre Weise, aus ihrer Überzeugung und Empfindung heraus, niemand aber hat in jenen Jahren die Dimension der Probleme, die sich stellten, abschätzen können. Faktisch hat die Kirche durch das Experiment der Arbeiterpriester pastorale Erfahrungen gesammelt. Für die Arbeiterpriester selbst war es eine menschliche, kulturelle, soziale und religiöse Erfahrung ohnegleichen, für die die internationale politische Konjunktur den Rahmen abgab. Zwei Faktoren haben zu einer Verschärfung der Situation geführt. Zunächst einmal die unerschütterliche Haltung des Heiligen Stuhls, andererseits die militante Unbeugsamkeit der Arbeiterpriester. Es war nicht die Zeit von Nachgiebigkeit oder Verhandlungen: Seit dem Verbot des Officiums vom 1. Juli 1949, mit den Kommunisten zusammenzuarbeiten, hatte die systematische Demontage des sogenannten christlichen Fortschritts begonnen.

Man war weit entfernt von dem, was man später in Italien als »apertura a sinistra« bezeichnete.

Der Heilige Stuhl hatte jedoch nicht auf eigene Initiative hin die Aufhebung der Priesterarbeiter betrieben, der Anstoß dafür ging wahrscheinlich insbesonders von der »Action catholique ouvrière« aus. Auf jeden Fall hat der Papst die Maßnahme gutgeheißen, obwohl drei führende Kardinäle nach Rom gereist waren, um sich für das Experiment zu verwenden. Der Papst war mit einem gewissen Fortschritt einverstanden, allerdings nur bis zu einem bestimmten Grad. Er wollte auf keinen Fall weitergehen als der Fortschritt der »Action catholique ouvrière«. Es gab eine Grenze, die er nicht überschritten wünschte. In zwei Punkten jedoch hatte das Experiment diese Grenze übertreten. Der erste betraf die Priesterausbildung und die Auffassung vom Priester, die seit Trient in Ehren gehalten wurde, daß nämlich der Priester der Welt enthoben sei und zuständig für das Geistliche, während die Welt als Domäne den Laien vorbehalten bliebe. Weiter waren unter den Laien Bewegungen entstanden, die von der Kirche inspiriert waren und zum Ziel hatten, die Gesellschaft zu rechristianisieren.

Allein schon durch ihre Existenz hatten die Arbeiterpriester den langsamen Wiederaufbau der christlichen Gesellschaft durch die Laien in Frage gestellt. Zwischen der »Action catholique ouvrière« und den Arbeiterpriestern bestand – wie E. Poulat es sagt – nicht so sehr eine Konkurrenz, sondern eine fundamentale Inkompatibilität. Indem er Arbeiter wurde, laiisierte sich der Priester. Er betrat die Sphäre, die nicht für den Priester bestimmt war, und verließ die geistliche Sphäre.

Nach dem II. Vaticanum erhält der Erzbischof von Paris, Kardinal Veuillot, 1965 von Papst Paul VI. die Erlaubnis, in eigener Verantwortung das Experiment fortzuführen. So stößt man dann in verschiedenen westeuropäischen Ländern erneut auf Arbeiterpriester, die jedoch nicht mehr in den Schlagzeilen der Medien stehen. Daß sie nun weniger Aufsehen erregen, verdankt sich der Tatsache, daß sich inzwischen auch in deren Umgebung, beim Klerus, bei dem Lebensstil der Priester wie auch bei der Vorstellung, die sie sich von ihrer eigenen Identität und Verantwortlichkeit gemacht haben, einiges getan hatte. Das Konzil hatte sich noch einmal dem Selbstverständnis des Priesters zugewandt, das aber wird an anderer Stelle dieses Buches ausführlich zur Sprache kommen.

Von welcher Warte aus man die jüngere Geschichte der Kirche auch betrachtet, man kann sich des Eindrucks nicht erwehren, daß Westeuropa in den letzten Jahrzehnten, was die Identität des Priesters betrifft, mit einer ernsten Krise zu tun hatte. Dennoch ist es wichtig, daran zu erinnern, daß die Krise nicht in allen Ländern in gleicher Weise verlaufen ist, nicht einmal in allen Regionen eines einzelnen Landes, etwa in Spanien, wo sich das Verhältnis der Zahl der Priester zu der Zahl der Einwohner in den letzten zweihundert Jahren drastisch verändert hat: 1769 kam ein Priester auf 141 Einwohner; 1958 dagegen kam ein Priester auf 1.264 Einwohner.[145] Man muß dabei jeweils auch die inneren Verschiebungen und die unterschiedlichen historischen Situationen berücksichtigen. Dort, wo im 19. Jahrhundert die überwiegende Mehrzahl der Priester vom Lande stammte (wie in Frankreich), da ist die gleiche Region nun weitgehend entchristlicht und kommen mehr Berufungen in Arbeiterfamilien vor.[146] Fast überall in Westeuropa nahm die Zahl der Großstädte zu, wuchsen die Vorstädte, und das brachte eigene Probleme mit sich, während die ländlichen Gebiete mehr und mehr entvölkerten. Darauf wird sich die Seelsorge künftig einzustellen haben, und entsprechend wird sich auch die Vorstellung vom Gemeindepriester mit diesen Veränderungen abstimmen müssen.[147]

[84] Zur Entwicklung der Gemeinden in den Niederlanden hat E. de Moreau einen interessanten Beitrag verfaßt: »Comment naquirent nos plus anciennes paroisses en Belgique«, in: NRT 65 (1958), 926–946.

[85] Zu dem Komplex insgesamt vgl. G. Bardy (Hg.), Prêtres d'hier et d'aujourd'hui, Paris 1954.

[86] MGH, Capitul. I, 24–26.

[87] C. Vogel, La discipline pénitentielle en Gaule des origines à la fin du 7e siècle, Straßburg 1952.

[88] MGH, Capitul. I, 24–26.

[89] E. Vydouval, Les examens du clergé paroissial à l'epoque carolingienne, in: RHE 14 (1913), 81–96.

[90] R. Laprat, Le sacerdoce chrétien du 6e au 9e siècle, in: G. Bardy, a.a.O., 63–111.

[91] Pl CXXV, 777–792.

[92] J.-F. Lemarignier, Le sacerdoce et la société chrétienne de la fin du IXe au milieu du XIIe siécle, in: G. Bardy, a.a.O., 113–152.

[93] G. le Bras, Le clergé dans siècles du moyen-âge, in: Prêtres d'hier et d'aujourd'hui, Paris 1954, 153–181.

[94] R. R. Post, Kerkelijke verhoudingen in Nederland voor de Reformatie, Utrecht-Antwerpen 1954, 410. Was hier von den Niederlanden berichtet wird, gilt, mit leichten Abweichungen, auch für andere westeuropäische Länder.

[95] Zu den verschiedenen Kategorien von Priestern vgl. u. a. M. Aubrun, La paroisse en France des origines au XVe siécle, Paris 1986. Präbenden (Einkommen aus einem kirchlichen Gut oder kirchlichen Amt) und Benefizien (Lehen, deren Nießnutz man besaß) waren im Mittelalter bei Stellenbesetzungen oft ausschlaggebend. In späteren Jahrhunderten wird das System als solches verschwinden, häufig jedoch wird bei der Vergabe einer Funktion der finanzielle Aspekt eine Rolle spielen.

[96] R. R. Post, Kerkelijke verhoudingen ..., 42; ID. Kerkgeschiedenis van Nederland in de Middeleeuwen, Utrecht-Antwerpen 1957, II, 278. Auch G. le Bras, Institutions ecclésiastiques de la chrétienté médiévale (Fliche-Martin 12), Paris 1959.

[97] J. Loehr, Methodisch-Kritische Beiträge zur Geschichte der Sittlichkeit des Klerus besonders der Erzdiözese Köln am Ausgang des Mittelalters (Reformationsgeschichtliche Studien und Texte 17), Münster 1910, 67.

[98] Für die Niederlande vgl. R. R. Post, Kerkelijke verhoudingen ..., 136.

[99] Man denke etwa an die Ironie, mit der Erasmus in dem »Lob der Faulheit« die Mängel der Geistlichkeit zeichnete. Nebenbei sei angemerkt, daß Thomas Morus in seiner »Utopia« ein Bild der Priester entwarf, wie er sie sich erträumte. Er sah sie als Menschen mit tadellosem Lebenswandel, die es daher (typisch, daher!) nur in geringer Zahl gab. Er erwähnt die Frauen der Priester, dabei wie selbstverständlich hinnehmend, daß sie verheiratet sein konnten, und schließt diese Frauen nicht einmal vom Priesteramt aus.

[100] J. Huizinga, Herfstij der Middeleeuwen, 8. Aufl., Harlem 1952. Zur Priesterausbildung in Deutschland vgl. F. W. Oedinger, Über die Bildung der Geistlichen im späten Mittelalter, Leiden 1943.

[101] Ein gutes Bild der christlichen Gemeinschaft in der Gegend von Florenz zeichnet Ch. M. de la Ronciere, Les communautés chrétiennes et leurs curés, in: J. Delumeau, Histoire vécue du peuple chrétien, I, Toulouse 1979, 281–314.

[102] R. Gryson, Les origines du célibat ecclésiastique du premier au septième siècle (Recherches et Synthèses, Coll. Hist. 2), Gembloux 1970.

[103] »... ne cum uxoris suis possent carnale exercere commercium«. PL 56, k. 558.

[104] R. R. Post, Kerkelijke verhoudingen ..., 100; vgl. auch P. Adam, La vie paroissiale en France au XIVe siècle, Paris 1964, 151–158.

[105] Nach R. R. Post können, als die Gegenreformation einsetzte, etwa 25 % der Priester im Konkubinat gelebt haben (vgl. Kerkelijke verhoudingen ..., 125).

[106] H. Jedin, Das Leitbild des Priesters nach dem Tridentinum und dem Vatikan II, in: Theologie und Glaube 60 (1970), 102–124.

[107] »Ut habitu, gestu, sermone aliisque omnibus rebus, nil nisi grave, moderatum ac religione plenum prae se ferant«. Sess. XXII cap. 1.

[108] Sfora pallavicino, Istoria del Concilio di Trente, II, Rom 1657, 254. Das Dekret »Cum adolescentium aetas« wurde während der 23. Session (cap. 18U) erlassen. Vgl. hierzu J. O'Donohoe, Tridentine Seminary Legislation. Its Sources and its Formation, Löwen-Boston 1957; H. Jedin, L'importanza del Decreto tridentino sui seminari nella vita della Chiesa, in: Seminarium 15 (1963), 396–412.

[109] R. Pourrat, Jean-Jacques Olier, fondateur de Saint-Sulpice, Paris 1932.

[110] In der Einleitung zur Directoire schrieb er: »La premiére et la dernière fin de cet institut est de vivre souverainement pour Dieu, dans le Christ Jésus Notre Seigneur, de telle sorte que les dispositions intérieures de son Fils pénètrent le plus intime de notre coeur et que chacun puisse dire de soi ce que S. Paul affirmait avec confiance de lui-même: ›Le Christ est ma vie‹ [...] Telle sera l'unique esperance de chacun, son unique médidation, son unique exercise: vivre intérieurement de la vie du Christ.«

[111] In einer Reihe von Werken hat M. Olier das Spiritualitätskonzept der französischen Schule popularisiert, u. a. in: La journée chrétienne (1655), in: Catéchisme chrétien pour la vie intérieure (1656), und in: Introduction à la vie et aux vertus chrétiennes (1657).

[112] Nach P. Pourrat, Le sacerdoce. Doctrine de l'Ecole française, Paris 1931, 101.

[113] Ein gutes Bild eines gegenreformatorischen Priesters zeichnet A. Molinier, Curés et paroissiens de la Contre-Réforme, in: J. Delumeau (Hrsg.), Histoire vécue ..., 69–91.

[114] B. Plongeron, La vie quotidienne du clergé français au XVIII siécle, Paris 1974.

[115] A. de Roskovany, De coelibatu et Breviario, 5 Bde. [3 und 4 Supplementa ad collectiones monumentorum en litterature], Nitro 1888.

[116] E. Keller, Die Konstanzer Liturgiereform unter Ignaz Heinrich von Wessenberg, Freiburg 1965.

[117] Unter ihnen hatten einige (in England, Spanien und Deutschland) Erinnerungen hinterlassen mit Überlegungen zu der Lebensweise der Priester und zu den Anpassungen, die erforderlich wurden. Vgl. P. de la Gorce, Histoire religieuse de la révolution française, IV, Paris 1923, 260–261.

[118] J. Leflon, Monsieur Emery (2), Paris 1944.

[119] L. de Clercq, Le »Memoriale vitae sacerdotalis« de Claude Arvisenet, in: Collectanea Mechliniensia 23 (1934), 321–326. Die Oevres complètes d'Arvisenet wurden 1856 von Migne herausgegeben.

[120] P. Broutin, La piété sacerdotale au début du XIXe siècle, in: Revue d'ascétique et de mystique 20 (1939), 158–180.

[121] Theologische Quartalschrift 150 (1970), 40–41. Für das Studium des Zölibats in größeren Zusammenhängen vgl. W. Leinweber, Der Streit um den Zölibat im 19. Jahrhundert, Münster 1978.

[122] Eine andere Meinung vernimmt man bei P. Boll, Erzbischof von Freiburg, vgl. Theol. Quartalschr. 1 (1832), 594–603.

[123] Ein Jahr später in Buchform erschienen: W. Talmadge, Letters from Florence on the Religious Reform Movement, London 1866.

[124] In Mechelen und in anderen belgischen Bistümern wurden Formulare gedruckt: »Conceditur Rev. mo Domino … licentia utendi rota dicta ›bicyclette‹ (non motocyclette) in open minitrii intra propria paroeciae fines exercendi«.

[125] M. Nuyttens, Camille Looten (1855–1941). Wetenschapsman en Frans-Vlaams regionalist, (Diss.) Löwen 1978; Jean-Marie Gantois et le mouvement flamand en France (1909–1939), in: C. Gras und G. Livet (Hrsg.), Régions et régionalisme en France du XVIIIe siècle à nos jours, Paris 1977, 327–336.

[126] Für Frankreich vgl. G. Cholvy, Régionalisme et clergé catholique au XIVe siècle, in: C. Gros und G. Livet (Hrsg.), Régions et régionalisme en France du XVIIIe siècle à nos jours, Paris 1977, 187–202.

[127] R. Murri, Battaglie d'oggi. II. La cultura del clero, Rom 1904, 30–31.

[128] R. Aubert, Aspects divers du néo-thomisme sous le pontificat de Leon XIII, in: Aspetti della cultura nell'età di Leone XIII, Bologna 1962, 133–227; G. Martina, Il neo-tomismo, in: R. Aubert, Il pontificato di Pio IX, Turin 1964, 808–811.

[129] Praelectiones theologiae doqmaticae, 9 vol., 1835–1842.

[130] P. Scavini, Theologia moralis universa ad mentem S. Alphonsi de Ligorio, Milano 1869.

[131] Theologia moralis, Neapel 1824.

[132] P. del Signore, Storia della Chiesa, 4 vol., 2. Aufl., Rom 1837–1846.

[133] G. Giovanni Fornici, Institutiones liturgicae, Rom 1825.

[134] R. Murri, Battaglie d'oggi. II. La cultura del clerico, Rom 1904, 30–31.

[135] R. Boudens, Image und Training of the Priest in Italian Modernism, in: Louvain Studies 4 (1973), 351–361.

[136] R. Muggi, Battaglie d'oggi. II. La cultura del clero, 71–72.

[137] In diesem Punkt ist man auf Monographien angewiesen.

[138] [franz. »nützliche Diener der Kleriker, die eher des Gebets, des Vorbilds und der Führung derjenigen bedürfen, die die Pflicht haben, sie auszubilden, als der Lehre, und für die Frömmigkeit viel nötiger ist als fundierte und breite Wissenschaft«] Über das niedrige Niveau des Priesterstudiums in Frankreich findet man Beispiele bei E. Vacherot, La théologie catholique en France, in: Revue des deux Mondes 70 (1868), 294–318.

[139] J. R. Geiselmann, Lebendiger Glaube an geheiligte Überlieferung. Der Grundgedanke J. A. Möhlers und der katholischen Tübinger Schule, Mainz 1942.

[140] V. Conzemius, Vom Döllinger Briefwechsel 1820–1890, 3 vol., München 1963; R. Boudens (Hrsg.), Alfred Plummer, Conversations with Dr. Döllinger, Löwen 1985.

[141] Zur Entwicklung der Pastoral vgl. P. Broutin, Histoire et tradition pastorales, in: NRT 77 (1955), 725–736.

[142] J. Faupin, La mission de France, Paris 1960; A. Dansette, destin du catholicisme français 1926–1956, Paris 1957. Kapitel 3 und 6 wurden ins Deutsche übersetzt: Tragödie und Experiment der Arbeiterpriester, Graz 1959; P. Pierrard, L'Eglise et les ouvriers en France 1940–1990, Paris 1991.

[143] Ein anderes einflußreiches Werk dieser Zeit: G. Michonneau, Paroisse communauté missionaire, Paris 1946.

[144] Emile Poulat hat darauf in einem Beitrag für Le Monde hingewiesen, der aus Anlaß des dreißigsten Jahrestags der endgültigen Aussetzung 1959 erschien. Wir halten uns an seine Argumentation.

[145] R. Rogellio Duocastella, Rapport sur les effectifs sacerdotaux d'Espagne, in: Die europäische Priesterfrage (Bericht der Internationalen Enquête in Wien 10.–12. Okt. 1958), Wien 1959, 174–193. Siehe dort auch die geographische Verteilung der Berufungen.

[146] Vgl. F. Boulard, Essor ou déclin du clergé français?, Paris 1950.

[147] P. Winninger, Construire des Eglises, Paris 1957.

4. DAS KIRCHLICHE AMT: IDENTITÄT IM WANDEL

Peter Neuner

Es gibt heute in der Kirche kaum ein Problem, über das so heftig diskutiert würde, wie über das kirchliche Amt und die rechte Form seiner Ausübung. Es ist ein schier unerschöpfliches Thema, ob es mehr monarchisch oder eher demokratisch strukturiert sein sollte, wie sich hierarchische und kollegiale Verantwortung zueinander verhalten, ob Frauen Zugang haben könnten, wie es sich zu den zahlreichen Laiendiensten in der Kirche verhält, und vor allem, wie die Kirche der Zukunft aussehen wird, wenn die Zahl ihrer Amtsträger dramatisch zurückgeht. Manchmal scheint es, daß diese Diskussion darunter leidet, daß über der Vielzahl der Einzelprobleme die Grundfrage zu wenig in den Blick kommt, nämlich wozu eigentlich dieses Amt da ist, worin seine Aufgabe, sein Sinn besteht. Wenn es in seinem dogmatischen Stellenwert, seinem Auftrag und seinem Ort in der Kirche bedacht ist, wenn also die Konstanten und mit ihnen die Identität des Amtes klar sind, dann lassen sich mit größerer Gelassenheit auch sein Wandel und die Variablen betrachten.

4.1 Amt und Apostolat der Kirche

Die großen Entscheidungen in der Frage des Amtes fielen im Prozeß der Gestaltfindung der jungen Kirche. Nach Ostern und nach der Geistsendung rangen sich die Jünger dazu durch, die Beschränkung auf Israel zu durchbrechen und die Botschaft Jesu vom Reich Gottes in alle Welt hinauszutragen. In dem Maße, in dem sich die Erkenntnis durchsetzte, daß die Wiederkunft des Herrn doch nicht unmittelbar bevorstand, daß man sich auf eine gewisse Dauer einzurichten hatte und der Botschaft Jesu in einer fortdauernden Geschichte getreu bleiben mußte, gewannen Strukturen und Ämter mehr und mehr an Bedeutung.[148]

Der entscheidende Begriff, der dazu diente, die rechten

Strukturen zu finden und die Ämter zu gestalten und sie auszudifferenzieren, war der des Apostels.[149] Dieser stand in der Kontinuität zum Zwölferkreis, den Jesus um sich gesammelt hatte. Die Evangelien verstehen sich als Sammlung von Berichten derer, die als Apostel von Anfang an bei Jesus waren und die Zeugnis geben konnten von seiner Auferstehung. Augenzeugenschaft des historischen Jesus und Zeugenschaft für die Auferstehung waren zufolge der Apostelgeschichte die Kriterien bei der Wahl des Matthias (Apg 1,22). Die Apostelgeschichte berichtet, daß die Urgemeinde nach der Auferstehung »an der Lehre der Apostel festhielt« (Apg 2,42). Der Apostel erweist sich damit als Garant der Kontinuität vom historischen Jesus zum auferstandenen Christus und zur jungen Kirche. Die ntl. Briefliteratur entstand aus der Autorität, die die Apostel als die Erstzeugen in den Gemeinden besaßen. Und selbst die Pseudepigraphie in den späteren Schichten des NT beweist, daß nach dem Tod der Apostel die nun Verantwortlichen gleichsam in die Person der Apostel hineinschlüpften und den Gemeinden schrieben, was insbesondere Paulus und Petrus ihnen in ihrer veränderten Situation zu sagen gehabt hätten.[150] Das Zeugnis der Apostel blieb über ihren Tod hinaus verbindlich und wurde in veränderten Fragestellungen neu aktualisiert.

Dabei ergibt sich die Schwierigkeit, daß der Apostelbegriff der frühen Kirche und der Dogmatik nicht einfachhin ein neutestamentlicher Terminus ist. Im Neuen Testament wird der Begriff Apostel in unterschiedlicher Weise verwendet, sowohl hinsichtlich der Zahl als auch der inhaltlichen Umschreibung.

Wenn die Dogmatik vom Apostel spricht, dann tut sie es natürlich im Rückgriff auf das Neue Testament, sonst wäre dieser Begriff ja kein legitimer theologischer Terminus.[151] Es werden in ihm zentrale Merkmale festgehalten, die das Neue Testament überliefert. Andererseits bedeutet systematische Zusammenschau aber auch die Übersetzung hinein in neue und veränderte Kulturkreise und deren Problemstellungen. Die dogmatische Rede vom Apostel impliziert eine bereits in der frühen Kirche erfolgte Entwicklung, in deren Verlauf der Apostolat eine Form angenommen hat, die sich als geeignet erwies, die christliche Botschaft zu bewahren und sie weiterzutradieren. In der Suche nach Strukturen der Kontinuität entstand in der Alten Kirche ein Verständnis vom Apostel und von der Apostolizität, das dazu diente, die biblische Botschaft zu bewahren und sie in jeweilige neue geschichtliche Herausforderungen hinein zu übersetzen. Das Amt fand seine Gestalt in konkreten Problemen, denen sich die Kirche ausgesetzt sah, es sollte dazu dienen, diesen sachgerecht zu begegnen. Ein solches Verständnis des Apostels wurde normativ für jedes Amt in der Kirche, begründet dessen Identität.

4.1.1 Der Apostel als Verkünder

Die Apostel sind Zeugen Jesu, weil sie von Anfang an bei ihm waren, weil Jesus sie in seine Nachfolge gerufen hatte, und sie sind Zeugen seiner Auferstehung. Durch ihr Zeugnis und ihre Verkündigung gewährleisten sie die Kontinuität von Jesus und der Kirche. Doch nicht jeder Augen- und Ohrenzeuge des irdischen Jesus ist damit schon Apostel: Zum Apostolat gehört eine besondere Sendung. Darum wird im Apostel der Bezeugte selbst greifbar, durch ihn handelt Christus selbst richtend und rettend an der Welt. In ihrer Botschaft und in ihrem Tun treten sie und in ihnen Christus selbst der Welt und den Gemeinden in Vollmacht gegenüber. Im Apostel wird deutlich, daß die Verkündigung der Kirche auf einem Extra Nos beruht, daß sie vorgegeben ist und nicht gemacht wird. Der Apostolat ist darum nicht aus der Gemeinde ableitbar, er kann nicht als Delegation verstanden werden. Der Apostel steht sowohl in der Gemeinde als dieser gleichzeitig auch gegenüber.

In ihrem Zeugnis stießen die Apostel in neue Bereiche, Denkwelten, Regionen und Religionen vor und machten die Botschaft damit universal. Ihre Verkündigung ist also nicht nur Wiederholung, sondern ein schöpferischer Prozeß, er verlangt Mut und Souveränität. Die Apostel treten in Vollmacht Jesu auf und nehmen in ihr auch zu Problemen Stellung, denen Jesus noch nicht begegnet war. Die Exegese hat gezeigt, in welchem Maße die neutestamentlichen Autoren ihre eigenen Aussagen Jesus in den

Mund legten und damit beanspruchten, in seinem Namen verbindliche Weisung zu geben.

4.1.2 Die Apostel als Gründer von Gemeinden

Durch die Verkündigung der Apostel wurde der Glaube verbreitet, es entstanden Gemeinschaften von Glaubenden und damit Gemeinden. Die Apostel gaben konkrete Weisung für die Ordnung des Gemeindelebens, den Verlauf des Gottesdienstes, den gemeinsamen Dienst der verschiedenen Charismen, für das Zusammen von Juden- und Heidenchristen, für die Ehe, für Kollekten usw. Sie setzten Schüler in den Dienst der Gemeindeleitung ein und stärkten die Autorität derer, die in den Gemeinden Verantwortung trugen. Die Apostel hatten in den von ihnen begründeten und geleiteten Gemeinden Vollmacht, die sich aus der Vollmacht Christi herleitete. Apostolizität besagt Gemeindeleitung.

4.1.3 Die Apostel als Band der Einheit zwischen den Gemeinden

Die Apostel sind Band der Einheit der Gemeinden untereinander, durch ihren Dienst ist deren Gemeinschaft greifbare Wirklichkeit geworden. Durch die Bezeugung des ihnen erschienenen Herrn, durch Reisen zu den Gemeinden, durch die Sendung von Boten, durch Briefe, durch wechselseitige Fürbitte, durch die Organisation der Kollekte für Jerusalem wurde dieses einigende Band der Apostel konkret und erfahrbar. Die Apostel sind darum nicht nur einzelne, sondern eine Gruppe, ein Kollegium. Der einzelne ist dadurch Apostel, daß er zu ihm gehört. Durch die Gemeinschaft des Kollegiums wurde die Einheit der Gemeinden repräsentiert.

Dabei muß man sich vor einer Idealisierung dieser Einheit, wie sie sich schon in der Apostelgeschichte abzeichnet, hüten.[152] Das Neue Testament berichtet auch von Spannungen und Auseinandersetzungen zwischen den Aposteln. Die Verpflichtung auf Einheit bedeutet nicht, daß Kontroversen ausgeblieben wären; ihre Gemeinschaft war ein dynamischer Prozeß, kein starres Festhalten an Identitäten. Die gegenseitige Verpflichtung der Apostel ist also nicht mit eitel Harmonie zu verwechseln. Die Gemeinschaft entstand dadurch, daß sich alle gerade in ihren Unterschieden und Differenzen als vom Herrn gesandt verstanden und in ihren unterschiedlichen Charismen und Aufgaben gegenseitig anerkannt haben.

4.1.4 Die Apostel als bleibender Grund der Kirche

Die Apostel wurden in ihrer Verkündigung Fundament der Kirche aller Zeiten und aller Orte. Auch über die erste Generation hinaus versteht sich die Kirche als apostolisch. Dabei ist das Amt der Apostel einmalig; nur sie können Augen- und Ohrenzeugen des irdischen Jesus und des Auferstandenen sein. Ihr Zeugnis ist Grund der fortdauernden Kirche, es bleibt in ihrer ganzen geschichtlichen Entwicklung grundlegend und verpflichtend. Die Apostel als Personen verschwanden mit der ersten Generation, nicht aber das Apostolische, weil das apostolische Amt die Personen überdauerte und ihre Funktionen weiterhin präsent hielt. Die Treue zum Bekenntnis der Augen- und Ohrenzeugen, die vollmächtige Sorge um die rechte Gestalt der Gemeinden und um deren Einheit untereinander und durch die Geschichte hindurch bestimmen nicht nur die Apostel der ersten Generation, sondern alle, die deren Amt übernehmen. Diese grundlegende Aufgabe der Apostel wird von den orthodoxen Kirchen des Ostens, der katholischen Kirche und auch von den Kirchen der Reformation gemeinsam anerkannt. Mit dem so verstandenen Apostolat weiß sich die Kirche bleibend auf Jesus, seine Verkündigung, seine Auferstehung und Geistsendung gegründet.

4.2 Amt und Sukzession

Mit dieser systematischen Entfaltung des Apostelbegriffs war der entscheidende Schritt in der Entwicklung des Amtes getan. Dieses sollte vor allem in den früh-christlichen Auseinandersetzungen um die Gnosis und die häretischen Systeme, die aus ihrem Geist entsprangen, fruchtbar werden und seine weitere Ausgestaltung finden. Diese gnostischen Irrlehren beriefen sich auf geheime, angeblich von Jesus überkommene Traditionen. Sie fühlten sich durch diese Geheimüberlieferungen über die Großkirche und deren Mitglieder erhaben. Denn wer diese Geheimtraditioen besaß, war demzufolge in eine höhere Form des Wissens eingeweiht; er mußte nicht mehr glauben wie die Kirchenchristen, sondern war in eine höhere Sphäre geistlichen Lebens und in eine unmittelbare Gemeinschaft mit dem Geist aufgenommen. In den frühchristlichen Auseinandersetzungen mit der Gnosis stellte sich also die Frage, wo die rechte Überlieferung, die rechte Tradition, der rechte Geist lebt, wie man Irrlehrern widersprechen kann, die sich auf angebliche Geisterfüllung und Sondertraditionen beriefen. In dieser Auseinandersetzung band die Großkirche die Tradition an ein objektives Kriterium, das von jedermann nachgeprüft werden konnte, nämlich die Amtssukzession. Diese Argumentation entwickelten Tertullian († um 222)[153] und insbesondere Irenäus von Lyon († um 202) in seinem Werk *Adversus haereses.*[154] Im Gegensatz zu den Häretikern, die sich auf nicht überprüfbare Geheimtraditionen beriefen, betonte Irenäus, daß die rechte Tradition dort zu finden ist, wo eine Sukzession im bischöflichen Amt nachgewiesen werden kann, die auf einen Apostel zurückgeht. Zu diesem Zweck übernahm Irenäus von Hegesipp die Bischofslisten. Rechte Tradition ist nach seiner Konzeption überall dort, wo sich in lückenloser Kette die Nachfolge im bischöflichen Amt auf eine apostolische Gründung zurückführen läßt. Denn die Apostel haben Schüler eingesetzt, deren Aufgabe es war, die rechte Lehre weiterzugeben, wie es die Pastoralbriefe des Neuen Testaments belegen. Diese setzten wiederum Nachfolger ein, die den rechten Glauben bewahren sollten, und so fort. Und nun folgerte Irenäus: Wo eine ununterbrochene Kette von Amtsnachfolgern besteht, die bis zu einem Apostel zurückreicht, dort ist Gewähr für die rechte apostolische Tradition gegeben, denn es ist Wesen des Amtes, die Überlieferung getreu zu bewahren und sie weiterzugeben. In der Nachfolge im Amt, der Amtssukzession, ist eine kontrollierbare Tradition gegeben und damit Apostolizität gewährleistet, und das im Gegensatz zu den nicht kontrollierbaren Geheimlehren, Erleuchtungen oder angeblichen Traditionen der Gnostiker.

In der Auseinandersetzung um die Gnosis wird das Verständnis des Amtes um die Idee der Sukzession angereichert. Amtssukzession ist dabei kein Selbstzweck, sie dient dazu, die Tradition zu bewahren und sie weiterzugeben. Die Überlieferung der rechten Botschaft geschieht nicht von selbst, sie hat vielmehr eine personale Zuspitzung, sie bedarf bestimmter Organe und Personen als ihrer Träger. Tradition erfolgt durch Menschen, die überliefern, und diese sind die Nachfolger der Apostel. Weil die Augen- und Ohrenzeugenschaft der Apostel für die Kirche aller Zeit grundlegend ist, brauchen sie Nachfolger, die ihr Zeugnis weitertragen, das für die Gemeinschaft der Glaubenden fundamental bleibt. Denn das Zeugnis des Ursprungs ist nicht nur der Anfang, sondern die bleibende Norm für alle spätere Entwicklung der Kirche, es ist bleibender Inhalt, nicht nur überholbare erste Stufe.[155]

Dabei steht die Kirche als ganze in der Nachfolge der Apostel, weil sie die Lehre der Apostel glaubt und bezeugt. Sie ist als ganze apostolisch, weil sie und insofern sie auf der Lehre der Apostel gründet und unverbrüchlich ihr Zeugnis weiterträgt, weil sie ihr Leben und ihre Praxis an dem orientiert, was die Apostel grundlegend für die Kirche aller Zeiten vorgetragen und vorgelebt haben.[156] Damit diese Apostolizität der Kirche als ganzer gewährleistet bleibt, bedarf es unter anderen Mittel auch der Amtsnachfolge. Im Rahmen der allgemeinen Nachfolge der Kirche als ganzer gibt es die spezielle Nachfolge im apostolischen Amt. Kirche als ganze und das spezielle Amt stehen in ihrer Apostolizität in gegenseitiger Zuordnung. Auf der einen Seite ist es nicht zulässig, das Apostolische der Kirche auf die Amtsnachfolge einzuschränken, so als wären nur die Amtsnachfolger die Träger der Apostolizität, oder gar die Apostolizität mit der Amtssukzession identisch. Andererseits aber ist die Amtsnachfolge notwendiges Zeichen dafür, daß die Kirche als ganze in der apostolischen Nachfolge und Sukzession bleibt. »Nach katholischer Auffassung ist die Kontinuität im bischöflichen Amt ein wesentliches Zeichen und Mittel für die Identität des apostolischen Glaubens. Ein wesentliches Zeichen – d.h.: nur ein *Zeichen,* nicht die Sache selbst, und nur *ein* Zeichen, nicht das einzige Zeichen und Kriterium, also keine ipso facto sichere Garantie. Ein *wesentliches* Zeichen – d.h. aber auch: ein unabdingbares Zeichen für die Vollgestalt der apostolischen Sukzession und der Kirche.«[157] Joseph Ratzinger hat diesen Gedanken ausgedrückt in dem Wortspiel: »Nachfolge ist die Gestalt der Überlieferung, die Überlieferung ist der Gehalt der Nachfolge.«[158] Die Überlieferung, die Tradition, erfolgt in der Gestalt der Nachfolge, deren Amtsukzession, die Überlieferung, die Lehre der Apostel, ist deren Inhalt, deren Gehalt. Die Amtsnachfolge steht im Dienst der Tradition, der Bewahrung der apostolischen Lehre, wie sie von den Aposteln für die Kirche aller Zeiten grundlegend und ein für allemal verkündet und festgehalten worden ist. Die Kette der Amtsnachfolgen ist die Form, wie die Tradition weitergegeben wurde.

Schon in der Alten Kirche entstand das Problem, daß die Sukzessionskette für sich alleine nicht ausreichte, den wahren Glauben zu garantieren. Denn bald standen auch Amtsträger gegeneinander, die sich gegenseitig den rechten Glauben absprachen, obwohl alle ihr Amt auf eine apostolische Gründung zurückführen konnten. Sukzession ist also keine automatisch wirkende Garantie für die Wahrheit. Es bedurfte zusätzlicher Kriterien, um rechte Tradition von der Irrlehre zu unterscheiden. In der Alten Kirche finden sich dazu im wesentlichen drei Lösungsmöglichkeiten. In der Kanonbildung wurde die Tradition an den Ursprung zurückgebunden: Rechte Kirche ist dort und nur dort, wo die Botschaft des Neuen Testaments unverfälscht beibehalten wurde. In diesem Sinn werden heute beispielsweise auch durch wissenschaftliche Auslegung der Schrift die apostolische Botschaft recht erkannt und durch die kritische Funktion der Exegese und der Dogmengeschichte der Ursprung bewahrt. Erstes Kriterium ist also die Schriftgemäßheit. Zufolge Irenäus gibt es viele Kirchen, die auf apostolische Gründungen zurückgehen; es wäre zu weitläufig, die Kontinuität von allen aufzuzeigen. Darum genügt es, daß man mit der Kirche von Rom übereinstimmt, denn diese ist, so das Argument des Irenäus, besonders qualifiziert, weil an ihrem Ursprung nicht nur *ein* Apostel steht, sondern sogar *zwei,* Petrus und Paulus, und weil sie deren Gräber beherbergt.[159] Hier wird rechte Überlieferung an die Kirche in Rom und an die Übereinstimmung mit ihr gebunden. Eine dritte Lösung ist das Institut der Synoden und der Konzilien: Die rechte Tradition ist dort, wo die Bischöfe den Glauben ihrer jeweiligen Gemeinden repräsentieren und zu einer gemeinsamen Glaubensaussage kommen. Der einzelne Bischof kann in die Irre gehen, das Kollegium der Bischöfe nicht. Dieser letzte Gedanke hat sich zunächst als geschichtsmächtig erwiesen: Im Konzil ist rechte Kirche lebendig, dort ist die Überlieferung ungebrochen. In der westlichen Tradition verband sich diese Überzeugung mit der Romidee: Das Kollegium ist erst dann das Kollegium der Bischöfe, wenn es in Einheit mit dem Bischof von Rom handelt und spricht.[160] Nicht die einzelne Bischofsnachfolge garantiert die Rechtsgläubigkeit, sondern die Beheimatung des Bischofs innerhalb des Kollegiums, zu dem der römische Bischof konstitutiv gehört. Durch diese Kriterien soll gewährleistet werden, daß die Kirche in der rechten Botschaft bleibt, daß der Consensus Ecclesiae, der gemeinsame Glaube diachron, also durch die Geschichte hindurch, und synchron, also in jeder Phase der Kirche gelehrt und gelebt wird.

4.3 Die Aufgaben des Amtes

Aus der historischen Besinnung über die in der frühen Christenheit entfaltete Grundlegung des Amtes im Apostolat lassen sich nun Aufgaben zusammenstellen, die das Amt zu erfüllen hat und die ihm nach dem Glauben der Alten Kirche zukommen.

4.3.1 Dienst an der Apostolizität

Das Amt dient der Apostolizität der Kirche, der Tradition, es ist dazu da, diese zu gewährleisten und sie lebendig zu halten. Es steht im Dienst der Treue zur Botschaft, die einmal für allemal verkündigt wurde. Das Amt hat die apostolische Lehre zu bewahren, dafür zu sorgen, daß sie nicht durch ein Fremdes, ihr Entgegengesetztes ersetzt und überlagert wird. Die Amtsträger in der Kirche sind zunächst einmal der Bewahrung der apostolischen Tradition verpflichtet.

Damit gehört zum Amt auch das Gegenüber.[161] Der Amsträger ist nicht allein Repräsentant der Gemeinde, er spricht und handelt auch im Namen Christi und steht in der Verantwortung zu ihm. Er kann und muß der Gemeinde gegebenenfalls auch Dinge sagen, die ihr nicht schmeicheln, die sie nicht gerne hört.

4.3.2 Die Unverfügbarkeit des Heils

Der Apostel gibt weiter, was er selbst überkommen hat, was ihm zuteil geworden ist, er ist nicht das religiöse Genie, das keine Hl. Schrift, kein Dogma und keine Bekenntnisschrift bräuchte, weil es dies selbst hervorbringen könnte.[162] Der Amsträger will nicht selbst etwas machen, sondern in Treue das weitergeben, was ihm gesagt worden ist. Dies ist eine Konsequenz der Botschaft von der Rechtfertigung. Christlicher Glaube besteht zunächst nicht darin, etwas zu machen, zu leisten, zu erfinden, sondern sich beschenken zu lassen, etwas dankbar anzunehmen. Das Heil ist nicht unser Werk, sondern es ist uns vorgegeben, es kommt von außen auf uns zu. Dieses Extra Nos wird durch das Gegenüber des Amtes und seine Übertragung in der Ordination sichtbar.

4.3.3 Der Dienst des Überlieferns

Das Amt hat die Aufgabe, die Einheit der Kirche durch die Geschichte hindurch zu gewährleisten. Doch Treue und Identität bedeuten keineswegs nur Festhalten an unveränderlichen Sätzen, denn Tradition ist ein lebendiger Prozeß. So fand das Amt selbst seine Gestalt im Übersetzungsprozeß der biblischen Botschaft hinein in eine fortdauernde Geschichte in der griechisch-hellenistischen Welt. Dabei wurde nicht einfachhin das immer schon Gesagte und Gewußte ungebrochen weitergegeben und wiederholt. In der Begegnung mit dem Hellenismus wurde das Christentum durch neue Fragestellungen und Probleme herausgefordert, mit denen die Urgemeinde noch nicht konfrontiert worden war und auf die Jesus selbst noch keine Antwort gegeben hatte. Diese Fragen waren neu, und sie wurden in Treue zur Überlieferung in einem schöpferischen Prozeß beantwortet.[163] Die Dogmenentwicklung erfolgte nach dem Motto: Fides quarens intellectum: Im Glauben war es möglich, auf neue Fragen in Treue zur Tradition eine rechte Antwort zu formulieren. Die Hellenisierung war der am tiefsten gehende Prozeß der Inkulturation, den die christliche Botschaft bisher durchlaufen hat. Der Übersetzungsprozeß, der dabei geleistet wurde, hatte jedoch selbstverständlich seinen Preis, er ging nicht ohne Reibungsverluste ab.

Aber es wäre falsch und einseitig, heute eine Inkulturation des Christentums in nicht-europäischen Kulturen zu fordern, gleichzeitig aber die Hellenisierung des Christentums als den Sündenfall der frühen Christenheit zu verwerfen. Ebenso falsch und einseitig wäre es aber, die Hellenisierung in der Dogmenbildung und in den Strukturen der Alten Kirche für normativ zu erachten, heutige Bemühungen um eine Inkulturation in eine nicht oder nicht mehr hellenistisch denkende Welt hinein dagegen von vornherein zu verwerfen. Die Tradition, der das Amt zu dienen hat, erweist sich damit als ein dynamischer Prozeß, nicht als bloße Wiederholung des immer Gleichen.

4.3.4 Die Autorität des Amtes

Der Amtsträger ist Gemeindeleiter und hat als solcher Autorität. Ihm kommt es zu, neue Glieder in die Gemeinde aufzunehmen, also die Sakramente der Initiation zu spenden. Zwar hat die Alte Kirche die Ketzertaufe anerkannt, die Taufe von Laien und sogar von Nichtgetauften für gültig erklärt. Dies war insbesondere für Zeiten der Kirchenspaltung und der Verfolgung wichtig. Es scheint jedoch nicht sinnvoll, von dieser Notsituation ausgehend heute die Zuordnung der Initiationssakramente Taufe und Firmung zum Amt insgesamt in Frage zu stellen. Daß auch eine Taufe von Nichtamtsträgern gültig ist, besagt nicht, daß die grundsätzliche Zuordnung von amtlicher Gemeindeleitung und

Spendung der Sakramente auch für den Normalfall aufgehoben werden sollte.

Das Amt hat die getreue Weitergabe der Verkündigung dadurch zu gewährleisten, daß es neue Amtsträger bestellt und sie in die Aufgabe einweist, das zu verkündigen, was ihm selbst übergeben wurde. Amtsträger haben zu ordinieren und Mitarbeiter zu bestellen, die dafür sorgen, daß das Wort Gottes nicht verstummt und die Sakramente gespendet werden.

4.3.5 Die Einheitsstiftung

So wie das Amt der Einheit der Kirche durch die Geschichte hindurch verpflichtet ist, so auch der Einheit in der jeweiligen Epoche. Der Amtsträger dient als Gemeindeleiter der Einheit der Kirche am Ort; durch die Gemeinschaft der Amtsträger untereinander wird die Einheit der Ortskirchen in der Universalkirche gewährleistet und ausgedrückt. Durch die Offenheit der Ortskirchen untereinander, dadurch daß sie füreinander Verantwortung übernehmen, ereignet sich jeweils am Ort Kirche, die una sancta catholica et apostolica Ecclesia des Glaubensbekenntnisses.[164] Dabei kommt dem Amsträger eine wichtige Funktion zu, indem er die Ortskirche, die er repräsentiert, in die Gemeinschaft mit den anderen Ortskirchen und deren Amtsträgern einbindet. Aus diesem Grund steht nach dem Glauben der frühen Kirche die Feier der Eucharistie unter der Leitung des Amtsträgers, denn in der Eucharistiefeier wird die synchrone und diachrone Einheit der christlichen Kirche bezeichnet und verwirklicht: die Einheit mit all den Gemeinden, die sich im Gedächtnis des Herrn in der Mahlfeier versammeln, die Einheit aber auch mit den Heiligen, die zu allen Zeiten als Vorbilder des Glaubens lebten. Diese Einheit in Raum und Zeit wird durch den Amtsträger repräsentiert, der sich damit als der genuine Vorsteher der Feier des Herrenmahls erweist.

4.3.6 Amt als Dienst

Amt ist ein Relationsbegriff. Über Amt läßt sich nur von der Kirche her sprechen, das Amt steht in der Kirche und muß von der

Kirche her verstanden werden. Im Zweiten Vatikanum wurde dies durch die Bezeichnung des Amtes als Dienst, als Ministerium zum Ausdruck gebracht. Ein Dienst läßt sich nur von dem her definieren, dem er zu dienen hat, um dessentwillen er da ist. Das bedeutet, daß sich das Amt von der Kirche her bestimmt, nicht die Kirche vom Amt. Ausgangspunkt und Rahmen der Lehre vom Amt ist die Kirche als Mysterium und als Volk Gottes. In der Alten Kirche hat Augustin diesen Gedanken in den klassischen Worten formuliert, die auch das Konzil zitiert: »Wo mich erschreckt, was ich für euch bin, da tröstet mich, was ich mit euch bin. Für euch bin ich Bischof, mit euch bin ich Christ. Jenes bezeichnet das Amt, dieses die Gnade, jenes die Gefahr, dieses das Heil.«[165]

Aus der Aussage, daß sich das Amt als Dienst von dem her definiert, dem es zu dienen hat, folgt jedoch nicht, daß das Amt als Delegation aus der Gemeinde verstanden werden könnte, so als ob die Gemeinde aus sich die ihr zukommende Vollmacht lediglich einem einzelnen übertragen würde. Es gehört zur Struktur der Kirche, daß sie in sich auch das Gegenüber umschließt, das im Amt zum Ausdruck kommt.

Wenn hier das Amt von seinen Aufgaben her, insbesondere als Dienst an Wort und Sakrament, bestimmt und nicht primär in ontologischen Kategorien dargestellt wird, widerspricht dies nicht der Aussage des II. Vatikanums. In der Kirchenkonstitution heißt es, das besondere Priestertum unterscheide sich vom gemeinsamen Priestertum aller Getauften »dem Wesen und nicht bloß dem Grade nach«.[166] Die nächsten Sätze machen deutlich, wie diese Formulierung »dem Wesen nach« verstanden werden muß. Es heißt, daß der Amtsträger das priesterliche Volk heranbildet und leitet, daß er das eucharistische Opfer vollzieht und es im Namen des ganzen Volkes darbringt. Das sind durchweg funktionale Umschreibungen. Das Wesen des Amtes besteht demnach dem Konzil zufolge im Auftrag zur Verkündigung und zur Sakramentenspendung. Die Vollmacht des Amtsträgers dazu ist nicht ein drittes daneben, sondern eben dieser Dienst an Wort und Sakrament.

Dieses Amt unterscheidet sich nach der Aussage des Konzils vom gemeinsamen Priestertum aller Getauften »nicht dem Grade nach«. Der Amtsträger ist nicht in höherem Maße Christ als jeder andere Gläubige. Hinsichtlich des Christseins gibt es keine Differenz. Das Spezifikum des Amtsträgers ist der Auftrag, dem Volk Gottes den Dienst zu leisten, zu dem er bestellt ist.

Ebenso wie Taufe und Firmung verleiht auch die Ordination einen sakramentalen, unverlierbaren Charakter. Dieser besagt zunächst, daß diese Sakramente nicht wiederholt werden können. Sie werden ein für allemal gespendet. Die Lehre vom sakramentalen Charakter entstand in der frühen Kirche, als Getaufte, die in Verfolgungszeiten vom Glauben abgefallen waren, sich wieder bekehrten. Verlangt ihre Wiederaufnahme in die Kirche die erneute Spendung der Taufe? Das wurde nach dem Entscheid der Alten Kirche verneint. Die Taufe gilt ein für allemal, sie prägt den Menschen unverlierbar und bedarf darum keiner Wiederholung. Diese Konzeption vom sakramentalen Charakter wurde in der Folgezeit auf die anderen Sakramente angewandt, die ebenfalls nicht wiederholt wurden: die Firmung und die Priesterweihe. Diese Lehre besagt also nicht eine Überlegenheit des Amtsträgers über den Laien oder eine ontologisch zu fassende Wesensverwandlung, sondern sie deutet die Tatsache, daß die Ordination zum Amt nicht wiederholt wird. Wer sein Amt wechselt und ein neues Amt übernimmt, muß nicht neu ordiniert werden. Insofern unterscheidet sich die Ordination von der Investitur, der Beauftragung mit einem konkreten (Pfarr-)Amt. Damit ist das Amt grundsätzlich als Lebensprojekt zu verstehen, nicht als »Job«. Der Auftrag, der übergeben und empfangen wird, und die Zusage der Gnade prägen die Person als ganze.[167]

4.4 Das Amt und die Ämter

Auf dem Hintergrund dieser Konstanten des kirchlichen Amtes stellt sich nun das Problem der Legitimität und der Grenzen seines Wandels. Vielfalt und Wandel[168] sind schon darin begründet, daß das Amt in der Form einzelner konkreter Ämter ausgeübt wird. Zufolge des II. Vatikanums sind die Ämter seit alters her die des Bischofs, des Priesters und des Diakons.[169] In der Zuordnung dieser Ämter ergibt sich ein Zugang zum Phänomen des Wandels.

4.4.1 Historische Konkretionen

So wie sich das kirchliche Amt in der frühen Christenheit strukturierte, ist es das bischöfliche Amt. Allein für die Bischöfe trifft all das zu, was als Konstanten und Konstituenten des Amtes dargestellt wurde, die Bischöfe sind in der Alten Kirche die Amtsträger par excellence. Für Theologen, die sich insbesondere der alten ungeteilten Christenheit verpflichtet wissen, erscheint das bischöfliche Amt als das Amt schlechthin. So preist beispielsweise in der ersten Hälfte des 19. Jahrhunderts der Tübinger Theologe Johann Adam Möhler den Bischof mit geradezu hymnischen Worten. Er beschreibt ihn als die anschaulich gewordene Vereinigung der Gläubigen am Ort, die Person gewordene Liebe der Gläubigen zueinander. Der Bischof ist nach dieser Vorstellung die Manifestation und der lebendige Zentralpunkt der nach Einigung strebenden Christengesinnung, er ist die zum Bewußtsein ihrer selbst gekommene Liebe der Christen zueinander, das Mittel, diese Liebe festzuhalten und sie zu verwirklichen.[170]

Was Möhler hier formulierte, war natürlich nicht einfachhin eine Zustandsbeschreibung der Bischöfe und ihrer Amtsführung zu seiner Zeit. Vielmehr wollte er theologisch reflektieren, was kirchliches Amt ist, erst in zweiter Linie entstand daraus so etwas wie ein Gewissensspiegel für Bischöfe. Möhlers Darstellung der ursprünglichen Kirchenverfassung implizierte auch eine Kritik an der Kirchenordnung, wie er sie selbst erlebte. Denn im Unterschied zu dieser Konzeption wurden die Bischöfe im 19. Jahrhundert theologisch zumeist recht stiefmütterlich behandelt. Im Verlauf der immer deutlicheren Konzentration aller kirchlichen Verantwortung und Vollmacht auf den Papst allein traten die Bischöfe im Verlauf des 2. Jahrtausends in ihrer theologischen Stellung mehr und mehr in den Hintergrund. Im Gefolge der Überwindung von Gallikanismus und Konziliarismus wurde das

Bischofsamt selbst weithin entleert und schien vom päpstlichen Primat aufgesogen zu werden. So war Möhlers geradezu hymnische Beschreibung des bischöflichen Amtes in der Alten Kirche nicht zuletzt auch eine Kritik an einer Entwicklung, in der dieses Amt mehr und mehr der päpstlichen Zentralgewalt geopfert zu werden schien. Nicht von ungefähr hatten ein halbes Jahrhundert nach Möhler die Kritiker des Ersten Vatikanums den Eindruck, mit der päpstlichen Universalgewalt, die vom Konzil als wahrhaft bischöflich bezeichnet wurde, habe in der vatikanischen Kirche das bischöfliche Amt aufgehört zu existieren, es sei im Papstamt aufgegangen. Denn wenn der Papst in jeder Diözese die volle bischöfliche Gewalt besitzt, dann besitzt sie der Bischof eben nicht mehr. Damit gäbe es, so die Kritik der Altkatholiken und der Orthodoxie, in der römischen Kirche keine Bischöfe mehr, sondern nur noch päpstliche Delegaten, vatikanische Gesandte. Durch die Definition des Primats habe die Kirche den Episkopat im Sinne der Alten Kirche abgeschafft.[171] Gott sei Dank wurde diese Kritik am Konzil durch die Wirkungs- und Auslegungsgeschichte des Vatikanums nicht bestätigt. Für sich allein genommen wären die Texte der Definition einer derartigen maximalistischen Deutung durchaus offen gestanden.

Im Zug der Konzentration aller kirchlichen Vollmacht allein auf den Papst wurde das bischöfliche Amt auch theologisch abgewertet. In der mittelalterlichen Sakramententheologie erscheint die Bischofsweihe nicht mehr als Sakrament, sondern lediglich noch als Sakramentalie, das Bischofsamt reduzierte sich damit auf eine Verwaltungsfunktion, die gegebenenfalls zusätzlich mit weltlicher Macht ausgestattet war, es erschien kaum noch als geistliches Amt und zum Heil der Seelen eingesetzt. Die Bischöfe der Reichskirche hatten nach vorherrschender Deutung eine zweifache Vollmacht: die Weihegewalt und die Jurisdiktion. Die geistliche Vollmacht wird, so die Deutung, durch die Ordination, d.h. durch die Priesterweihe (nicht die Bischofsweihe!) verliehen, die Jurisdiktion durch die Übertragung der Amtsgewalt, die je nach Standpunkt als vom Papst oder vom Kaiser stammend betrachtet wurde. Dabei konnten beide Vollmachten auch auseinandertreten, gegebenenfalls sogar unterschiedlichen Personen verliehen werden. Dann stand neben oder unter dem Bischof als dem Träger der Jurisdiktion der Weihbischof, der die geistlichen Vollzüge wahrzunehmen hatte, dem aber keine Jurisdiktion zukam.

In dieser Konzeption erschien die Bischofsweihe folgerichtig nicht als Sakrament, sondern als Übertragung von Verwaltungsvollmacht. Die sakramentale Ordination und damit das Amt wurden ganz von der Vollmacht zur Feier der Eucharistie her betrachtet, und dies wird in der Priesterweihe verliehen. Sie überträgt das eine und ungeteilte Amt, wobei lediglich einige Befugnisse, insbesondere die der Firmung und der Ordination, gebunden blieben; sie wurden erst in der Bischofsweihe freigesetzt. Die Bischofsweihe erschien als nicht-sakramentale Herrscherweihe, als Rechtsakt.

In dieser Sicht, die in der Theologie des zweiten Jahrtausends verbreitet, wenn nicht gar vorherrschend war, und die bis herauf zum II. Vatikanum vertreten wurde, war das kirchliche Amt vom Priester her betrachtet, dieser war nun der Amtsträger schlechthin. Im Zentrum des Amtes steht jetzt die Vollmacht zur Darbietung des Meßopfers und zur Sündenvergebung, in der ja Bischöfe und Priester nicht differieren. Darin liegen in der Theologie des 2. Jahrtausends das Wesen und der Auftrag des Amtes. Zwar führte man die Unterscheidung von Bischof, Priester und Diakon auf göttliche Einsetzung zurück, doch Paradigma des Amtsträgers war nun der Priester, nicht mehr, wie in der Alten Kirche, der Bischof.

4.4.2 Die Sicht des II. Vatikanischen Konzils

Bekanntermaßen hat das II. Vatikanische Konzil auf die Alte Kirche zurückgegriffen und damit das Bischofsamt erheblich aufgewertet. In Ergänzung zu den Aussagen des I. Vatikanums wird nun auch vom bischöflichen Amt gesagt, daß es göttlichen Rechts ist, daß Bischöfe »eine ihnen eigene Gewalt innehaben« und darum »nicht als Stellvertreter der Bischöfe von Rom zu verstehen« seien.[172] Vor allem aber lehrt das Konzil, »daß durch die

Bischofsweihe die Fülle des Weihesakramentes übertragen wird«.[173] Sie ist die Quelle sowohl der jurisdiktionellen als auch der sakramentalen Vollmacht des Bischofs. Dieser hat sein Amt nicht allein im sakramentalen, sondern auch im jurisdiktionellen Bereich aus der Ordination, die die eine sacra potestas verleiht. Durch die Bischofsweihe stehen die Bischöfe in der Nachfolge der Apostel. Die bischöfliche Vollmacht ist als ganze sakramentalen Ursprungs und muß darum mit geistlichen Mitteln ausgeübt werden. Als gesellschaftlicher Machtanspruch wäre sie fehlgedeutet oder mißbraucht. In weltlichen Kategorien ausgedrückt muß man sagen, die Bischöfe waren die großen »Gewinner« des Konzils, ihr Amt erfuhr gegenüber der vorkonziliaren Lehre eine erhebliche Aufwertung. Das kirchliche Amt wird nun insgesamt wieder vom Bischofsamt her verstanden und interpretiert.

Dagegen wurden die Priester vom Konzil recht stiefmütterlich behandelt. Waren sie bisher als die Amtsträger der Kirche schlechthin erschienen, wurde ihr Amt nun vom bischöflichen Amt abgeleitet. »Die Priester haben zwar nicht die höchste Stufe der priesterlichen Weihe und hängen in der Ausübung ihrer Gewalt von den Bischöfen ab; dennoch sind sie mit ihnen in der priesterlichen Würde verbunden.«[174] Im Dekret über Dienst und Leben der Priester wird gesagt, daß ihr Amt »dem Bischofsstand verbunden ist«, daß es teilnimmt an dessen Vollmacht. Das apostolische Amt, das im Vollsinn nur die Bischöfe innehaben, »ist in untergeordnetem Rang den Priestern übertragen worden.«[175]

War es bis zum Konzil schwierig, die Besonderheit des Bischofs gegenüber dem Priester theologisch zu würdigen, ist seither das Problem, den Eigenstand des Priesters zu begründen. Daß es sich bei der Bischofsweihe und der Priesterweihe um ein und dasselbe Sakrament handelt, ist unbestritten. Die Bischöfe haben das apostolische Amt inne, die Priester haben daran Anteil. Dabei überläßt es das Konzil der Theologie, diese »Teilhabe« näherhin zu bestimmen. Die Dogmatik hat damit ihre Probleme, denn die Vorstellung, daß ein Sakrament abgestuft gespendet werden kann, ist nicht ganz einfach zu vollziehen. Die

Sakramentenlehre war immer bemüht, die Elemente festzuschreiben, die gewährleistet sein müssen, damit ein Sakrament gültig und erlaubt gespendet wird. Wie soll man eine gültige und erlaubte Spendung inhaltlich abstufen? Dies zu denken hat das Konzil der Theologie als Aufgabe überlassen, es hat hier eine gewisse Unschärfe in Kauf genommen und für akzeptabel erachtet.

Doch auch in anderer Hinsicht erfuhr das priesterliche Amt durch das Konzil und die nachkonziliare Entwicklung eine deutliche Begrenzung. Traditionellerweise hatten viele Priester ihr Amt vom dreifachen Amt Christi und der Kirche, dem priesterlichen, dem königlichen und dem prophetischen Amt abgeleitet. Und nun mußten sie zu ihrer Überraschung feststellen, daß das Konzil genau dieses dreifache Amt den Laien zusprach. Die Laien werden geradezu definiert als »die Christgläubigen, die, durch die Taufe Christus einverleibt, zum Volk Gottes gemacht und des priesterlichen, prophetischen und königlichen Amtes Christi auf ihre Weise teilhaftig, zu ihrem Teil die Sendung des ganzen christlichen Volkes in der Kirche und der Welt ausüben.«[176] Im Laiendekret werden sie gar als »wahre Apostel«[177] bezeichnet, die »vom Herrn selbst mit dem Apostolat betraut«[178] sind. Die Frage drängt sich geradezu auf: Was bleibt zwischen den aufgewerteten Bischöfen und den aufgewerteten Laien ekklesiologisch noch für die Priester? Und diesen ohnehin schon recht eng gewordenen Raum müssen sie nun auch noch mit den als eigener Stand wiederentdeckten Diakonen teilen. Man hat oft festgestellt: Das Konzil ging letztlich zu Lasten der Priester. Die nachkonziliare Amtskrise hat zumindest einen ihrer Gründe in der ekklesialen Ortlosigkeit des Priesters in den Texten des II. Vatikanums.

In der Folge des Konzils entstanden in der Kirche eine Reihe von Berufen, die eine Vielzahl von Aufgaben und Diensten wahrnehmen, die traditionellerweise von Priestern ausgeübt wurden und ihnen vorbehalten gewesen waren. Sie gründen auf einem Passus der Kirchenkonstitution, in dem es heißt: »Außer diesem Apostolat, das schlechthin alle Christgläubigen angeht, können die Laien darüber hinaus in verschiedener Weise zu unmittelbarer Mitarbeit mit dem Apostolat der Hierarchie berufen werden, nach Art jener Männer und Frauen, die den Apostel Paulus in der Verkündigung des Evangeliums unterstützten und sich sehr im Herrn mühten (vgl. Phil 4,3; Röm 16,3 ff). Außerdem haben sie die Befähigung dazu, von der Hierarchie zu gewissen kirchlichen Ämtern herangezogen zu werden, die geistlichen Zielen dienen.«[179] Während es also eine allgemeine, jedem Christentum zukommende und von Taufe und Firmung hergeleitete Vollmacht zum kirchlichen Apostolat gibt, kennt das Konzil auch noch eine besondere, durch die Hierarchie und aufgrund einer Delegation erfolgende Beauftragung im Rahmen des Amtes, das in der Regel durch Ordination verliehen wird. Eine Neubesinnung auf das Verständnis des Amtes entzündete sich in der theologischen Deutung dieser Beauftragung. Was sagt es über das Amt, daß viele seiner Funktionen inzwischen von sogenannten »Laien« übernommen wurden?

4.4.3 Amtsfunktionen in »Laienhand«?

Diese neu entstandenen Berufe haben in der Praxis und für die kirchliche Öffentlichkeit die traditionelle Differenz zwischen Priester und Laien aufgelockert. Das Konzil selbst hat den Diakon wiederentdeckt. Dieser gehört einerseits zum Klerus, denn er ist ordiniert, andererseits lebt er in der Regel in Familie und weltlichem Beruf. Die Zuordnung von kirchlichem Bereich für den Klerus und weltlichem für die Laien war damit in entscheidender Weise durchbrochen. Daneben entwickelte sich aus der konkreten Notsituation der Beruf des Pastoralassistenten und Pastoralreferenten, der bald auch Frauen offenstand. Pastoralreferenten und -referentinnen sind nicht ordiniert, also im herkömmlichen Sinn des Wortes »Laien«, andererseits sind sie faktisch, ob man dies wollte oder nicht, häufig in Aufgabenstellungen eingerückt, die vor ihnen Priester wahrgenommen hatten. Damit erschien der Pastoralreferent nicht selten als Priesterersatz, als Quasi-Kaplan, der alles tut, was bisher der Kaplan tat, mit Ausnahme der Meßfeier und der Verwaltung des Bußsakraments. Der sprunghafte Rückgang der Zahl der Priesterweihen, und damit vor allem der jüngeren Priester, und die ebenso sprunghaft ansteigende Zahl von Theologiestudenten markierten die Eckdaten der Entwicklung. Durch die Kombination von ekklesialer Existenz als Laie und traditionell amtlich-klerikaler Aufgabenstellung schien in der Einführung des Pastoralassistenten die Unterscheidung von Klerus und Laien ins Schwimmen zu geraten.

In dieser Diskussion hat man sich vor allem von kirchenamtlicher Seite sehr bemüht, die Differenz zwischen ordiniertem Amt und Laien herauszustreichen; das Priesterbild sollte möglichst klar herausgestellt werden. Diesem Ziel war vor allem die Verlautbarung der Deutschen Bischofskonferenz »Zur Ordnung der pastoralen Dienste« von 1977 verpflichtet.[180] Der Text war bestimmt vom Gedanken der Grenzziehung. Die Aufgabenstellung der Pastoralreferenten wurde hier ausschließlich aus ihrem durch Taufe und Firmung verliehenen Status als Laien hergeleitet. Als solche seien sie für den Weltdienst zuständig, ihr Einfluß innerhalb der Kirche sollte offensichtlich zurückgedrängt werden. Dieses ihr Laie-Sein wurde unterstrichen bis hin zu der Aussage, selbst »der pastorale Beruf der Laien setzt unmittelbar bei ihrem Weltdienst an« (Nr. 4,2). Man wollte den Eindruck vermeiden, hier entstünde ein »Amt ohne Weihe«. Deswegen sollte in Zukunft die konkrete Arbeit der Pastoralreferenten als Unterstützung des Dienstes der kirchlichen Amtsträger erscheinen, keinesfalls dürften sie damit beauftragt werden, »die gesamte Gemeindepastoral oder Aufgaben im Gesamtbereich der Grunddienste eigenverantwortlich wahrzunehmen, einzig jene Funktionen angenommen, für die eine Weihe erforderlich ist« (Nr. 4,2). Um das Priesterbild nicht zu tangieren, wohl auch um den Zölibat zu bekräftigen, wollte man die Laien möglichst auf den Weltdienst festlegen, ihnen dort alle Freiheit zugestehen, den kirchlichen Bereich aber soweit als möglich dem durch Ordination verliehenen Amt vorbehalten.

Die theologischen Deutungen der neu entstandenen Laienämter, die insbesondere Ende der siebziger Jahre vorgetragen wurden, waren sehr unterschiedlich.[181] Gisbert Greshake betonte vor allem die Profilierung des Priesters, er verteidigte den Zölibat, legte die Pastoralreferenten auf den Weltdienst fest, konnte aber seine tiefgreifende Skepsis hinsichtlich der kommenden Entwicklung nicht verhehlen. Schließlich stand man auf dem Höhepunkt der innerkirchlichen Amtskrise mit einem dramatischen Rückgang der Ordinationen und einem sprunghaften Ansteigen der Amtsniederlegungen. Es war klar, daß das traditionelle Seelsorgekonzept über kurz oder lang nicht mehr aufrechterhalten werden könnte, mit allen damit verbundenen Konsequenzen. Hermann Josef Pottmeyer, der Bochumer Fundamentaltheologe, bemühte sich vor allem um die Profilierung der Pastoralassistenten als Laien, wohl nicht, um sie gegenüber der Stellung, die sie damals in vielen Diözesen praktisch schon einnahmen, zu degradieren, als vielmehr, um nicht Hoffnungen zu wecken, die sich auf Dauer als irreal herausstellen würden. Er war umgetrieben von der Sorge, daß Kontroversen um das rechte Verständnis des Amtes und um die Bedeutung des Zölibats auf dem Rücken von jungen Menschen ausgetragen würden und bei ihnen gegebenenfalls zu schweren Enttäuschungen führen könnten.

Anders reagierte Karl Rahner. Er hatte schon vor dem Konzil in der Diskussion um das Laienapostolat dafür plädiert, dieses, soweit es hauptberuflich ausgeübt wird, als amtlich und seine Träger damit gegebenenfalls als Kleriker zu verstehen. Als der Beruf der Pastoralreferenten entstand, stellte er die Überlegung an, ob diese Funktion, die im Dienst von Verkündigung, Diakonie und (jedenfalls partiell) auch der Sakramente steht und damit der Seelsorge dient, nicht als sakramental anerkannt werden könne oder müsse. Wenn schon der Pastoralreferent faktisch weithin das Amt der Gemeindeleitung wahrnimmt und von der Kirche zu diesem Amt bestellt wird, muß man dann nicht vielleicht in einem weiteren Sinn sein Amt als sakramental interpretieren? Schließlich verleiht es die Kirche, die als Grundsakrament verstanden wird, es ist eine wichtige Funktion in ihr, und es dient der Vermittlung von Heil und der Erbauung der Gemeinden. Karl Rahner stellte 1977 die Frage: »Warum soll die Verleihung eines Amtes dauernder Art nicht als sakramental betrachtet werden oder grundsätzlich (zumindest wenn die Kirche will) als sakramental betrachtet werden können?«[182]

Von dieser Überlegung Rahners angeregt, machte Peter Hünermann 1977 in einem Vortrag vor der Katholischen Akademie in Bayern den Vorschlag, den Beruf der Pastoralreferenten als Amt in den Ordo einzugliedern. Wichtigstes Argument hierfür war, daß das kirchliche Amt seit alters in verschiedenen Stufen übertragen wird, von denen einige auf rein kirchliche Setzung zurückgehen. Traditionell gab es die vier niederen Weihen, dazu Subdiakonat, Diakonat, Priesterweihe und Bischofsweihe. Von diesen verschiedenen Stufen werden die drei letzten, also Diakonat, Priesterweihe und Bischofsweihe, auf göttliche Einsetzung zurückgeführt, also als Sakrament verstanden. Zufolge des Konzils von Trient wird der Ordo aus göttlicher Einsetzung in diesen drei Stufen übertragen. Aber auch die niederen Weihen waren auf den Ordo hingeordnet, sie stellten eine Vorform dar, obwohl sie kirchliche Einführung waren und nicht auf göttliche Einsetzung zurückgeführt wurden. Das II. Vatikanum hat die niederen Weihen einschließlich Subdiakonat abgeschafft oder zumindest ganz anders gedeutet. Von den drei sakramentalen Stufen heißt es im II. Vatikanum nur noch, sie seien »seit altersher« in der Kirche so praktiziert worden. Die konkrete Ausgestaltung des kirchlichen Amtes unterlag also einem deutlichen Wandel, sie erfolgte im Laufe der Kirchengeschichte, und sie kannte Stufen, die eindeutig auf kirchliche Einsetzung zurückgeführt wurden. Offensichtlich hat die Kirche die Vollmacht, das Amt als eine wesentliche Funktion in ihrem Leben jeweils konkret zu ordnen und zu gestalten.

Vor dem Hintergrund dieser dogmengeschichtlichen Überlegungen stellte nun Hünermann die Frage, ob man nicht denken könne, die Bischöfe haben »durch die Schaffung des Instituts des Pastoralassistenten … den Ordo neu aufgeteilt«?[183] Die Kirche hat die Verpflichtung, ihr Amt jeweils so konkret werden zu lassen, daß es in der jeweiligen geschichtlichen Situation seinen Auftrag erfüllen kann. Sie hat sicher nicht das Recht, ihr Amt zur

Disposition zu stellen, dieses ist ihr vorgegeben, es gehört zu den Konstanten. Sehr wohl aber hat sie, wie die Geschichte zeigt, die Vollmacht und sogar die Pflicht, es so zu gestalten, daß es als Dienst effektiv wird. In der konkreten Ausgestaltung des Amtes sind dogmatisch gesehen die Variablen offensichtlich größer als oft vermutet. Die Geschichte zeigt, daß der Ausgangspunkt für Neubesinnungen über das Amt in aller Regel in der kirchlichen Praxis lag. Zunächst entstand zumeist als Antwort auf konkrete Herausforderungen eine Struktur, die die Theologie dann zu bedenken und wenn möglich zu legitimieren hatte. Hünermann fragte: Ist nicht genau dies durch die Einführung des Amtes der Pastoralreferenten wiederum erfolgt? Aus einer Notsituation und zur Gewährleistung der Funktionen, die durch Amtsträger im herkömmlichen Sinn nicht mehr erfüllt werden konnten, haben die Bischöfe das Amt neu aufgeteilt. Die Theologie hat nun die Verpflichtung, diesen Vorgang kritisch zu begleiten und zu deuten, was dabei geschehen ist. Warum sollte es nicht möglich sein, diese Deutung im Sinn einer Eingliederung der Funktion der Pastoralreferenten und -referentinnen in das Amt vorzunehmen? Warum sollte dieses Amt nicht in einem weiteren Sinn an der sakramentalen Fundierung des Ordo teilhaben, an ihm partizipieren?

Seit dieser Diskussion, die 1977 geführt wurde, ist es um die Thematik recht still geworden. Die Denkanstöße von Rahner und Hünermann wurden insgesamt nicht rezipiert, die Pastoralreferenten auf ihr Laie-Sein festgelegt. Zudem stand die Neubesinnung auf den Laien, die ihren Höhepunkt in der Bischofssynode von 1987 fand, unter dem Motto »Gegen eine Klerikalisierung der Laien und eine Laisierung des Klerus«. Sie war damit in der Gefahr, Laien und Priester wieder in der gegenseitigen Ausschließlichkeit zu definieren, die das II. Vatikanum in seiner Besinnung auf das Volk Gottes als die beide umgreifende Wirklichkeit bereits überwunden hatte. So wurden Pastoralreferenten erneut auf ihrem Laienstatus festgeschrieben, es herrschte das Bestreben, sie von allem, was zum kirchlichen Amt gehört, möglichst fernzuhalten. Wenn nicht zu vermeiden, sollten amtliche Funktionen möglichst von einem Team von Laien wahrgenommen werden, nicht aber von einem individuellen »Amtsträger«, damit sich nicht in der Öffentlichkeit der Eindruck festsetzt, in einer Bezugsperson für die Gemeinde sei so etwas wie ein Amt ohne Weihe entstanden.

In auffallender Spannung zu dieser theoretischen Festlegung haben dagegen in der Praxis sogenannte Laien in der Zwischenzeit sehr gewichtige Funktionen in der Kirche übernommen, und dies auch im Rahmen ihrer amtlichen Struktur. Weithin werden heute Funktionen, die zu den Aufgaben des Amtes gehören, von Nicht-Ordinierten wahrgenommen. Ihnen wird dazu in aller Regel in der Missio Canonica die jeweils entsprechende kirchliche Sendung und Vollmacht übertragen. Nach derzeitigem Kirchenrecht können »Laien« u.a. mit folgenden Aufgaben betraut werden: Predigt mit Ausnahme der Homilie (c. 766), Leitung von Wortgottesdiensten (mit Predigt), Spendung der Taufe (c. 230 §3), Eheassistenz (c. 1142), Vollzug der Sakramentalien (c. 1168) und des kirchlichen Begräbnisses. Darüber hinaus eröffnet c. 517 §2 ganz allgemein die Möglichkeit, daß ein Priester weithin nominell »die Seelsorge leitet«, während ein »Diakon oder eine andere Person, die nicht die Priesterweihe empfangen hat, oder eine Gemeinschaft von Personen« sie faktisch wahrnimmt.[184] In den offiziellen liturgischen Büchern, in denen sich Leben und Selbstverständnis der Kirche in besonderer Weise niederschlagen, ist vorgesehen, daß sogenannte »Laien« folgende gottesdienstlichen Feiern leiten: Katechumenengottesdienste, Taufen, Sonntagsgottesdienste in Gemeinden ohne Priester (gegebenenfalls mit Kommunionspendung und Predigt), Feiern der Verlobung (mit Segnung der Ringe), der Trauung, des Begräbnisses. »Laien« können zur Feier der Kommunionspendung außerhalb der Messe, der Krankenkommunion und der Wegzehrung beauftragt werden. Sie leiten die Tagzeitenliturgie, Bußgottesdienste und selbständige Wortgottesdienste sowie eucharistische Andachten mit Aussetzung des Allerheiligsten. Die liturgischen Bücher sehen eine Reihe von Sach- und Personsegnungen durch »Laien« vor, ebenso wie die Aschenauflegung am Aschermittwoch, die Palmprozession am Palmsonntag, die Fußwaschung am Gründonnerstag und die Kreuzverehrung am Karfreitag.[185]

Diese Möglichkeiten werden inzwischen nicht nur in den Missionsgebieten, für die sie ursprünglich wohl gedacht waren, sondern auch bei uns praktiziert, schon weil die Notsituation häufig keine andere Wahl läßt. Derzeit kommt man zunehmend davon ab, mehrere Gemeinden etwa als Verbandspfarreien zusammenzulegen und sie einem Priester zuzuordnen. Viele Diözesen gehen dazu über, Laien als Ansprechpartner in den Gemeinden einzusetzen und sie mit amtlichen Aufgaben zu betrauen. Die Bezeichnungen und die rechtlichen Strukturen differieren. In Limburg und Bamberg spricht man von »Bezugspersonen«, in Linz von »Pfarrassistenten«. Das Pastorale Forum in München plädierte für die Einführung von »Pfarrbeauftragten«. In Speyer werden »Pastoralteamleiter« eingesetzt, denen, wie man formulierte, die »Gesamtverantwortung« in einer Pfarrei übertragen wird, während der nach c. 517 §2 ernannte Priester eine oft recht fiktive »Letztverantwortung« übernimmt, die jedenfalls die Aufgabenstellung des Pastoralreferenten nicht beschneidet. Allgemein wird inzwischen c. 517 §2 in breiter Front herangezogen, um die Funktionen der Kirche durch Nicht-Ordinierte gewährleisten zu können.

Es ist offensichtlich, daß diese Praxis mit der offiziellen Festlegung der Pastoralreferenten und -referentinnen auf ihr Laie-Sein nicht in Einklang steht. Eine derartige Differenz wird sich auf Dauer als schädlich erweisen, es müßte das Sakramentenverständnis und die Deutung der Kirche grundlegend tangieren, wenn das sakramentale Amtsverständnis in breitem Umfang vom konkreten Leitungsdienst abgetrennt würde, wenn jene, die sakramental ordiniert sind, nicht mehr die Gemeinden leiten, sondern nur noch von außen rituelle Vollzüge leisten, während die faktische Gemeindeleitung jurisdiktionell übertragen, aber nicht mehr sakramental verankert würde. Hier werden dogmatische Ungeklärtheiten in Kauf genommen, weil die von der Theologie her unproblematische Modifikation der Zölibatsregelung derzeit aus disziplinären und kirchenrechtlichen Gründen als ausgeschlossen erscheint. Wenn man das tut, sollte man aber die herrschende Praxis nicht nur mit mehr oder weniger gutem oder schlechtem Gewissen vollziehen, sondern sie auch theologisch konsequent reflektieren und denen, die tatsächlich amtliche Aufgaben in der Kirche wahrnehmen, auch eine sakramental zu wertende Teilhabe an diesem Amt zugestehen. »Die Kirche hatte früher Ämter, die es inzwischen nicht mehr gibt, und sie entwickelt heute neue Ämter, die ihr zukünftiges Bild vermutlich in entscheidender Weise mitprägen und verändern werden.«[186] Die Tatsache, daß das sakramentale Amt seit alters her gestuft übertragen wird, daß es nur die Bischöfe in voller Weise innehaben, die Priester und Diakone dagegen irgendwie abgestuft, was zweifellos ein theologisches Problem darstellt, würde es möglich machen, auch die Pastoralreferenten in abgestufter Weise in diese amtliche Struktur der Kirche einzugliedern. Daß sie das Amt nicht voll haben, ist offensichtlich, das gilt aber auch für die Priester und die Diakone. Diese Schwierigkeit wäre für ein Amt der Pastoralreferenten jedenfalls nicht spezifisch, mit ihr konnte die Kirche bisher ganz gut leben – wohl besser als mit sogenannten »Laien«, denen man theoretisch das meiste von dem absprechen muß, wozu man sie in der Praxis beauftragt.

[148] Die Ausbildung der Ämter erfolgte im Rahmen der Einbettung der Kirche in der Geschichte und erwies sich gerade darin als notwendig und aus dem Auftrag der Kirche folgend. Auf diese Funktion der Ursprungstreue des Amtes verwies am Anfang des Jahrhunderts bereits A. Loisy, der Harnacks These »La médiocrité fonda l'autorité« (Das Wesen des Christentums, 11. Vorlesung) zurückwies: »In wichtigen Augenblicken wird die Kirche zu dem, was sie sein muß, um nicht in Verfall zu geraten und das Evangelium in ihren Untergang mitzureißen. Doch schafft sie kein wesentliches Stück ihrer Verfassung« (L'Évangile et l'Église, 5. Aufl. Paris 1930, 135, deutsch: Evangelium und Kirche, München 1904, 101).

[149] Über den Apostel und seine Funktion der Kontinuität vgl. P. Neuner, Ekklesiologie, in: Glaubenszugänge. Lehrbuch der katholischen Dogmatik (hg. v. W. Beinert), Paderborn u. a. 1995, 436–438.

[150] Zur Pseudepigraphie und ihrer Bedeutung für die Ämterlehre vgl. N. Brox, Die Pastoralbriefe (RNT 7,2), 4. Aufl. Regensburg 1969, 60–66.

[151] Die Überlegung zum Apostelbegriff stützt sich auf E. Schlink, Die apostolische Sukzession, in: ders., Der kommende Christus und die kirchlichen Traditionen, Göttingen 1961, 160–195. Damit wird sichtbar, daß der zwischen den Konfessionen lange kontroverse Begriff der Apostolizität einer ökumenischen Sicht zugänglich ist.

[152] Die Darlegung über die Gemeinschaft der Urgemeinde in Apg 4,32–37 ist nicht einfachhin ein Zustandsbericht, sie hat sicher auch paränetische Ziele, will also die Vorbildfunktion der ersten Christen untermauern.

[153] Vgl. Texte zur Theologie, Ekklesiologie (tzt D 5), bearb. v. P. Neuner, Graz – Wien – Köln 1994 f., Bd. 1, Nr. 41, 42.

[154] Text siehe tzt D 5, Nr. 31.

[155] Aus diesem Grund wird das in der Schrift niedergelegte Zeugnis der Apostel als inspiriert verstanden; vgl. dazu K. Rahner, Über die Schriftinspiration (QD 1), Freiburg 1958.

[156] Der Gedanke der Apostolizität der Kirche als ganzer erweist sich insbesondere für das ökumenische Gespräch als überaus fruchtbar. Auch die nichtbischöflichen Kirchen verstehen sich als apostolisch im Sinne des Credo. Vgl. hierzu P. Neuner, Kleines Handbuch der Ökumene, 2. Aufl. Düsseldorf 1987, 148 f.

[157] W. Kasper, Ökumenischer Konsens über das kirchliche Amt?, in: Stimmen der Zeit 191 (1973), 219–230, hier 230.

[158] J. Ratzinger – K. Rahner, Episkopat und Primat, Freiburg – Basel – 3. Aufl. Wien 1963, 49.

[159] tzt D 5,1, Nr. 31.

[160] Dieser Gedanke wird immer wieder im II. Vatikanischen Konzil betont, einschließlich der Aussagen der »nota explicativa praevia«. Er sollte darum nicht nur im Sinne der besonderen Vollmacht des Papstes, sondern insbesondere seiner Einbeziehung ins Bischofskollegium verstanden werden.

[161] Darum wird auch im ökumenischen Gespräch das Delegationsmodell abgelehnt, demzufolge der Amtsträger allein als Beauftragter der Gemeinde verstanden werden könnte. Vgl. hierzu: Gemeinsame römisch-katholische/evangelisch-lutherische Kommission, Das geistliche Amt in der Kirche, Paderborn – Frankfurt 1981, Nr. 20, 23.

[162] So gegen F. Schleiermacher und seine Aussage: »Nicht der hat Religion, der an eine heilige Schrift glaubt, sondern der, welcher keiner bedarf und wohl selbst eine machen könnte« (Über die Religion, Berlin 1799, 122).

[163] Zur Interpretation dieses Übersetzungsprozesses im Sinne einer Inkulturation vgl. P. Neuner, Die Hellenisierung des Christentums als Modell von Inkulturation, in: Stimmen der Zeit 213 (1995), 363–376.

[164] Wenn sich die Universalkirche in der Ortskirche verwirklicht, ist es falsch, die Weltkirche mit Rom zu identifizieren. J. Ratzinger hat diesen

Gedanken in den Satz gefaßt: »Katholisch sein heißt ... in Querverbindungen stehen« (Das neue Volk Gottes, Düsseldorf 1969, 215).

[165] Augustin, Sermo 340,1, zitiert in LG 32.

[166] LG 10.

[167] In dieser Deutung des sakramentalen Charakters kommen katholische und evangelische Theologie überein, der Text »Das geistliche Amt in der Kirche« kann, wenn verdinglichende Mißverständnisse überwunden sind und das Amt nicht als Mittel der persönlichen Heiligung gesehen wird, sogar von einem Konsens sprechen (a.a.O. Nr., 37–39).

[168] Die Vielfalt theologischer Deutungen und historischer Verwirklichungsformen von Kirche wird dokumentiert in: Texte zur Theologie, Ekklesiologie Bd. I und II (tzt D 5, 1–2), bearb. v. P. Neuner, Graz – Wien – Köln 1994 f.

[169] »..., die schon seit alters Bischöfe, Priester, Diakone heißen« (LG 28). Dabei beruft sich das Konzil auf die Aussage Trients über die »durch göttliche Anordnung eingesetzte Hierarchie, die aus Bischöfen, Priestern und Diakonen besteht« (DH 1776). Eine sprechende Form der Konzilshermeneutik, wo die tridentinische Aussage »divina ordinatione institutam« zum Beleg für das vatikanische »ab antiquo« wird! Dabei ist zu beachten, daß schon Trient angesichts der historischen Probleme den eigentlichen Fachterminus »de iure divino« vermied.

[170] tzt D 5,2 Nr. 158, aus J. A. Möhler, Die Einheit in der Kirche, oder: Das Prinzip des Katholizismus (1825) § 52.

[171] So die dogmatische Kritik Döllingers am I. Vatikanum. Vgl. hierzu P. Neuner, Döllinger als Theologe der Ökumene, Paderborn u. a. 1979, 72–77.

[172] LG 27. Zum ganzen Abschnitt vgl. P. Neuner, Zwischen Primat und Kollegialität. Das Verhältnis von Papst und Bischöfen auf dem Ersten und Zweiten Vatikanischen Konzil, in: F. König (Hrsg.), Zentralismus statt Kollegialität?, Düsseldorf 1990, 82–113.

[173] LG 21.

[174] LG 28.

[175] PO 2.

[176] LG 31. Siehe hierzu P. Neuner, Der Laie und das Gottesvolk, Frankfurt 1988, insbesondere 115–132.

[177] AA 6.

[178] AA 3.

[179] LG 33.

[180] Veröffentlicht vom Sekretariat der Deutschen Bischofskonferenz, Bonn 1977.

[181] Zur Darstellung der Kontroverse um die Laientheologen und ihre Teilhabe am Amt vgl. P. Neuner, Der Laie und das Gottesvolk, Frankfurt 1988, 198–203.

[182] K. Rahner, Pastorale Dienste und Gemeindeleitung, in: Stimmen der Zeit 195 (1977), S. 733–743, hier 738.

[183] P. Hünermann, Ordo in neuer Ordnung? Dogmatische Überlegungen zur Frage der Ämter und Dienste in der Kirche heute, in: F. Klostermann (Hrsg.), Der Priestermangel und seine Konsequenzen, Düsseldorf 1977, 58–94, hier 91.

[184] Einen Überblick über die derzeitigen kirchenrechtlichen Möglichkeiten gibt W. Kasper in seinem Referat für die Deutsche Bischofskonferenz: Der Leitungsdienst in der Gemeinde, hg. vom Sekretariat der Deutschen Bischofskonferenz (Arbeitshilfen 118), Bonn 1994, 13.

[185] Vgl. hierzu H. B. Meyer, Liturgischer Leitungsdienst durch Laien, in: Heiliger Dienst, hg. v. Institutum Liturgicum, Erzabtei St. Peter, Salzburg, 47 (1993), Nr. 3, 173–201, hier 197.

[186] »Die Kirche entwickelt heute neue Ämter.« Ein Gespräch mit dem Münchner Dogmatiker Peter Neuner, in: Herder-Korrespondenz 49 (1995), 128–133, hier 133.

5. LEITUNG IN EINER KIRCHE VON FREIWILLIGEN

Jan Kerkhofs

Ganz allmählich, jedoch bereits gegen Ende des 2. Jahrhunderts[187], hatte die zunehmende Inkulturation des Christentums in die westliche Gesellschaft dazu geführt, daß die Leitung in der Kirche zahlreiche, wenn nicht sogar die meisten Merkmale der weltlichen – sehr sakralen – gesellschaftlichen Ordnung (insbesondere des Feudalismus[188]) übernommen hatte. Dies trifft auch auf die orthodoxen Kirchen und die der Reformation zu. Es gab nicht nur »Kirchenfürsten« (man denke etwa an den Kirchenstaat und die vielen Fürstbistümer), sondern kirchliche »Exzellenzen« bildeten in den aufkommenden Parlamenten auch einen eigenen Stand. Die Verflechtung von kirchlichen und politischen Strukturen (später: Staaten) wurde Tradition. Bis vor kurzem gehörten vielerorts die Gemeindepriester in Stadt und Land noch zu den Honoratioren. Für viele bedeutete ein kirchliches Amt den Aufstieg in eine höhere Klasse der gesellschaftlichen Hierarchie. Ein akademisches Studium war Vorrecht des Klerus. Kirchliches und ziviles Recht waren verflochten. In bestimmten Ländern besaß die Kirche bis zu einem Drittel des Grund und Bodens. Inzwischen aber hat man in den meisten westlichen Ländern die Trennung von Kirche und Staat fast oder bereits ganz vollzogen. Selbst dort, wo das Christentum noch offizielle Staatsreligion ist (Großbritannien, Skandinavien), wird die Verbindung mit dem Staat immer lockerer. Die »Christenheit« verflüchtigt sich in einer pluralistisch demokratischen Gesellschaft. Die tiefgreifenden Konsequenzen für die Art der kirchlichen Führung treten langsam zutage. In den vielen Ländern, wo die »bekennenden Gläubigen« im Gegensatz zu den »Christen« eine Minderheit bilden[189], muß eine Glaubensgemeinschaft soziologisch mehr und mehr zu der Kategorie einer Bewegung von Freiwilligen gerechnet werden. Solche Bewegungen haben eigene Merkmale. Man wird dort z. B. aus eigenen Stücken Mitglied oder tritt aus. Die

Leitung wird gemäß vereinbarter und unterschiedlicher Systeme gewählt oder ausgewechselt. Die Amtszeit ist begrenzt, aber häufig verlängerbar. Außer für Seniorenvereine sucht man für die Leitung zumeist nach Personen der Altersgruppe zwischen 30–55 Jahren, vor allem bei Posten mit größerer Verantwortung. Außer in ausgesprochenen Männerclubs oder Frauenvereinen macht man keinen grundsätzlichen Unterschied zwischen Männern und Frauen. Für Konflikte gibt es Schlichtungsverfahren. Wo es sich um internationale Vereinigungen handelt, zeichnen sich diese vielfach durch Dezentralisation und Subsidiarität aus, wodurch ein schnelles Reagieren auf regionale Situationen und Veränderungen möglich ist. Man hält sich an klare und begrenzte Zielsetzungen[190], die nach Beratung und genau umschriebener Beschlußfassung abgewandelt werden können. Jetzt, da Kirchen mittlerweile selber Organisationen von Freiwilligen darstellen oder herausgefordert werden, solche zu werden, und wenn sie eine flexible dynamische Rolle übernehmen wollen, kann es interessant sein, die Leitung der Kirche einmal aus diesem Blickwinkel heraus zu betrachten.[191] Die Kirche ist ja tatsächlich (wenngleich nicht ausschließlich) auch eine menschliche Einrichtung. Die leitenden Personen sind (wenngleich nicht ausschließlich) ebenfalls Freiwillige; auch wenn viele »berufen« werden – besonders die Priester –, so sind doch auch diese »Berufenen« freiwillig aktiv. Eine subjektive »Berufung« allein reicht ekklesiologisch noch nicht aus.

5.1 Die Mitgliedschaft

Man wird in einem bestimmten Land mit einer bestimmten Nationalität geboren. Das ist die Grundlage einer jeden Staatsbürgerschaft mit ihren Rechten und Pflichten. Bei allen anderen Formen des Anschlusses an eine Gruppe gilt das freie Vereinigungsrecht und hat der Westeuropäer die freie Wahl. Man kann sich seine Partei, seinen Beruf, sein Schulsystem und seine Gewerkschaft auswählen. Wer zu einer Organisation von Freiwilligen gehört, kann diese auch wieder verlassen, wenn er sich an einige Verpflichtungen gehalten hat. Man kann dort unter der Voraussetzung, daß man einige Kriterien erfüllt, Mitglied werden. Eventuell kann man auch mehreren freiwilligen Organisationen angehören.

Diese Beweglichkeit, die sich aus der freien Wahlmöglichkeit ergibt, stellt man auch hinsichtlich der Kirchen fest. Dies war bis zur Französischen Revolution und manchmal lange danach noch nicht der Fall. Der zunehmende Pluralismus und die positive Toleranz bewirkten in dieser Hinsicht jedoch ein Umdenken, reduzierten die soziale Kontrolle und ließen zivilrechtliche Zwangsmaßnahmen verschwinden, die das Zeitalter des »cuius regio, eius religio« noch geprägt hatten. Katholiken, Protestanten und Orthodoxe wechseln inzwischen die Kirche (etwa aufgrund des Verbots oder auch Zugeständnisses, daß Frauen zum Priesteramt zugelassen werden, oder wegen bestimmter Glaubensinhalte oder Machtstrukturen). Christen verlassen ihre Kirchen, wie es für Millionen zutrifft, oder sie bleiben »Christen« aus Tradition, ohne aber »Gläubige« zu sein. Nicht-Gläubige treten nach ihrer Bekehrung in die Freiwilligenbewegung einer »Glaubensgemeinschaft« ein. Diese verschiedenen Wechselbewegungen wurden früher sozial und kirchlich schwer bestraft. Auf dergleichen Praktiken standen vormals Todesstrafe, Verfolgung oder zumindest soziale Exkommunikation. Heutzutage gehört der Kirchenaustritt zum Recht der Religionsfreiheit. Diese Wahlfreiheit ist sogar bis in viele christliche Familien vorgedrungen: Deren Homogenität nimmt ab bzw. existiert nicht mehr, d. h. Ehepartner und Kinder können verschiedenen Glaubensgemeinschaften oder auch gar keiner mehr angehören. Man kann womöglich austreten und zu einem späteren Zeitpunkt wieder eintreten. Solche Mobilität ist ein Merkmal freier Vereinigungen und – was die Kirchen betrifft – die Folge der Suche vieler nach Identität.

Man wird aus sehr unterschiedlichen Beweggründen Mitglied in einer freien Vereinigung: eventuell, weil man sich einen materiellen oder intellektuellen Vorteil davon verspricht, weil man Entspannung braucht, weil man soziale Kontakte sucht oder aus politischen Gründen usw. Für die Kirchen ist der Wunsch, zu einer Glaubensgemeinschaft zu gehören, die als sinnstiftendes Gruppengeschehen geschätzt wird, ausschlaggebend.[192]

Bei dem oben Genannten fällt ein gemeinsames Merkmal auf: Die Mitgliedschaft ist kein Automatismus, ist jedenfalls nicht ohne weiteres eine vererbte Tradition und keine absolute soziale Pflicht. Man nimmt teil, weil man es mehr oder weniger selber so will. Wenn nicht, ist man höchstens auf dem Papier oder nur wegen der sozialen Kontrolle noch Mitglied. Manche treten möglicherweise unter dem Druck ihrer Umgebung aus, andere treten gerade deshalb ein. Untersuchungen haben ergeben, daß man in bestimmten Gemeinden in der Wahlkabine insgeheim doch eine »christliche Partei« wählt, das aber nicht öffentlich zugeben kann, während man sich in anderen Gemeinden zwar kirchlich gibt, in der Wahlkabine dann aber doch antiklerikal wählt. Für die Kirchenmitglieder und hauptamtlichen Funktionäre hat dieser ganze schnell fortschreitende Prozeß große Folgen. Die Entwicklung verläuft von einer endgültigen und statischen Mitgliedschaft zu einem lautlosen Auszug bei den einen und einem wachsenden Engagement bei den anderen.[193] Die »Institution« Kirche wird allmählich zu einer »Bewegung« unter anderen Bewegungen. Die Kirche ist kein System mehr, dem im Prinzip – wie etwa beim Staat[194] – jeder angehört, sondern das man aus Überzeugung oder auch aus dem Wunsch nach Geborgenheit und zwischenmenschlicher Hilfe heraus wählt[195].

5.2 Mitverantwortung

Wer Mitglied in einer freien Bewegung wird, möchte mit einbezogen werden. Das Kapitel des Benediktinerordens ist hierfür ein Urmodell, möglicherweise der Vorläufer der Demokratie in Gemeinden und Parlamenten[196]. Je gebildeter die Leute sind, desto eher wünschen sie, daß die eigenen Vorstellungen auf den Gebieten, die sie betreffen, berücksichtigt werden. Das erklärt u. a., warum die politische Demokratie am ehesten in Staaten mit hoher und allgemein zugänglicher Bildung vorankam. Doch auch außerhalb der Politik hat sich der Demokratisierungsprozeß vor allem in der zweiten Hälfte des 20. Jahrhunderts durchgesetzt: in den Betrieben, den Schulen, der Krankenpflege, dem Umweltschutz – und zwar für Männer und für Frauen.

Allmählich werden die Schattenseiten der Demokratie spürbar. Die Aufsplitterung des gesamten Lebens führt dazu, daß auch die Politik mehr und mehr eine Spezialisierung wird. Eignung und Machtkonzentration gehen Hand in Hand, so daß das äußerst komplexe demokratische System zu oligarchen Leitungsstrukturen führen kann, die sich von der Basis entfremdet haben. Darüber hinaus hat der Wohlfahrtsstaat dazu beigetragen, daß sich viele in ihrer vermehrten Freizeit lieber für »Brot und Spiele« statt für die Übernahme von Verantwortung entscheiden und die Führungsaufgaben einigen wenigen überlassen.[197] Populismus ist eine natürliche Folge davon – mit Personen- und Starkult und unkontrollierbarem Einfluß von Interessensverbänden, die im Hintergrund mit damit verbundener Korruption operieren. Die meisten verlangen nach Mitsprache, wenn Teilbelange der eigenen Gruppe berührt werden, und wollen sich dann durch lautstarken Protest Gruppenvorteile verschaffen. Verständnis aber für das allgemeine Wohlergehen – auf regionaler, nationaler oder europäischer Ebene – wird kaum aufgebracht. Fachleute weisen daher auf die Notwendigkeit einer sensiblen Gesellschaft[198] hin, zu erreichen u. a. durch gezielte Erziehung zu Mitverantwortung in der Schule und den Jugendgruppen und dadurch, daß man bis zur letzten Ebene reale und tragbare Verantwortung delegiert (was eine abgestufte Machtausübung impliziert). Das führt selbstverständlich zu Dezentralisierung und einer, auch juristisch abgesicherten, Anwendung der Prinzipien der Subsidiarität. Parallel dazu entsteht der Wunsch nach Öffentlichkeit der Leitung. Organisationen von Freiwilligen sind von innen heraus gezwungen, in diesem Punkt voranzugehen, gerade weil es sich um Freiwillige handelt.

Dieser Prozeß wird jedoch ergebnislos verlaufen, solange qualifizierte Kräfte bei der Übernahme wirklicher Verantwortung entmutigt oder unzureichend unterstützt werden. In einer sich ständig verändernden Gesellschaft braucht es dringend Menschen, die neben Ausgeglichenheit auch eine Vision besitzen, kreative und prophetische Leute, die in einer Gruppe auftreten können, die Wege aus den unvermeidlichen Engpässen heraus finden und Konflikte meistern können. In einer Informationsgesellschaft mit nie gekanntem Entwicklungstempo, bei der regionale Entscheidungen immer schneller von internationalen Trends beeinflußt und »Gewohnheiten« ständig auf ihren eigentlichen Sinn hin befragt werden, ist eine solche Form der Leitung überall – und schon gar in Freiwilligen-Organisationen – unentbehrlich geworden. Mehr und mehr braucht es darüber hinaus Sensibilität für die Koexistenz des spezifisch Eigenen mit dem Multikulturellen, das überall aufkommt.

Ohne Intensivierung des Dialogs zwischen allen Gliedern der Gesellschaft und allen Formen von Leitung (sei sie administrativ, kulturell, sozialökonomisch oder prophetisch) gerät die soziale Entwicklung in eine Sackgasse.[199] Dies führt dann zu Frustration, Gleichgültigkeit, Rückzug und gefährlichen Formen der Intoleranz und Polarisation.

Das oben Gesagte kann auf so komplexe Systeme wie die Kirchen übertragen werden – gerade bei einer so multinationalen und internationalen Wirklichkeit, wie sie die katholische Kirche darstellt, um so mehr, als Kirchen zur Kategorie der Freiwilligen-Organisationen gehören, bei denen alles von dem Interesse, der Kreativität und Mitverantwortung der Laien abhängt. An oberster Stelle in einer Glaubensgemeinschaft steht doch der Geist Jesu mit der großen Vielfalt seiner Gaben.[200] Das Zweite Vatikanum schien sich dessen – vielleicht zum ersten Mal in der Geschichte – ganz und gar bewußt zu sein. Auf allen Ebenen wurde die Synodalität, u. a. durch den Einbau von Widerspruchsorganen, anerkannt. Wer jedoch den noch kurzen Entwicklungsgang dieser Organe verfolgt, muß feststellen, daß sie – besonders auf den höheren Ebenen der nationalen Synoden und römischen Bischofssynoden[201] – viel weniger effizient waren, als man zu Beginn gehofft hatte. Nicht nur Theologen, sondern auch Bischöfe gestehen, unter dem Geist der Restauration, der

Rückkehr zu vorkonziliarer Mentalität und den dazugehörigen Praktiken zu leiden. Die »Bewegung«, die manchmal u. a. auf diözesaner Ebene oder darunter noch weiter existiert, wie einige französische und deutsche Diözesansynoden zeigen, wird auf höherer Ebene einfach abgeblockt oder mit Argwohn, wenn nicht gar Angst (z. B. in Sachen »Ordinatio Sacerdotalis«) beobachtet. Die Konsequenzen bleiben nicht aus: Entmutigung, eine wachsende Zahl von »Christen ohne Kirche«[202] und in breiteren Kreisen Mißtrauen gegenüber der Kirche. Die »Rezeption« des Konzils versandet.[203] Die nicht mehr von der Führungsspitze zu kontrollierende Information – der Index der verbotenen Bücher ist fast geräuschlos aus dem Verkehr gezogen worden – beschleunigt diesen Prozeß des Gesichtsverlustes sogar in qualifizierten Medien. Das ganze Geschehen führt in zunehmendem Maße dazu, daß die dynamischen Gruppen und die dort führenden Köpfe an die (soziologisch ausgedrückt) »Peripherie« der offiziellen Kirche abgedrängt werden: Basisgemeinschaften, alternative Gottesdienste, kritische Bewegungen, parallele religiöse Publikationen, zu denen viele noch motivierte Laien, Ordensleute und Priester ausweichen. Eine Zeitlang fangen diese Gruppen noch hoffende, aber ernüchterte Christen auf. Für viele – besonders die heranwachsende Generation – wird es jedoch ein stiller Auszug: Der Unterschied zwischen außer- und innerkirchlicher Mitsprache wird einfach zu evident.[204] Sogar die großen Frauenorganisationen machen nicht mehr mit – was einschneidende Konsequenzen für die Vermittlung des Glaubens an die nächste Generation hat. Inzwischen empfinden sich viele, die Verantwortung haben (Bischöfe, Priester, verantwortliche Laien, Ordensobere), zwischen allen Stühlen sitzend und sind, was ihre Loyalität angeht, in schweren Gewissenskonflikten. Einige Bischöfe versuchen mühsam, gegen den Strom anzuschwimmen. Andere äußern sich nicht öffentlich, unterstützen aber inoffiziell mehr Pluralismus und erhoffen ein offeneres innerkirchliches Klima. Wieder andere plädieren für größere Uniformität, um durch systematische Erstarrung und Ausschaltung »Andersdenkender« unter den Gläubigen und selbst unter den bischöflichen

Kollegen die aufrührerische Polarisation aufzuheben. Viele weniger gebildete oder unzulänglich informierte Gläubige sind desorientiert und suchen ihr Heil in mehr oder weniger zu verantwortender Sonderfrömmigkeit. Die meisten Jugendlichen stehen uninteressiert am Rande oder suchen nach anderen Möglichkeiten, ihr Bedürfnis nach Religiosität zu befriedigen.

Die Synoden und Umfragen zeigen überdeutlich, daß die meisten der engagierten und aktiven Freiwilligen mehr Mitsprache wünschen und mehr Verwirklichung nicht nur des Buchstabens, sondern des Geistes vom Zweiten Vatikanischen Konzil.[205]

5.3 Hauptamtliche und Freiwillige

Eine freie Vereinigung basiert hauptsächlich auf der Überzeugung und Großzügigkeit der Mitglieder, doch kommt sie nicht ohne Strukturen aus. Sobald sie einen gewissen Umfang annimmt, ist sie auf ein System von Hauptamtlichen angewiesen. Dadurch werden Bewegungen von Freiwilligen zu Organisationen von Freiwilligen (mit allen Vor- und Nachteilen). Wir beobachten das nicht nur beim Roten Kreuz, Amnesty International, Greenpeace oder Pax Christi, sondern auch bei den größeren Frauen- oder Jugendbewegungen. Manchmal sind die Hauptamtlichen zunächst Ehrenamtliche gewesen, wodurch der Erhalt des je »eigenen Geistes« garantiert ist. Größere Organisationen benötigen wirklich Professionelle, die gelegentlich auch von außen angeworben werden. Die Effizienz der Fachkompetenz ersetzt jedoch keinesfalls die Dynamik der eigenen Inspiration der Bewegung. Die Hauptamtlichen sollten daher immer mit der Mentalität von Freiwilligen weiterarbeiten, denn sobald sie gewöhnlich besoldete Angestellte werden, stellen sie eine Gefahr für die Bewegung dar. Dann schrumpfen Ideale auf ein Mittel zum Zweck, wie etwa Lohnerwerb oder politische Macht. Dadurch entfremdet sich der feste Kader von den wirklichen Problemen und Wünschen der Basis oder fängt an, die Basis zu manipulieren, statt zu motivieren. Darüber hinaus bringen Ehrenamtliche nicht selten ebensoviel Arbeit ein wie Teilzeitkräfte, so wie auch Teilzeitkräfte ungemein viel Freizeit in die Bewegung investieren können. Der formale Unterschied zwischen diesen Kategorien verschwimmt also manchmal, wodurch sich im Hinblick auf die Hierarchie und Besoldung Probleme ergeben können. Für eine störungsfreie Arbeit ist es daher notwendig, die Rechte und Pflichten der »hauptamtlichen Freiwilligen« und gewöhnlichen Freiwilligen genau zu umschreiben. Die Kirche hat einmal fast ohne jegliche Struktur und ohne Vollzeitkräfte begonnen. Petrus ist sicherlich noch eine Zeitlang Fischer geblieben, und Paulus hat lange selbst für seinen Unterhalt gesorgt. So fingen auch die bekannten Orden an. Die Vergrößerung zwang sie zu einer gewissen Struktur, zu der Einsetzung hauptamtlicher Leiter und zu immer mehr Uniformierung und Zentralisierung mit positiven wie negativen Folgen und der Notwendigkeit periodischer Erneuerung. Gleichwohl sind die Kirchen keine gewöhnlichen freiwilligen Bewegungen, denn sie haben nicht nur zum Teil sehr unterschiedliche Zielsetzungen – gleichsam nach dem Modell einer Holding (man denke etwa an Katechese, Liturgie, Krankenpflege, Schule, Entwicklungshilfe, Wallfahrten und den Kontakt zu anderen Kirchen) –, sondern berühren auch fortwährend die Kernfragen des Menschen, der nach Sinn sucht. Bei dieser letzten zentralen Aufgabe stehen sie unter einer fundamentalen Charta, der Heiligen Schrift, und bekennen, aktiv vom Heiligen Geist in einer lebendigen Tradition mit einer ordentlichen Leitung geführt zu werden.

Als eine jahrhundertealte freie Bewegung sind sie stark geprägt worden durch ihre Einbettung in die jeweils aufeinanderfolgenden Kulturen. Diese Einbettung hat – neben dem Vorteil einer konkreten Präsenz in einem bestimmten soziokulturellen Gesellschaftsmodell – auch den Nachteil, daß man sich in zeitgebundene Systeme verstrickt. Die Bewegung kann zur Gefangenen ihrer eigenen Organisation werden. So tragen etwa viele kirchliche Strukturen und Traditionen noch die Last der vergangenen byzantinischen, feudalen, monarchischen Gesellschaftsordnung mit sich. Alle Kirchen weisen Verflechtungen mit dem bestehenden Staatsmodell auf und werden mehr oder weniger ein Teil davon, wodurch sie einen halb-offiziellen politischen Status erhalten (zu denken ist etwa an die vielfältige Verbindung von Kirche und Staat, die manchmal mehr als tausendjährigen Fürstbistümer, den Kirchenstaat, die Konzilien und Synoden, die von Fürsten geleitet oder beeinflußt wurden, an die doppelte und dadurch zweideutige Funktion der Nuntii, die Konkordate, die Kirchensteuer usw.). Nicht selten werden die »Freiwilligen« so zu einem zivilrechtlichen Korps von Beamten. Was »Berufung« hätte sein sollen, wird »Beruf«. Die Folge davon ist – auch im säkularisierten und demokratischen Europa – noch immer spürbar. Viele erleben diese »ungleichzeitige Gleichzeitigkeit« als Bürde.

Inzwischen hat die Krise des Amtes zu einer neuen Wertschätzung des freiwilligen Charakters sowohl von Priestern als auch Laien geführt.[206] Man ist sich allmählich bewußt geworden, daß die Kirchen von hauptamtlichen und nicht-hauptamtlichen Freiwilligen getragen werden. So ergeben sich bei der Kompetenzzuschreibung und Abgrenzung der beiden Gruppen voneinander natürlich Probleme, zumal sich die Kompetenz ständig ändert und das kirchliche Recht hier unvermeidlich hinterherhinkt. Gleichzeitig ist neben der alten Gemeinde-Dekanat-Bistum-Struktur ein Komplex neuer Strukturen quer zu dieser territorialen Einteilung entstanden. Katechese, Schule, Caritas und zahlreiche Bewegungen haben ihre eigenen Strukturen und Ehrenamtlichen, die sich zu parallelen Hierarchien entwickelt haben. Der Priestermangel bringt es mit sich, daß die Präsenz der offiziellen traditionellen Freiwilligen – der geweihten Priester – hier stark zurückgeht oder gar nicht mehr gegeben ist. Auf diese Weise entstehen neue kirchliche Bereiche mit einer relativen Autonomie, in etwa zu vergleichen mit der Exemption der alten Orden. In diesen neuen Bereichen ist die Kirche als Bewegung manchmal stärker als in den alten Strukturen der Kirche als Institution oder Organisation. Doch auch in der Institution ist der Anteil der Freiwilligen stark angestiegen. Der Altersunterschied zwischen den älteren Priestern und den zum Teil besser ausgebildeten Laien fügt in diesem Fall dem Generationenkonflikt noch eine neue Herausforderung hinzu. Die Leitung wird hier mit einer neuen und komplexen Situation konfrontiert. Die Rekrutierungsbasis für Ehrenamtliche hat sich besonders im letzten halben Jahrhundert vielerorts verändert. Früher gab es nicht nur viele unverheiratete Frauen, die sich gerne zur Verfügung stellten, u. a. um ihre Freizeit sinnvoll zu füllen (im 19. Jahrhundert sammelten sich viele noch in den zahlreichen diözesanen Kongregationen). Etliche, darunter auch verheiratete weibliche Ehrenamtliche, gehörten der Mittelschicht an. Durch die Angleichung der sozialen Klassen einerseits und die rasante Zunahme der Berufstätigkeit der Frauen zwischen 18 und 50 Jahren in vielen Ländern andererseits ist dieses Potential jedoch ernsthaft geschrumpft. Heutzutage sind es vor allem die über 50jährigen, die über die nötige Zeit verfügen. Inzwischen haben zudem Tausende kleiner Dorfklöster geschlossen, wodurch der supplementäre pastorale Einsatz von Ordensfrauen stark zurückgegangen ist. Man ist aus diesem Grunde immer stärker auf ehrenamtliche Laien mittleren Alters angewiesen.

Die Gebietsvergrößerung in der regionalen Pastoral, vor allem in ländlichen Gebieten, wo die Zusammenlegung der priesterarmen Gemeinden am schnellsten vor sich geht, stellt höhere Anforderungen an die Ehrenamtlichen, die nun bei ihrem Einsatz, etwa um an einer Versammlung teilnehmen zu können, recht große Entfernungen zurücklegen müssen, während man früher noch nahe der Dorfkirche wohnte. Umfragen zeigen außerdem, daß viele Ehrenamtliche sich (z. B. wegen der Mobilität der modernen Familien) eher für eine genau umschriebene Aufgabe oder eine begrenzte Zeit lang engagieren. Es kann auch vorkommen, daß man die bequemere Lösung wählt, d. h. die Älteren einfach länger in ihrer Funktion beläßt oder immer nur auf sie zurückgreift, wodurch sich der Eindruck verstärkt, daß die Kirche ein Seniorenclub sei. Umfragen haben zudem ergeben, daß einige Ehrenamtliche überlastet sind und eine Großzahl sich für die pastoralen Aufgaben zu schlecht ausgebildet fühlt, besonders wenn dies auch Verkündigung und Management miteinschließt. Diese wenigen Beispiele dürften ausreichen, um die

Illusion zu zerstören, daß eine Kirche ausschließlich auf Laien gründen könnte.

Eine stabile Gruppe von Ehrenamtlichen benötigt tatkräftige Unterstützung durch Hauptamtliche. Bei ihnen stößt man jedoch auf eine Reihe von Faktoren, die zu berücksichtigen sind, wie z. B. die familiären Verpflichtungen; man darf diejenigen, die nur teilzeitverpflichtet sind, nicht als Hauptamtliche ansehen und muß mehr Vergütung für Pastoralarbeit einkalkulieren. Die Ehrenamtlichen sollten keiner Klerikalisierung unterworfen werden, sie benötigen Begleitung und Fortbildung für Teamarbeit, dürfen aber nicht durch mangelnde Mitsprache demotiviert werden. Die örtliche Politik stellt ein besonderes Problem dar. Viele Glaubensgemeinschaften erleben eine Polarisation der Meinungen zu Gesellschaft, Kirche und Glaube. Wo ein Priester vielleicht noch als Garant der Einheit über einige Autorität verfügte, ist das für einen hauptamtlichen Laien eine viel heiklere Angelegenheit, besonders wenn die eigene parteipolitische Richtung Spannungen erzeugt. Wo verschiedene Gemeinden unter einem Priester oder Priesterteam zusammengelegt werden, da ist der örtlich verantwortliche Laie als Bezugsperson meist unentbehrlich. Ehrenamtliche jedoch, die viel Zeit haben, sind nicht immer auch die geeigneten Personen für eine solche Aufgabe, bei der soziale Fähigkeiten überwiegen. Oft findet man kein geeignetes Gemeindemitglied für die Aufgabe einer Bezugsperson (obgleich ältere Lehrkräfte hierzu manchmal geeignet sind). Beantragt man dann eine(n) Pastoralarbeiter(in), eine(n) Pastoralassisten(in) oder einen Diakon, stellt sich unausweichlich das Problem der Besoldung. Diese kurze Zusammenstellung von Faktoren zeigt, welch hohe Anforderungen der Übergang einer Kirche mit überwiegend hauptamtlichen zölibatären Priestern zu einer Kirche von Laien, Ehren- und Hauptamtlichen, an die Personalpolitik vor allem der großen Bistümer stellt.[207] In einigen Ländern wird daher die Funktion des Dechanten neu definiert. Er wird dann jedoch eher ein regionaler Personalchef und Animateur als ein an nur eine Gemeinde gebundener Pfarrer sein. Der Dechant befindet sich so noch nahe genug bei den Haupt-

und Nebenamtlichen, um die immer wichtigeren herzlichen zwischenmenschlichen Kontakte zu ermöglichen.

Untersuchungen in allen Ländern haben erbracht, daß viele Priester nicht darauf vorbereitet sind, mit Laien, Haupt- oder Ehrenamtlichen – besonders noch, wenn dies Frauen sind – im Team zusammenzuarbeiten.[208] Sie sind häufig zu klerikal oder haben die Emanzipation der Frau noch nicht verarbeitet. In diesem Fall ist eine Fortbildung des Klerus, manchmal einschließlich der Bischöfe, die Voraussetzung für eine gute Entwicklung in der Zukunft, ansonsten werden sich die meisten kreativen Ehrenamtlichen enttäuscht zurückziehen. Ehrenamtliche benötigen genügend Experimentierraum, um eigene Initiative entfalten und zu der Inkulturation des Evangeliums in das moderne Umfeld beitragen zu können.

Der rasche Rückgang und die Überalterung des Klerus lassen unvermeidlich die Frage aufkommen, welche Ehrenamtlichen unter der Voraussetzung rechtzeitiger Ausbildung ausgewählt werden können, um Teil- oder Vollzeitkraft zu werden. Aus finanziellen Gründen, aber auch wegen eventuell mangelnder pastoraler Kompetenz kann man jedenfalls nicht bloß auf akademisch ausgebildete Laientheologen zurückgreifen. Rechtzeitige Planung ist dringend erforderlich, damit man auf eine sich rasant verändernde Situation reagieren kann. Es erscheint daher wünschenswert, nicht nur auf Bistumsebene solide Prognosen erstellen zu lassen (wie dies bereits an mehreren Orten geschehen ist), sondern die Situation und die Veränderungen, die erforderlich werden, auch den Gläubigen bewußtzumachen. Vielerorts verschließt man noch immer die Augen vor der Wirklichkeit – trotz der Warnungen vieler Synoden.

Inzwischen sind neben den klassischen Strukturen auch in der Kirche sogenannte »Selbsthilfegruppen« entstanden, nicht nur um der materiellen Not zu begegnen, sondern auch um nach einer zeitgemäßen Weise der Bildung und Erfahrung in Sachen Glauben zu suchen (Basisgemeinschaften, Bibelkreise, Gebetsgruppen). Über die Territorialgemeinden hinaus entstehen so faktisch Personalgemeinden. Dort übernehmen Ehrenamtliche fast alle Aufgaben. Bestehende Strukturen sollten hier nicht von vornherein nur eine gefährliche Konkurrenz sehen oder sich Rückgewinnungsstrategien überlegen. Es werden Kontakte zwischen solchen Gruppen und der bischöflichen Politik nötig sein, um eine heillose Entfremdung oder sektiererischen Wildwuchs zu verhindern. An einigen Orten wie etwa Spanien[209] wurde die allgemeine Supervision auch einmal einem Bischof anvertraut. Es ist wahrscheinlich, daß einige dieser kirchlichen Selbsthilfegruppen einen oder mehrere ihrer Mitglieder – auch was die Sakramente und die Liturgie betrifft – offiziell als vollwertigen Leiter anerkannt haben. Man stellt auch fest, daß in immer mehr Bewegungen der Priester (Propst, Gefängnisgeistliche, Geistlicher Beirat) durch Laien, Männer oder Frauen, ersetzt wird. Zu gegebener Zeit wird man auch dort die Frage nach der sakramentalen Befugtheit stellen.

Der zunehmend freiwillige Charakter der Kirchen wird Auswirkungen auf die traditionellen Hauptamtlichen, die Priester, haben. Besonders die jüngeren unter ihnen sehen sich dann weniger als »abgesondert« oder als ein soziales Kadermitglied, sondern eher als ein – wenn auch bezahlter und hauptamtlicher – freiwilliger Mitarbeiter, der sie im übrigen ja wegen ihrer Berufung auch sind und bleiben. Gleichzeitig scheint sich eine bestimmte Tradition des »Gehorsams« hin zu einem Klima der Solidarität und der Mitsprache aller pastoral Tätigen – nicht nur des »Presbyteriums« – nach regelmäßiger Beratung und Diskussion zu entwickeln. Unter Beibehaltung einer eigenen, erneuerten Identität wird für den Priester der Mit-Gläubige in einer brüderlichen und schwesterlichen Kirche an Bedeutung gewinnen. Dies ist vielleicht der bedeutendste Pluspunkt der gegenwärtigen Übergangsphase mit ihrer unumgänglichen Krisenstimmung.

5.4 Erwachsener Leitungsstil

Zeiten, in denen ein Kind Kaiser werden konnte, liegen lange hinter uns. Fürsten haben nur noch eine symbolische Funktion. Weltliche Führung in Politik, Wirtschaft und Kultur erfordert derzeit eine relativ lange Vorbereitung. Außer in kleinen Familienbetrieben übernimmt kaum noch jemand die letzte Verantwortung, bevor er oder sie nicht 30 Jahre alt ist, und für das Management mittelgroßer Betriebe sucht man zumeist nach Personen mittleren Alters (35–50 Jahre)[210]. Bei der Auswahl legt man zunehmend wissenschaftlich fundierte psychologische Kriterien zugrunde, wobei »natürliche« Lebensqualitäten außerordentlich wichtig sind, besonders wenn es sich um Funktionen wie die des Personalchefs oder Ersten Vorsitzenden handelt. Lebensalter führt nicht automatisch zu Beförderung in höhere Verantwortung. In einigen größeren Unternehmen hat niemand mehr über 55 Jahren eine Topfunktion inne, man wird dann höchstens Berater. Ausschlaggebend bleibt letztlich aber die Eignung für die Ausübung einer bestimmten Führungsfunktion.

In komplexen Organisationen, und dazu können auch kleinere Gruppen gehören, werden Leitungsaufgaben zunehmend, wenn nicht sogar nur noch, in Teamarbeit erledigt. Faktisch ist ja niemand mehr in der Lage, ohne gründliche Beratung und Befragung der unterschiedlichsten Fachleute zu einer differenzierten und sinnvollen Lösung für komplizierte Probleme zu kommen. Solche Leitung erfordert immer, daß man auf die eine oder andere Weise das Prinzip des »primus inter pares« akzeptiert. Dies alles trifft selbstverständlich auch auf die meisten freiwilligen Organisationen und Bewegungen zu, besonders dort, wo diese einen bunten Querschnitt der Bevölkerung unter ihren Mitgliedern aufzuweisen haben und unterschiedliche Zielsetzungen zusammenbringen müssen, wie etwa in Kulturvereinen. Die Verwaltungsräte haben hier die Funktion gleichsam einer Mittelachse.

Das oben Gesagte läßt sich wiederum leicht auf die Kirchen übertragen. Bischöfe und Kardinäle, die (wie vormals im Mittelalter) noch Kinder wären, gibt es nicht mehr. Kleinseminare oder Juvenate, in die Kinder oder Minderjährige eintraten, gehören – wenigstens in Westeuropa – der Vergangenheit an. Das heißt nicht, daß sich nicht noch immer reichlich unerwachsene junge Männer in den Seminaren oder Ordensinstituten anmelden, und nicht selten – vermutlich leider wegen der zurückgehenden Zahl von Bewerbern – werden sie (unvernünftigerweise) auch angenommen. Aber hier findet ebenfalls eine Veränderung statt. Wer jetzt aus einer säkularisierten Welt kommend eintreten will, in der (besonders bei der jüngeren Generation) die kirchliche Institution häufig mit Argwohn oder Gleichgültigkeit betrachtet wird, der ist zumeist älter als ein Bewerber kurz nach dem Zweiten Weltkrieg.[211] (In Mitteleuropa dagegen stellte die Verfolgungssituation große Anforderungen an die Bewerber.) Das Dramatische dabei ist jedoch, daß das erhöhte Erwachsenenalter vielleicht nicht einmal der wichtigste Faktor für die reduzierte Bewerberzahl darstellt. Die Barrieren in dem Ausleseprozeß sind so vielschichtig: Dazu gehören die klareren Anforderungen an den Glauben, das deutlichere Bewußtsein der Konsequenzen einer Entscheidung für ein zölibatäres Leben, die begrenzten Mitspracherechte in der Kirche, der eher prekäre materielle Wohlstand in einer aggressiven Konsumgesellschaft, die Herausforderung einer unwiderruflichen und endgültigen Entscheidung, die nicht durch eine höhere Sprosse auf der sozialen Leiter kompensiert werden kann usw.

Ein weiterer wichtiger Aspekt darf in diesem Zusammenhang nicht vergessen werden. Wo sich früher sehr begabte junge Männer für das Priesteramt beworben haben (in einigen Ländern gehörten viele zum obersten Viertel der Abiturienten), ist das Niveau inzwischen unbestreitbar gesunken. Der Druck der öffentlichen Meinung, das bereits erwähnte Wegfallen des sozialen Prestige, das in den meisten Kreisen mit dem Amt verknüpft war, die enorme Zunahme der höheren Bildung usw. sind mögliche Erklärungen für diese Qualitätsverschiebung. Die Gesellschaft ist mittlerweile komplizierter geworden und stellt in intellektueller, ethischer und psychologischer Hinsicht viel höhere Anforderungen an denjenigen, der von Berufs wegen mit Sinnfragen zu tun hat. Umfragen belegen, daß viele der kreativen Persönlichkeiten sich eher dafür entscheiden, Laientheologe zu werden als Priester. Dies hat auf lange Sicht große Folgen für die Qualität des höheren Kaders, wo man die Hauptverantwortlichen aus einer zusammengeschrumpften Gruppe nehmen muß. Das deckt sich übrigens mit der Tendenz, daß man für Professorenposten an theologischen Fakultäten zunehmend auf Laien zurückgreift – früher ein völlig unbekanntes Phänomen.

Kam es im Lauf der Geschichte vor allem darauf an, gute »Administratoren« zu finden, die neben der Aufgabe, eine statische Gesellschaft religiös wie vor allem liturgisch zu versorgen, auch als eine Art ethisches Polizeikorps dienen sollten (man denke etwa an den Kaiser-Küster Josefs II.) und dafür von staatlicher Seite honoriert wurden, so wird heutzutage das Prophetische und Kreative immer bedeutsamer. Eine freie Bewegung erfordert stets Initiativgeist, sensiblen Umgang mit Sprache und Symbolik, Verständnis für unbekannte Problemfelder und starke Differenzierung und Individualisierung der Mitglieder. Schlichte Wiederholung reicht bei weitem nicht mehr aus. Gleichzeitig bleibt für etliche Gläubige die kirchliche Einrichtung ein beschützendes Haus, von dem eher Sicherheit und Traditionsverbundenheit als Bewegung und Erneuerung erwartet wird. Die Leitung gerät dadurch sehr stark unter den Druck, der sich aus Spannungen zwischen Vergangenheit und Zukunft ergibt. Einige Leiter haben die Begabung, dies ein Leben lang einigermaßen aushalten zu können. Die meisten jedoch benötigen regelmäßige Fortbildung, gelegentlich ein Sabbatjahr, um sich neu orientieren zu können, sowie die Unterstützung jüngerer, begeisterter Teammitglieder. Eine ganze Reihe von Priestern um die fünfzig fühlt sich nämlich völlig ausgelaugt. Diese Gruppe nimmt zu, und das macht allmählich – besonders im Blick auf die Gesundheit der implizierten Glaubensgemeinschaft selbst – eine strukturelle und menschenfreundlichere Lösung dringend erforderlich. Diese Problematik ist jedoch zu komplex, als daß sie sich innerhalb eines kurzen Abschnitts abhandeln ließe.[212] Sie verdiente eine systematische Studie, sonst kann die Spannung, die sich vielerorts zwischen den älteren Priestern (motiviert noch vom Zweiten Vatikanum) und den jüngeren, die gelegentlich von einer strafferen klerikalen Identität träumen, bereits zeigt, noch zunehmen – zu Lasten der emanzipierten Laien.

5.5 Abbau von Sexismus

Die Führung in Europa war – bis auf ganz wenige Ausnahmen – durchweg Sache von Männern. Dies blieb auf politischem, universitärem, industriellem und kulturellem Gebiet auch so bis nach dem Zweiten Weltkrieg. Ebenso Kriegführen war Männersache, gelegentlich abgesegnet von männlichen Kirchenfürsten. Nur wenige Frauen hatten Zugang zu akademischer Bildung, und nur einzelne erhielten öffentliche Verantwortung. Gegen Ende des 20. Jahrhunderts hat sich diese Situation völlig verändert. An den meisten westlichen Universitäten finden sich gleich viele männliche und weibliche Studenten. Erziehung und Pflege wie die meisten gesellschaftlichen Versorgungseinrichtungen sind noch überwiegend in der Hand von Frauen. Überall gibt es weibliche Minister. Die Zahl der Arbeitgeberinnen steigt ständig. Früher rein männliche Clubs öffnen nun ihre Türen. Die Gesetzgebung verbietet jegliche Diskriminierung aufgrund des Geschlechts. Die Frauen – auch die katholischen – haben sich mittlerweile in sehr wichtigen Frauenorganisationen zusammengeschlossen. Schon allein in Flandern umfassen die drei großen christlichen Frauenorganisationen mehr als eine halbe Million Mitglieder. Die karitative Arbeit – christlich oder nicht – basiert im wesentlichen auf weiblichen Ehrenamtlichen. Gleiches gilt für die gesamte Katechese.

Und dennoch erscheint vielen die Kirche als letzte Bastion der männlichen Vorherrschaft, auch wenn die Fakten gegen diesen Eindruck sprechen. Es gibt dreimal so viele Ordensfrauen wie -männer. Äbtissinnen leiten meist viel mehr Frauen und vertreten meist mehr Einrichtungen als Ordensmänner. Frauen stellen die große Mehrheit der Praktizierenden und der »Gläubigen«. In einigen Ländern leiten Frauen die höchsten nationalen Laienorganisationen und sind Mitglied im Bischofsrat.

Auf der Ebene des Amtes und der Jurisdiktion jedoch sind sie nicht anzutreffen. Sie wurden sogar von den zwei neuen Funktionen, die »Ministeria Quaedam« (1972) in Aussicht stellte, ausgeschlossen. Keine einzige Frau hatte auf den römischen Synoden zur Katechese (1977), der Familie (1980), den Laien (1987), dem religiösen Leben (1994) Mitspracherecht. Allerdings wurde wiederholt von Wortführern in den nationalen oder römischen Synoden auf diese Anomalie hingewiesen. Die Reaktion in weiten Kreisen auf das päpstliche Schreiben »Ordinatio Sacerdotalis« (Juni 1994) beweist, wie sensibel die Thematik geworden ist. Dabei zeigt die Polarisation, erst in der schwedischen lutherischen Kirche, dann bei den britischen Anglikanern, ebenso, wie schwierig es selbst in demokratisch strukturierten Kirchen ist, einer Minderheit Rechnung zu tragen – und dies schon bei der nationalen Kirche des Westens. Einfach so weitermachen jedoch, als wenn es mit der Frau in der Kirche kein Problem gäbe, scheint auch völlig unmöglich. Der Kern dieses Problems liegt übrigens mehr auf dem Gebiet des Juristischen (Widerspruchs- und Mitbestimmungsrecht) als dem des Sakramentalen (Weihe). Natürlich könnte die Frau auch bei der Weihe mitbestimmen, u. a. indem sie eine seriöse theologische Umfrage zur Weihe anregte. Die Neubesinnung auf den Ort der Frau ist inzwischen schon geraume Zeit an der Basis in Angriff genommen worden.

5.6 Die Amtszeit

In der feudalen Gesellschaft, in der auch die zivile Politik durch »göttlichen Ursprung« legitimiert war und bisweilen durch eine halb-sakramentale »Salbung« bekräftigt wurde, waren die Leiter – aufgrund der erblichen Titel oder nach ihrer Einsetzung durch die Oligarchie – zumeist auf Lebenszeit ernannt. In Wirklichkeit war ihre Amtsdauer aber durch hohe Sterblichkeit aufgrund von Krankheiten oder Mordanschlägen begrenzt.

Im 20. Jahrhundert setzte sich allmählich das allgemeine Wahlrecht mit befristeten Amtsperioden durch. Die Kriterien der Eignung und das Bedürfnis nach Kontrolle haben zu neuen Formeln der Ernennung und Amtsenthebung geführt. Präsidenten, Universitätsprofessoren, Vorsitzende von fast allen Körperschaften werden grundsätzlich nur für eine begrenzte Periode gewählt. Bei Nichteignung während der Amtsperiode gibt es

Verfahren zur Absetzung. Wer als geeignet angesehen wird, kann wiederberufen werden oder eine andere Führungsfunktion erhalten. Die wichtigsten Gründe für diese begrenzenden Maßnahmen sind der Schutz gegen Machtmißbrauch und gegen Erstarrung. Darüber hinaus möchte man auch vermeiden, daß durch die zunehmende Verlängerung der Lebenserwartung eine bestimmte Generation zu lange die Entscheidungsbefugnis monopolisiert.

Die wichtigsten freiwilligen Bewegungen haben diese Auffassungen zur Begrenzung der Amtsperiode in ihre Statuten aufgenommen, zumeist um auf diese Weise den dynamischen Charakter einer »Bewegung« zu garantieren.

Eine symbolisch relativ wichtige, wenn auch nur zaghafte Reaktion auf diese Verschiebung der Sichtweise zeigte die katholische Kirche während und direkt nach dem Zweiten Vatikanischen Konzil. Kardinal Suenens wußte von Paul VI. zu erreichen, daß Bischöfe im Alter von 75 Jahren ihr Amt zur Verfügung stellen sollten (erst hatte er an 70 Jahre gedacht – der Entwurfstext spricht sogar von 65 Jahren – er vermutete jedoch zu Recht allzu großen Widerstand)[213]. Mit 80 Jahren sollten Kardinäle nicht mehr an einem Konklave für die Papstwahl teilnehmen. Die Präfekten der römischen Kongregation hatten im Prinzip alle fünf Jahre ihre Funktion bestätigen zu lassen. In einigen Bistümern wurde vorgeschlagen, daß die Gemeindepriester trotz des Priestermangels mit 70 Jahren in Pension gehen können sollten. In vielen Klöstern wurde die Amtsperiode des Abtes auf 12 Jahre oder weniger festgeschrieben. In den meisten Ordensinstituten werden die Oberen alle sechs Jahre durch Ernennung oder Wahl ersetzt. Auch für die Vorsitzenden der Pastoralräte gelten klare Befristungen der Amtszeit. Während des Konzils und verschiedener römischer Bischofssynoden erbaten mehrere Bischöfe ein Zeitlimit für ihr Amt (z. B. bis 12 Jahre).

Es wird wohl unmöglich sein, in einem so komplexen System wie der katholischen Kirche mit so sehr unterschiedlichen weltlichen Traditionen von Machtausübung allgemeine Festlegungen der Altersgrenze außer den genannten vorzuschreiben. Der Frage grundsätzlich aber auszuweichen ist ebensowenig möglich. Diese Frage berührt nämlich ein heißes Eisen in der theologischen Tradition, den dauerhaften Charakter des Amtes – zu einem Zeitpunkt, da (zumindest in der westlichen Welt) die Periode statischer sozialer Systeme vorbei ist. Dies trifft für die Kirchen um so mehr zu, als sich viele der besonders Engagierten bewußt werden, daß die Kirche im Grunde eine Bewegung von Freiwilligen ist.

In Konflikt miteinander geraten einerseits die Verpflichtung dem eigenen Gewissen gegenüber, die Verantwortung gegenüber anderen, aber auch die objektiven Anforderungen der Aufgabe, die Erfahrung, völlig ausgelaugt zu sein, der schwere Streß, die anhaltende Glaubenskrise, die Krise im ethischen Verhalten oder affektiven Leben mit der Verpflichtung andererseits, eine Aufgabe für die ganze Dauer des Lebens angenommen zu haben und redlich zu erfüllen. Viele Jugendliche, die sich womöglich zu einem kirchlichen Amt berufen fühlen und dafür auch geeignet wären, gestehen, daß sie neben dem Pflichtzölibat auch die lebenslange Dauer des geweihten Amtes abschreckt. In einigen Kirchen wie etwa bei den Anglikanern und den Orthodoxen werden ältere Verheiratete noch auf der Schwelle zum Altersheim geworben, als »Älteste« (Prebyteroi) ein geweihtes Amt teilzeitmäßig für die zehn oder fünfzehn Jahre aktiven Lebens anzunehmen, die sie noch vor sich sehen. Es herrscht jedoch vor allem großer Mangel an jungen *Seelsorgern* und *Seelsorgern* für Jüngere. In manchen Pastoralräten wurde die Frage gestellt, ob man nicht etwa 30jährige Seelsorger eventuell für eine begrenzte Zeit werben und ihnen sogar ein geweihtes Amt (inklusive des Priestertums) anvertrauen könnte. Je ernster die Mitsprache der Glaubensgemeinschaft und die Eignung genommen werden, um so schwerer kann man solchen Fragen aus dem Weg gehen, auch wenn man damit in der Kirche wenig oder noch gar keine Erfahrungen hat.

Natürlich kommen dann Einwände von seiten einer echten oder vermeintlichen Tradition: Priester in Ewigkeit, ewige Merkmale, Unauflöslichkeit der Ehe parallel zum sakramentalen und zölibatären Priestertum usw. Doch wie tief geht der Heilssinn dieser Einwände, und was gehört zu der unveränderlichen Tradition? Aus dem vorherigen Kapitel ging hervor, daß theologisch weniger Beschränkungen existieren, als man annimmt.

5.7 Die schwierige Finanzierung

Für die meisten freien Bewegungen stellt die Finanzierung der Hauptamtlichen ein beständiges Problem dar. Man greift auf Beiträge von Mitgliedern, Stiftungen, manchmal auch staatliche Fördermittel zurück, die für bestimmte, besonders kulturelle Initiativen zur Verfügung stehen.

Die Geschichte der Finanzierung derjenigen, die man respektlos »das kirchliche Personal« nennen könnte, muß erst noch geschrieben werden. Jahrhundertelang war diese Finanzierung eng mit der Feudalität verknüpft. Später sorgte der Staat dafür, zumeist nach ausgeklügelten Systemen, die die Kirchendiener nicht selten allzu abhängig von der Politik machten. In einigen Ländern führte dies zum System der Kirchensteuer in Zusammenarbeit mit der Regierung. Die Vor- und Nachteile werden nun zur Diskussion gestellt.[214] Die schwierige Reorganisation der kirchlichen Finanzierung nach der relativen Trennung von Kirche und Staat in Spanien und Italien und nach der Befreiung in Mitteleuropa illustriert die Komplexität des Problems sowohl für die »arme und dienende Kirche« (Y. Congar) der Zeit nach dem Zweiten Vatikanum wie für die weltlichen Staaten. In einigen Ländern wie den Niederlanden und Frankreich (und den USA) basiert die Finanzierung vor allem auf Mitgliedsbeiträgen.[215] Letztere schwanken wegen der unterschiedlichen nationalen Traditionen (niedrig in Frankreich und hoch in den Niederlanden). Allen Bürgern garantiert der Staat meist ein Minimum Einkommen und ein Minimum an Pension.

Der Rückgang der Gläubigen und Praktizierenden und die fortschreitende Säkularisierung des Staates bringen automatisch – wenn auch nicht überall – eine Dezimierung der traditionellen Finanzierungsmittel mit sich. Weniger Priester bedeutet theoretisch weniger Ausgaben. Eine Kirche jedoch, die evangelisieren und gegen den Strom schwimmen will, muß in neue Formen des Engagements investieren können. Aus dem ersten Kapitel ging klar hervor, daß die Überantwortung von Aufgaben an hauptamtliche Laien durch die begrenzten finanziellen Mittel eingeschränkt wird. Ohne einen festen Kader von Hauptamtlichen ist keine solide Pastoral möglich. Es erscheint daher dringend geboten, diesem Aspekt mehr Beachtung zu schenken und damit für die Zukunft Sorge zu tragen. Dies ist um so nötiger, als in einigen Ländern manchmal die Ordensinstitute sehr großzügige Geldgeber für erneuernde Initiativen waren. Ihre Überalterung, die auch teure Altenpflegekosten mit sich bringt, kann diese Geldquelle zum Versiegen bringen.

Möglicherweise wollen Gläubige, die Kerngruppen von echt Überzeugten bilden (wenn auch weniger zahlreich), wenn sie mehr Mitsprache erhalten, substantieller mithelfen. Dies verlangt nicht nur deutliche Information über den Bedarf, sondern auch die Verwendung der Mittel – und zwar auf jeder Ebene.

5.8 Die herausfordernde Dialektik von Bewegung und Organisation

Aus jeder Bewegung, die wächst, wird eine Organisation. Auf diese Weise schützt sie sich vor Chaos im Raum und Unterminierung in der Zeit. Organisationen entwickeln sich, besonders wenn sie international und multikulturell werden, unvermeidlich in Richtung von Uniformität und Zentralisation, falls nicht strukturell starke Gegenkräfte verankert wurden.

Von der Absicht ihres Gründers her sollte die Kirche eine Bewegung von »Anhängern des Weges« (Agp 9,2) bleiben, für die die Einheit eine ständige Sorge sein sollte. Dynamik und Zusammengehörigkeit zählen beide zu dem christlichen Projekt. Beide werden als Früchte des Geistes angesehen. Das Amt, in seiner vielfältigen Form, hat die Verwirklichung beider zur Aufgabe.

Die Geschichte lehrt, daß dieses Ideal kaum umsetzbar war. In *World Christian Encyclopedia*[216] beschreibt D. Barrett ungefähr 21.000 autonome christliche Bekenntnisse. C. Duquoc stellte in seinen *Les Églises provisoires*[217] eine theologische Reflexion dazu an: Alle Kirchen weisen auf das Reich Gottes hin, doch keine einzelne kann sich vollständig damit gleichsetzen. Einer der wichtigsten Gründe für diese Unterschiede bleibt die Vielfalt der Kulturen, in denen die evangelische Botschaft Gestalt annahm und eigene Akzente bekam.[218] Aus der Lehre einer dramatischen Vergangenheit heraus, die die Evangelisierung noch immer belastet, möchte die ökumenische Bewegung daher zwei Aufgaben versöhnen: Entwicklung auf mehr Einheit hin, aber unter Respektierung der Verschiedenheit. Die Lösung dieses Spannungsfeldes ist die Bedingung für die Inkulturation in die nicht-westliche Welt. Ansonsten wird zwar eine Organisation exportiert, schlägt die Bewegung aber keine Wurzeln. Die Herausforderung ist jedoch für Europa, die Heimat der drei großen christlichen Traditionen (der römisch-katholischen, der orthodoxen und der der Reformation – alle drei genährt von einem bestimmten kulturellen Humus), nicht weniger groß. Alle drei sind aufgerufen zu einem Auszug aus der Tradition der »Christenheit«, um als Bewegung in einer säkularisierten Gesellschaft präsent zu sein. Alle drei werden sie mehr oder weniger von ihrer Organisation mit deren Traditionen daran gehindert, wieder eine relevante Bewegung zu werden. Bei allen dreien sind es besonders die Amtsinhaber, die manchmal schmerzlich erleben, wie der Wein des Evangeliums die alten Schläuche zum Bersten bringt.

Trotz der Erneuerung zahlreicher Gemeinden sehen viele Amtsinhaber und Gläubige, wie die Organisation die Bewegung in ein Korsett preßt. Einige suchen dann einen Ausweg in einer der vielen neuen Bewegungen.[219] Davon sind einige stark charismatisch, andere wieder auf dem Weg zu etwas ganz Neuem, gehen weiter als das Zweite Vatikanum oder kehren zu einem vorkonziliaren Stil zurück. Einige weisen die Elemente aller drei Richtungen auf. Was auffällt, ist, daß viele davon neben den Bistümern oder an deren Peripherie eigene Ausbildungsformen für ihre Leitung, die Priester eingeschlossen, organisieren – ähnlich dem Modell der alten Orden. Daneben kennt jedes Land eine große Zahl sehr unterschiedlicher christlicher Basisgemeinschaften, die zumeist locker untereinander durch Netzwerke verbunden sind. Viele davon sind aus dem Unbehagen an der Unbeweglichkeit der Kirche heraus entstanden. Auch haben sie einen eigenen Führungsstil, weniger formal, mit und ohne Priester. Einige dieser Bewegungen oder Basisgruppen sind ausdrücklich ökumenisch, andere dagegen verweigern jeden ernsthaften Dialog mit den Christen anderer Kirchen.

Für jede Kirche und schon gar für die römisch-katholische wird die Frage nach dem Verhältnis zwischen den bestehenden Strukturen und diesen neuen Formen von Glaubensbewegungen zu einer schwierigen Aufgabe. Die Ortsbestimmung des Amtes gestaltet sich hier manchmal recht delikat. Die einen verlangen nach Priestern des vorkonziliaren Typs, die anderen nach einem radikal neuen Modell und wieder andere nach verschiedenen Zwischenformen. Die Kombination von ausreichender Einheit und ausreichender Unterschiedlichkeit bringt unmittelbar inner- und außerkirchliche Konsequenzen mit sich. Sie stellt – auch nur soziologisch gesehen – nicht nur an die kirchliche Führungsspitze hohe Anforderungen, sondern ebenso an die Gläubigen, die zwar einsehen, daß es in den alten Strukturen kracht, die aber noch keine harmonisch wachsende neue Alternative im Blick haben. Ein Teil schließt sich dem Rat von Gamaliel an: »Stammt dieses Vorhaben von Menschen, so geht es von selbst zugrunde; ist es aber von Gott, so könnt ihr es nicht zerstören« (Apg 5,38–39). Alle aber stoßen auf sehr begrenzte Experimentiermöglichkeiten oder auf Irritation und die Tendenz zu Wildwuchs und Sektiererei. Es ist bedauerlich, daß die europäische Synode (1991) diese Dialektik von Bewegung und Organisation[220] nicht vertieft hat.[221] Sie berührt sowohl die ganze ökumenische Problematik wie auch die Suche der europäischen katholischen Kirche nach neuen Gruppenformen und Führungsmodellen.

Die Frage nach einer neuen Gestaltung aller Ämter und Dienste muß zweifelsfrei auch in diesem Kontext weiter präzisiert werden: Wie kann man der Bewegung den Vorrang vor der Organisation einräumen? Welche Organisationsform ist für eine Unterstützung dieser Bewegung angemessen? Welche Art von

Führung ist hierfür nötig? Eine Wiederbelebung der Pastoralräte und Synoden (auf diözesaner, nationaler oder europäischer Ebene) wäre sicherlich ein notwendiger Weg. Das Prophetische der einzelnen Laien, Ordensangehörigen, Priester und Bischöfe ist jedoch in gleicher Weise Bedingung. Auf jeden Fall gehört es zum Amt, dafür Sorge zu tragen, daß die Kirche eine Bewegung bleibt, daß die Organisation der Bewegung dient und daß die Kirche sich in all ihren Gliedern unter den immer neuen Appell des Geistes Jesu stellt, sich einzusetzen für das Reich Gottes, und daß sie aus diesem Grunde unablässig Freiwillige für zeitgemäße Glaubensgemeinschaften wirbt.

[187] A. Faivre, Ordonne la fraternité. Pourvoir d'innover et retour à l'ordre dans l'Église ancienne, Paris 1992.

[188] G. Alberigo u. a., La chrétienté en débat. Histoire, formes et problèmes actuels (Colloque de Bologne, 11.-15. Mai 1983), Paris 1984.

[189] Nach der EVS-Studie bezeichneten sich in Westeuropa 77 % als Mitglied einer religiösen Konfession, davon 81 % katholisch. Von den Katholiken glaubten 44 % an die Auferstehung, 39 % nicht, 17 % wußten es nicht (1990).

[190] J. J. Vollebergh, Religious Leadership, in: L. Grollenberg u. a., Minister? Pastor? Prophet? Grass roots leadership in the churches, London 1980, 41–56.

[191] Vgl. in diesem Zusammenhang auch: Bisschoppelijk leiderschap, Pro Mundi Vita Bulletin, Nr. 65, 1977 [auch in deutsch, englisch und französisch].

[192] Vgl. z. B. G. Schmidtchen, Was den Deutschen heilig ist. Religiöse und politische Strömungen in der Bundesrepublik Deutschland, München 1979, 94.

[193] Nach der EVS-Untersuchung bezeichneten sich 1990 in den Niederlanden 51 % als nicht-kirchlich, d. h. nicht mehr zu einem religiösen Bekenntnis gehörend, gegenüber 23 %, die zum engeren Kern gehörten, d. h. regelmäßig praktizierten und aktiv in einer Gemeinde waren (dazu im Vergleich etwa Belgien mit 32 % bzw. 9 % und Schweden mit 19 % bzw. 4 %).

[194] In den Niederlanden bezeichnete sich 1901 bei der Volkszählung 1 % als nicht-kirchlich; 1990 war diese Zahl bei der Altersgruppe der 18- bis 24jährigen auf 61 % gestiegen (EVS); gleichzeitig gaben 23 % der Bevölkerung an, kirchlich stark engagiert zu sein (der höchste Prozentsatz in ganz West-Europa).

[195] Vgl. R. Bellah u. a., The Habits of the Heart, New York 1985, 219–249 (bes. 232).

[196] L. Moulin, De levende wereld der religieuzen, Brügge 1966 (= Le monde vivant des religieux, Paris).

[197] Ein weltliches Plädoyer für mehr Verantwortungssinn: F. Lenoir (Hrsg.), Le temps de la responsabilité, Paris 1991 (mit einem bemerkenswerten »Postface« von P. Ricoeur).

[198] Viele Beiträge in: Ethical Perspectives, Quaterly Review, Center for Christian Ethics, Catholic University of Leuven.

[199] R. Bellah (Hrsg.), The Good Society, New York 1992.

[200] Der Titel der konziliaren Konstitution »Lumen Gentium« bezieht sich in erster Linie auf Jesus Christus, und in den ersten Zeilen wird auf den Hl. Geist verwiesen. Vgl. auch W. Kasper/G. Sauer, Kirche – Ort des Geistes, Freiburg 1976.

[201] Bei der Auswertung der deutschen Synode (1972–1975) kam viel Ernüchterung zutage. Nach der römischen Synode zum religiösen Leben (1994) trat Kardinal G. Danneels für ein gründliches Überdenken der Methode ein; ein anderer Kardinal beantragte sogar eine Synode zur Synode. Auf diözesaner Ebene aber wurde innerhalb der – begrenzten – Möglichkeiten einer Synode viel mehr erreicht (vor allem in Frankreich, aber auch in Deutschland).

[202] J. Kerkhofs, Christenen zonder kerk, in: Streven 58 (1991), 675–684.

[203] G. Albergio/J.-P. Jossua (Hrsg.), La réception de Vatican II, Paris 1985.

[204] Das Schreiben »Dialog statt Dialogverweigerung. Wie in der Kirche miteinander umgehen?« des Zentralkomitees der deutschen Katholiken (Ende 1991), das einen scharfen Protest gegen den fehlenden Dialog zum Ausdruck brachte, fand große Resonanz (Herder Korrespondenz 46 (1992), 497–499). Bischof Karl Lehmann, der Vorsitzende der deutschen Bischofskonferenz, schloß sich diesem Protest an (1994).

[205] Etwa die zahlreichen französischen Synoden (im November 1993 haben von 107 Bistümern, die Gebiete in Übersee mitgerechnet, 43 eine Synode abgehalten und 6 eine vorbereitet); vgl. dazu eine Bibliographie und Besprechung in »Esprit et Vie« 104 (11e série), Nr. 42 (1994), 561–567.

[206] Bei zehn Ländern Westeuropas stellt die EVS-Umfrage allgemein wenig Unterschiede zwischen Katholiken, Protestanten, regelmäßig Praktizierenden und Nicht-Kirchlichen bei der Mitgliedschaft in einer sozialen freiwilligen Organisation (überall etwa 5 %) oder bei ehrenamtlichem Engagement (etwa 2 %) fest. Auffällige Unterschiede hingegen gibt es bei den kirchlichen oder religiösen Organisationen. Hier kommt man wie bei den Sportorganisationen zu den höchsten Zahlen: 13 % der Katholiken und 23 % der Protestanten geben an, Mitglied zu sein (bei den regelmäßig Praktizierenden 25 %); 7 % der Katholiken und 8 % der Protestanten geben an, ehrenamtlich engagiert zu sein (14 % der wöchentlich Praktizierenden, besonders in den Niederlanden und Belgien). Das bedeutet, daß die kirchliche ehrenamtliche Arbeit in Westeuropa sehr hoch rangiert.

[207] Vgl. dazu: Pastoraat in gedeelde verantwoordelijkheid: Een werkboek over het functioneren van het vrijwilligerskader in het pastorale werk, Zeist (Dioc. Past. Centrum Utrecht) 1985.

[208] De gemengde pastorale teams, in: Pro Mundi Vita Bulletin, Nr. 78 (1979).

[209] La pastorale des grandes villes: le diocése de Madrid. Pro Mundi Vita, Europe-Amérique du Nord, Nr. 20, 1983, 21–22.

[210] Im Mittelalter galt man je nach geltendem Recht ab 13–15 Jahren als erwachsen (R. Delort, La vie au Moyen Age, Paris 1982, 110).

[211] Sowohl was die Rekrutierung als auch was die Bildung (und die Mentalität) angeht, gibt es zunehmend große Unterschiede (vgl. besonders: C. Flipo, Les jeunes prêtres en France, in: Études, t. 381 [1994], 513–534); diese Kandidaten wissen, daß es mit der »Christenheit« vorbei ist.

[212] D. F. Gillespie (Hrsg.), Burnout among social Workers, New York 1987; siehe auch das Dossier Stress et équilibre de vie. Apropos du prêtre catholique, in: Le Supplément, Nr. 179 (1991), 7–100.

[213] L. J. Kardinal Suenens, Souvenirs et espérances, Paris 1991, 121 [= L. J. Kardinal Suenens, Terugblik en Verwachting, Tielt 1991, 127].

[214] W. Seibel, Verwaltete Kirchen in einer verwalteten Welt, in: Stimmen der Zeit 212 (1994), 721–722.

[215] In den USA zahlen der Kirche 60 % der Katholiken pro Woche und pro Familie 1 Dollar (man schätzt, daß alle Katholiken zusammen 1991 weniger als 1 % ihres Einkommens der Kirche schenkten, gegenüber 6 % bei den Mormonen, 2,9 % bei den Baptisten, 1,3 % bei den Lutheranern) (vgl. dazu die Sondernummer von Concilium 14 [1978], 7).

[216] D. B. Barrett (Hrsg.), World Christian Encyclopedia. A. Comparative study of churches and religions in the modern world AD 1900–2000, Oxford University Press, 1982; R. Michiels, Het wereldchristendom, Averbode 1991.

[217] C. Duquoc, Les Églises provisoires. Essai d'ecclésiologie oecuménique, Paris 1985 (= Provisional Churches. An Essay in Ecumenical Ecclesiology, London 1986).

[218] Y. Congar verwies hierauf bereits in seiner ersten großen Studie (M.-Y. Congar, Chrétiens désunis, Principes d'un »ecuménisme« catholique, coll. Unam Sanctam 1, Paris 1937).

[219] Vgl. u. a. die Sondernummern von »Concilium« (9/1973–9 und 19/1983–1); einige »Bulletins« in 8 (1972) 2; D. Hervieu-Léger, Vers un nouveau christianisme?, Paris 1986 (Kap. IV. Les nouveaux mouvements religieux); M. Hébrard, Les nouveaux disciples dix ans après. Voyage à travers les communautés charismatiques, Paris 1987; S. Abbruzzese, Communione e liberazione, Paris 1989, und die zahlreichen Publikationen von und über Opus Dei.

[220] Vgl. hierzu die Sondernummer von Concilium »Kirche als Institution« 10/1974–1; Avery Dulles, The Resilient Church. The Necessity and Limits of

Adaption, New York 1977 (besonders Kap. 2: Church Reform Through Creative Interaction).

[221] In der Abschlußerklärung der Synode werden zwar erst die Gemeinden, dann die neuen Bewegungen und zuletzt die Basisgemeinschaften als wichtige Schalthebel der neuen Evangelisierung erwähnt, aber zu ihrem Verhältnis untereinander und den Fragen zur Leitung, die in allen drei Gruppen auftauchen, wird nichts gesagt.

6. WOHIN GEHT DIE ENTWICKLUNG? MÖGLICHE LÖSUNGSWEGE

Jan Kerkhofs / Paul M. Zulehner

Die vorherigen Kapitel haben die Dringlichkeit und Komplexität der Suche nach Lösungen für das priesterarme Europa umrissen sowie die Perspektiven angedeutet, die Exegese, Geschichte, Soziologie und Theologie eröffnen. Herausgestellt wurde auch, daß die Zeit der zwei nebeneinander existierenden »societates perfectae«, Staat und Kirche, vorbei ist und die Glaubensgemeinschaften die Gestalt freier Vereinigungen neben anderen in einer pluralistischen und multireligiösen Gesellschaft annehmen.

Die Situation in anderen Kontinenten (USA, Kanada, Australien) gestaltet sich natürlich ähnlich oder ist seit vielen Jahren schon bedrückender (Lateinamerika und weite Teile Asiens und Afrikas). Da das herkömmliche Priester- und Gemeindemodell aus der lateinischen westeuropäischen Kirche exportiert wurde, kann die Suche nach Lösungen in Europa vielleicht auch anderenorts Anregungen darstellen.

Dieses Kapitel möchte Entwürfe vorlegen. Keiner davon ist absolut zwingend, und alle haben Vor- und Nachteile. Neue Maßnahmen werden Krisen verursachen, schlimmere noch, wie einige meinen, als wenn man es bei der heutigen Krise beließe. Ausschlaggebend wird die pastoraltheologische Auffassung vom Sinn und Zweck einer Glaubensgemeinschaft von heute sein müssen. Welche Richtung man auch einschlagen wird, immer gilt der alte Grundsatz: »sacramenta propter homines« – die Sakramente sind für die Menschen da und nicht umgekehrt.

6.1 Die Umverteilung der verfügbaren Priester

Seit den Reisen des Paulus zu Beginn der Kirche ist die Tatsache, daß man Priester in Gebiete, in denen es keine oder nur wenige gibt, gesandt hat, ein Ausdruck für die universale Mitverantwortung der Kirchen füreinander gewesen. So hat sich das Christentum in Asien, Nordafrika und Nordeuropa ausgebreitet (Aussendung der Benediktiner durch Papst Gregor nach England und Missionierung Nordwesteuropas durch irische Mönche) und zur Zeit der Entdeckungen und des Kolonialismus auch in anderen Kontinenten. Nach dem Zweiten Vatikanum wurden von 1967 an diözesane »Fidei-Donum«-Priester, meist nur für eine begrenzte Zeit, besonders nach Afrika und Lateinamerika geschickt. Die Stiftung »Pro Mundi Vita« (1960–1991) war zunächst für die Aussendung europäischer Priester nach Brasilien gedacht. Doch auch in Europa nahm der Priestermangel zu. Daher richteten Erzbischof-Koadjutor F. Jachym (Wien) und Mgr. J. Dellepoort 1960 in Maastricht ein Europäisches Priesterseminar ein[222], u. a. mit der Absicht, Priester aus den Niederlanden und Belgien für Deutschland, Österreich, Frankreich und Skandinavien auszubilden. Der Rückgang der Berufungen führte zur Schließung dieses Seminars.

1991 veröffentlichte die römische Unterrichtskongregation (»sacra congregatio de seminariis et universitatibus studiorum«) ein Dokument zur möglichen Neuverteilung des Priesterpotentials.[223] Da der Heilige Stuhl die Weihe von »viri probati« ausschließt, schlägt das Dokument folgende Maßnahmen vor: die Fidei-Donum-Priester zu fördern (in Lateinamerika befinden sich 2.500, darunter etwa tausend aus Spanien), für den Einsatz in Gemeinden stärker an westliche Kongregationen zu appellieren, Förderung des ständigen Diakonats und der Dienste Nicht-Geweihter (z. B. Katecheten). Das Dokument tritt ein für eine langfristige Förderung von Berufungen zölibatärer Männer (etwa durch neue Seminare und Seminare für diözesane Priestermissionare). Dieser Aufruf richtet sich faktisch vor allem an Europa und Nordamerika, wo sich 38,8 % der Katholiken und 73,1 % des Klerus befinden.[224] Auf dem Hintergrund der Ergebnisse der vorherigen Kapitel scheint eine solche Strategie – Polen vielleicht vorläufig noch ausgenommen[225] – jedoch wenig Erfolgsaussichten zu haben. Einige westeuropäische Bischöfe wie Kardinal Simonis (Utrecht) in den Niederlanden werben z. B. polnische Priester an, dagegen äußerte etwa Bischof H. Ernst (Breda) seine

Zweifel gegenüber der pastoralen »Inkulturationsfähigkeit«. Im wallonischen Brabant (Belgien) wirbt man afrikanische Priesterstudenten der Université Catholique de Louvain.[226] Mit solchen Kunstgriffen kann man ein strukturelles Problem natürlich nicht in den Griff bekommen. Zudem sind diese zeitweilig importierten Priester auf ihren Einsatz in einem ganz anderen Kulturgebiet in keiner Weise vorbereitet – im Gegensatz zu den Angehörigen der großen Missionsinstitute in der Vergangenheit.

6.2 Intensivere Förderung der Mitverantwortung von Laien

Die afrikanischen Kirchen wie auch die Indonesiens werden in hohem Maße von Tausenden von Katecheten getragen, die zahllose »Missionsstationen« in Abwesenheit von Priestern leiten. In Lateinamerika sind Ordensschwestern für Hunderte von Gemeinden verantwortlich, und auch dort werden sehr viele Basisgemeinschaften von »Vorstehern des Wortes« oder anderen Verantwortlichen geleitet.[227] Was bis vor kurzem noch eine große Ausnahme in Europa war, wird inzwischen auch hier üblicher. Den vermehrten Einsatz von Laien haben wir bereits gesehen, wobei dieser Einsatz an Priester und Laien neue Anforderungen stellt. Die Priester setzen sich inzwischen, viel stärker, als es je früher der Fall war, für die Befähigung dieser Laien ein. Sie mußten als Seminarprofessoren z. B. teilweise umlernen, nämlich von der Ausbildung zukünftiger Priester (also von Männern und Zölibatären) zur Ausbildung und Begleitung von Männern und Frauen, verheiratet oder unverheiratet, mit oder ohne Kinder. Dies machte – da man hier auf keine Tradition zurückgreifen konnte – neue Methoden und sogar eine neue Sprache für den Inhalt erforderlich. Durch diesen von Grund auf veränderten Auftrag und durch den Impuls vom Leben her begannen einige Pädagogen, sich Fragen zur Theologie des Amtes zu stellen, zur Möglichkeit einer anderen Gestaltung oder häufig auch zum Einsatz von Frauen. Auch die Priester in der Gemeindepastoral gerieten immer häufiger in eine neue Situation. Aus faktischen Alleinherrschern – besonders zu der Zeit, als Latein noch die

Sprache der Liturgie war – wurden Leiter von Pastoralteams mit meist jüngeren Laien, die eine Tradition der Mitsprache und Demokratie mitbrachten. Die schnelle Entwicklung der akademischen Bildung nach dem Zweiten Weltkrieg hatte zudem zur Folge, daß viele Laien auch inhaltlich, sowohl theologisch wie spirituell, viel mündiger geworden waren. Es fühlten sich aus diesem Grunde auch nicht wenige ältere Priester in ihrer Identität bedroht (denn immer mehr Aufgaben gelangten in die Hand der Laien-Mitarbeiter), während andere diese Entwicklung gerade sehr begrüßten. Dies trug unbestritten zu einer gewissen Polarisation innerhalb der Priesterschaft bei, wovon nicht nur die Abspaltung von Anhängern Erzbischof Lefebvres zeugt, sondern auch die Entstehung von Priestergruppen, die zwar nicht so weit gehen, aber die Konzilstexte zu den Laien sehr eng auslegen. Besonders pastoral engagierte Frauen haben es daher besonders bei diesem Priestertyp sehr schwer, Anerkennung als vollwertige Mitarbeiterinnen zu finden. An den meisten Orten verläuft die Zusammenarbeit von Priestern und Laien vermutlich besser (repräsentative Studien dazu gibt es in Europa noch nicht, aber eine Vielzahl kleinerer Untersuchungen weist in diese Richtung), u. a. weil in vielen Ländern angehende Priester (oder Diakone) zusammen mit Laien theologisch und pastoral ausgebildet werden.

Natürlich ergibt sich hier eine ganze Reihe neuer Schwierigkeiten. Wir nennen nur einige: Wo hauptamtliche Laien ständig mit Priestern zusammenarbeiten, drängt sich die Frage auf, warum sie nicht auch Mitglied im Priesterrat sein können. Nicht wenige akademisch ausgebildete Laien sind intelligenter und dynamischer als ihre Priesterkollegen, und doch gibt es für sie – bis auf seltene Ausnahmen – wenig Aufstiegschancen innerhalb der Kirche. Noch drängender wird die Spannung, wenn Laien faktisch die Leitung einer Gemeinde innehaben, sie kirchenrechtlich aber die letzte Verantwortung in den Händen eines Priesters wissen.[228] Dies ist natürlich jahrhundertelang in Lateinamerika auch schon der Fall gewesen, und seit dem vorigen Jahrhundert darüber hinaus in den missionierten Gebieten Afrikas, in Europa jedoch ist man nicht daran gewöhnt, daß der, der die Gemeinde faktisch leitet, nicht der Letztverantwortliche ist. Die Pastoral selbst führt also recht schnell zu der Frage, ob man nicht von der theologischen Tradition Abstand nehmen muß, daß der, welcher der Glaubensgemeinde vorsteht, auch in der Eucharistie Leiter sein sollte.

Umgekehrt droht der Priester, wenn er für mehrere Gemeinden zuständig ist, auf einen reinen Sakramentenspender zurückgestutzt zu werden. Im alten Abendland, wo man – mehr noch als kirchliche Trauungen und sogar Taufen – vor allem eine kirchliche Beerdigung wünscht[229], wird der Priester stark mit der Aufgabe identifiziert, den Auszug aus dem Leben von kaum oder gar nicht mehr Gläubigen zu begleiten.[230] Daß ältere Priester dadurch depressiv werden, verwundert nicht. Priester sehen auch, wie die Aufgabe der Verkündigung – das Sakrament des Wortes – immer mehr zur Domäne der Laien wird. Da die Beichtpraxis in weiten Teilen Europas sehr stark zurückgegangen und bei der jüngeren Generation – auch der praktizierenden – so gut wie völlig verschwunden ist, läuft die Aufgabe des Priesters neben Begräbnisfeiern auf Taufe, Eucharistie und Eheschließung hinaus. Mittlerweile kommt in vielen Glaubensgemeinschaften die Frage auf, warum die verantwortlichen Laien nicht taufen oder trauen dürfen: Sie kennen die Familien manchmal viel besser als der Priester und stehen aufgrund ihres Alters deren Mentalität näher. Die Folge davon könnte sein, daß die Rolle des Priesters auf die Eucharistie und die Koordination der Pastoral für die Gemeinden, für die er die letzte Verantwortung trägt, zusammenschrumpft.

Natürlich können viele dieser Probleme noch innerhalb des heutigen Systems gelöst werden, zumindest solange man noch über eine substantielle Gruppe von Priestern verfügt. Kirchenrechtlich ist es unter gewissen Bedingungen möglich, daß man Laien die Genehmigung erteilt, Kinder zu taufen, Ehepaare zu trauen und Begräbnisfeiern ohne Eucharistie zu leiten.[231] In vielen sogenannten Dritte-Welt-Ländern ist eine solche Praxis bereits üblich. Durch Aufgabenteilung in regionalen Priesterteams können Priester sich für bestimmte Gruppen (Jugendliche, Kranke) oder Aufgaben (Katechese, liturgische Gestaltung) spezialisieren. Jüngere und teilweise freigestellte Dechanten können die Koordination der Pastoral übernehmen und für die Rekrutierung und Einstellung der Laien sorgen. Wenn diese pastorale Option sich durchsetzt, wird man in der Aus- und Fortbildung mehr als früher kommunikative Fähigkeiten fördern müssen. So kann eine zügigere Zusammenarbeit von Priestern und Laien (u. a. Frauen) angeregt und der Klerikalismus des Klerus sowie der »laizistische Klerikalismus« einiger engagierter Laien abgebaut werden. Auf diese Weise können sich Laien wie Priester eher als Glieder des einen Gottesvolkes mit dem urchristlichen Ideal echter Brüder- und Schwesterlichkeit erleben.[232] Zugleich stünde die Pastoral mehr im Leben: Der Priester wäre weniger »abgesondert« (separatus), nicht mehr eine Art Mönch in dieser Welt, und der Laie brächte seine Erfahrungen mit ein – bis hin zur Vorbereitung einer zeitgemäßen Liturgie und zu lebendigen Predigten. Diese Entwicklung eröffnet auch Perspektiven für den biblischen Beitrag theologisch ausgebildeter Frauen.[233]

Doch auch dieses Idealbild hat seine Einschränkungen. Zunächst einmal wird hierbei die Existenz jüngerer und qualifizierter Priester vorausgesetzt, was aber an immer weniger Orten der Fall ist. Weiter müßten hauptamtlich eingesetzte Laien ein adäquates Gehalt bekommen, und zwar wegen der familiären Belastung ein höheres als das, was die Priester in vielen Ländern erhalten, selbst wenn sie über ein leerstehendes Pfarrhaus verfügen können (wie dies hier und da bereits geschieht).

Das eigentliche Problem aber liegt noch tiefer. Sobald es die Regel wird, daß ein Laie oder ein Team von Laien die Ortsgemeinde in ihrem alltäglichen Leben leitet, ergeben sich drei Probleme: zunächst die Umschreibung ihrer oder seiner Befugnisse als Verantwortlicher am Ort gegenüber dem letztverantwortlichen Priestermoderator (canon 517,2). An mehreren Orten sehen die Gläubigen ihren örtlich Verantwortlichen als den eigentlichen Gemeindeleiter an und verstehen nicht, daß dieser nicht einfach »Pfarrer« wird und für diese Funktion die Weihe erhält.

Dasselbe erleben übrigens Laien, Pastoralarbeiter(innen) in Krankenhäusern, die man um die Krankensalbung oder die Eucharistie bittet. Weiter ist da noch die bereits erwähnte theologische Anomalie eines Gemeindeleiters, der die Eucharistie nicht leiten darf. Sollte diese Situation noch einige Generationen bestehen bleiben, dann bekommen viele Gemeinden ein »protestantisches« Gesicht: Das Gleichgewicht zwischen dem Sakrament des Wortes und dem Sakrament der Eucharistie wird gestört und das Wort einseitig hervorgehoben. Den Versuchen, die Identität der Priester zu retten, kann die sakramentale Identität der Glaubensgemeinschaft unbemerkt zum Opfer fallen. Zuletzt bleibt noch das Problem der Amtszeit von einem Laien-Gemeindeleiter. Wie lange werden sich Laien mit der Gemeindeleitung belasten wollen, und wie lange wird dies von der Familie und Gemeinde akzeptiert werden? Ein zölibatärer Priester kann in einen anderen Ort ziehen, für einen Laien ist dies jedoch nicht ohne weiteres machbar. Im Prinzip also müßte letzterer für einen bestimmten Ort und eine begrenzte – gegebenenfalls verlängerbare – Zeit benannt werden.

Die angesprochene Problematik wurde sehr gut – auf dem Hintergrund von Erfahrungen in Frankreich – in einem aufsehenerregenden Artikel von B. Sesboüé[234] in neun Punkten gebündelt. Wir fassen sie zusammen: 1. Die Gemeindegemeinschaften gewöhnen sich an die Leitung durch einen Nicht-Geweihten. 2. Die Gläubigen erleben die Abwesenheit des Priesters nicht nur bei Eucharistie und Beichte, sondern auch beim Todesfall. 3. Die Verkündigung des Wortes ist abgekoppelt von der Spendung der Sakramente. 4. Der Bruch zwischen der Vorbereitung auf die Sakramente und deren Spendung wird vollzogen. 5. Aufgaben, die normalerweise dem geweihten Gemeindediener zustehen, werden Nicht-Geweihten anvertraut. 6. Man beobachtet die Entstehung para-sakramentaler Handlungen, u. a. was die Krankensalbung und die Beichte betrifft. 7. Es fällt schwer, die Klerikalisierung der Laien-Leiter zu vermeiden, da sie sozial-psychologisch zum »Klerus« gehören. 8. Die besten Laien werden stark von der Pastoral beansprucht und stehen für einen Einsatz außerhalb kaum mehr zur Verfügung. 9. Die meisten hauptamtlichen Laien sind Frauen, wodurch sich der Druck verstärkt, ihnen die Weihe zuzugestehen. Sesboüé hält all diese Spannungen für durchaus heilsam: Das Leben könne auf diese Weise allmählich die Institution zu neuen, verantworteteren pastoralen Entscheidungen zwingen. Er sieht hauptsächlich zwei: Entweder sollte man die Spendung der Sakramente kräftig reduzieren und damit aufhören, den Laien verschiedene pastorale Aufgaben anzuvertrauen, oder man sollte diese neuen Verkündiger und Leiter durch eine Weihe bestätigen.

Der vielfältige Einsatz von Laien scheint also ebenso viele Probleme zu schaffen, wie er innerhalb der bestehenden Kirchenordnung löst.[235] Und trotzdem ist dieser Einsatz in Europa und anderswo eine Überlebensfrage.[236]

Es gibt einige Studien zur Bereitschaft von Gemeindemitgliedern, bestimmte Personen als Verantwortliche anzuerkennen, die den Priester/Pfarrer ersetzen können (juristisch unter der Leitung eines Priesters außerhalb der Gemeinde). So zeigt eine Untersuchung aus Österreich[237], daß sich 1980 52 % und 1990 58 % mit folgender These einverstanden erklären: »Viele sagen heutzutage auch, für mich ist jeder akzeptabel, der über die nötige Eignung und Bereitschaft für einen Einsatz verfügt.« Die folgende Graphik illustriert, wen man nicht akzeptieren würde:

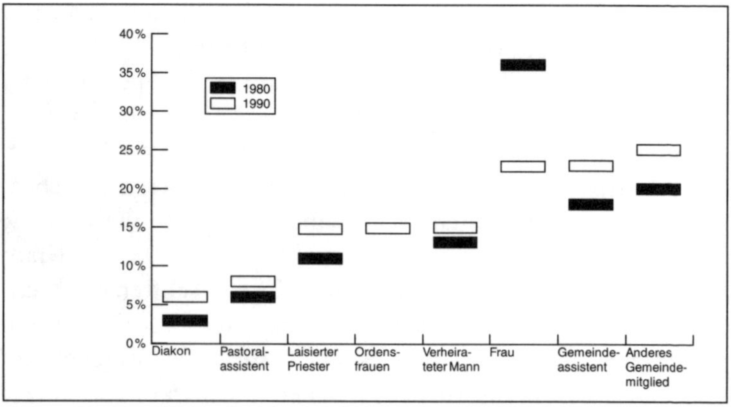

6.3 Erhöhung der Anzahl Diakone

Es ist sicher nicht die Absicht des Konzils gewesen, das ständige Diakonat als Kompensation für den Priestermangel einzuführen, auch wenn einige Konzilsväter hierin eine mögliche Vorstufe zur Priesterweihe von »viri probati«, bewährten verheirateten Männern, erkennen; dazu die deutschen Bischöfe: Nur ein Priester kann einen Priester ersetzen.[238]

Unter dem Druck des Priestermangels werden jedoch vielerorts immer mehr Diakone – sie sind doch »geweiht« – mit der faktischen Gemeindeleitung betraut. Sogar das genannte Dokument der Erziehungskongregation scheint hierin – zumindest für die Kirchen in der Dritten Welt – einen Weg zu sehen.

Die Zahlen jedoch belegen, daß die Anzahl der Diakone viel langsamer als die der pastoral ausgebildeten Laien steigt, u.a. weil die Rolle des Diakons zu vage ist.[239] Er kann kaum mehr als ein Laie tun (nämlich das Evangelium lesen und während der Eucharistiefeier predigen – dann, wenn bereits ein Priester da ist). Die meisten Diakone werden weder aufgrund ihrer Führungskompetenz rekrutiert noch speziell für die Wortverkündigung geschult. Wenn sie Hauptamtliche sind, werden sie mit denselben Finanzierungsproblemen konfrontiert wie hauptamtliche Laien. Auch junge verwitwete Diakone (mit Kindern) dürfen nicht mehr heiraten. Darüber hinaus sind Frauen noch immer ausgeschlossen. Diakone haben – theologisch gesehen – eine eigene Aufgabe in der Kirche, und diese liegt auf dem Feld der Diakonie, der Caritas, nicht in erster Linie auf dem der Liturgie. Es zeugt von schlechter Theologie, wenn man das Diakonat Männern in Aussicht stellt, die wegen des Zölibats nicht für das Priestertum in Frage kommen und dafür ein Ersatzpriestertum erhalten. Zudem verfügen Diakone mit eigenem Beruf manchmal über zu wenig Zeit, um alle nicht spezifisch priesterlichen Aufgaben von einem Pfarrer zu übernehmen; auch kann es vorkommen, daß sie – in einer Welt mobiler Berufe oder wegen ihrer Familie – womöglich gerade dann umziehen müssen, wenn es der Pastoral wenig gelegen kommt. Das Diakonat als Lösung für den Priestermangel führt faktisch in eine Sackgasse.

6.4 Neustrukturierung der Gemeinden

In vielen Gegenden Europas sind die ländlichen Gemeinden durch die Abwanderung derart entvölkert, daß sie praktisch keine Glaubensgemeinschaften mehr bilden können, besonders da die Entkirchlichung den Gottesdienstbesuch auf einige Prozent hat schrumpfen lassen. Um doch noch eine verantwortete pastorale Präsenz zu gewährleisten, werden verschiedene Maßnahmen ergriffen – von der Verschmelzung vieler Minigemeinden zu einer einzigen mit einem zentral gelegenen Kirchengebäude bis hin zur Beibehaltung der bestehenden Gemeindekerne, die konföderativ um eine Gemeinde zusammengeschlossen werden und in der ein Priester oder Priesterteam wohnt. Für viele französische, deutsche, spanische und belgische Gemeinden ist dies heute schon der Fall. So wurde etwa in Frankreich Charny (1.600 Seelen) Hauptstadt eines Kantons in der Yonne, Zentrum einer Kirchengemeinde von 14 Gemeinden (zusammen 5.000 Seelen). In der Mehrzahl der französischen Bistümer sowie in zahlreichen Orten in Katalonien wurde die Formel ADAP für eine Anzahl kleinerer Gemeinden eingeführt (= »Assemblées Dominicales en l'Absence de Prêtres«, auch »Assemblées Dominicales en Attente du Prêtre«), d. h. Sonntagsgottesdienste bei Abwesenheit (oder in Erwartung) des Priesters, oder ADAL (= »Assemblée Dominicale Animée par des Laïcs«), Sonntagsgottesdienste gehalten von Laien.[240] Nach der Studie von M. Brulin sind weitaus die meisten Gemeinden, in denen abwechselnd Sonntagsgottesdienste in Abwesenheit eines Priesters stattfinden, sogar sehr klein.[241] Außer dort, wo die Glaubensgemeinschaft wirklich allzu reduziert ist, entscheiden sich die meisten Bistümer für dieses dezentrale Modell als Notlösung, statt die kleinsten Kultstätten einfach abzuschaffen. Die Erfahrung hat gezeigt, daß in diesem letzten Fall die Zahl der Gottesdienstbesucher noch weiter sinken würde und die Bewohner und ihre Gemeindebehörden den Eindruck erhielten, daß nun auch noch die Kirche diese verarmten ländlichen Gemeinden im Stich läßt und alte Menschen, die sich nur schwer verpflanzen lassen, vernachlässigt. Darüber hinaus fühlen die Laien sich dann noch weniger motiviert, sich zu engagieren.

Die Strategie der Neustrukturierung der Gemeinden wird vielerorts systematisch durchgeführt.[242] Einige Beispiele können das belegen, so bestätigen etwa die Synodenbeschlüsse des Bistums Dijon (1992) die Einteilung des Bistums in 5 pastorale Zonen, die zusammen 18 Dekanate haben. Diesen Dekanaten unterstehen 65 Gemeindeverbände (»des ensembles paroissaux«). Jeder parochiale Verband bindet mehrere Dörfer, Gemeinden oder Stadtteile zusammen. Die Terminologie ist noch nicht festgelegt. Man zieht es vor, alle Strukturen anpassungsfähig zu lassen, um zu verhindern, daß die Verminderung der dynamischen Kräfte im Bistum lähmend auf die Strukturen wirken würde. In den Dörfern werden zentrale Ansprechpartner benannt, die für die Weiterleitung der Anfragen und Initiativen ins Bistum sorgen. Das Bistum Sens-Auxerre organisierte die Gemeinden 1984 neu: Ihre Anzahl sank von 510 auf 110. Das Bistum Limoges besitzt noch 32 Gemeinden. Ein schon fast klassisch gewordenes Beispiel liefert das Bistum Digne (Basse-Alpes). Es hatte 1959 84.335 Seelen, verteilt auf 6 »archiprêtrés«, 34 Dekanate und 323 Gemeinden. Von den 34 Dekanaten waren 4 ohne residierenden Dechanten, 10 ohne abhängige Gemeinden und 10 andere mit nur einer abhängigen Gemeinde. Von den 323 Gemeinden waren 65 mit und 258 ohne ortsansässigen Pfarrer. Diese völlig überholte Struktur wurde abgeschafft, und mehr als 100 Gemeinden wurden aufgehoben. Das Bistum Reims hatte 1964 720 Gemeinden und 391 Priester, 1994 hatte es noch 87 Gemeinden – für 600.000 Seelen – und 608 in die Neustrukturierung aufgenommene Orte für den Kult. 1972 beschloß das Erzbistum München-Freising (damals 2,1 Millionen Katholiken mit 943 aktiven Priestern, von denen zwei Drittel in der Seelsorge tätig waren), die Gemeinden neu zu strukturieren – in 184 sogenannte »Pfarrverbände«.[243]

Natürlich setzen die ADAP-Gottesdienste eine gute Wahl der Bezugspersonen am Ort, die für ein kleines Pastoralteam verantwortlich sind, voraus. Die meisten Bistümer haben hierfür eigene Regelungen. So beschreibt Bischof J. P. Jaeger von Nancy und Toul das Statut für seine Diözese wie folgt: Unter Hinweis auf »Christi Fideles Laici« (Römische Bischofssynode 1990) und auf Kanon 145 des Kirchlichen Gesetzbuchs bestimmt das Schreiben den kirchlichen Status der »pastoralen Animatoren«. Man kann ihnen Aufgaben anvertrauen als Verantwortliche in der Präses-Funktion einer Bewegung, für die Schul- oder Krankenhauspastoral – immer in Zusammenarbeit mit einem Priester. Sie können sich – eine Zeitlang – um eine Gemeinde ohne ortsansässigen Priester kümmern (c. 517 § 2), ohne Begleitung eines Priestermoderators. Vor allem, so sagt das Schreiben, können sie pastoraler Animator werden für Aufgaben, die das ganze Dekanat betreffen. Dann arbeitet er oder sie in einem Priesterteam des Dekanats. Für diesen Posten wird der Animator offiziell in einem Sendschreiben vom Bischof ernannt, und diese Ernennung kann mit einer liturgischen Feier kombiniert sein. Der pastorale Animator kann ehrenamtlich tätig sein oder auch Gehalt bekommen. Eine Tabelle legt die Löhne der Teilzeit- und der Vollzeitbeschäftigten fest, wobei die Einschaltung des Bistums geringer wird, je mehr Seelen die Dekanate haben, die sich ihrer Anzahl entsprechend auch beteiligen. Bevor man auf einen Animator zurückgreift, wird im Pastoralteam des Dekanats ausführlich beraten, wie der tatsächliche Bedarf und die finanziellen Mittel aussehen. Danach stellt sich, unter Vorsitz des Dechanten und eines bischöflichen Vikars, ein Kandidat vor. Diese Kandidatur wird auf diözesaner Ebene beurteilt, und wenn der Kandidat oder die Kandidatin den gestellten Anforderungen entspricht, wird er oder sie vom Bischof berufen und ausgesandt. Daraufhin folgt eventuell ein Arbeitsvertrag mit dem Bistum. Die Person, die berufen wird, sollte bereits auf einem pastoralen Aufgabenfeld in einer Glaubensgemeinschaft engagiert sein und am sakramentalen Leben teilnehmen. Die Ernennung setzt voraus, daß der (männliche oder weibliche) Animator sein geistliches Leben entwickeln will, Zeugnis für den Glauben abzulegen bereit ist und anderen dabei helfen will. Eine Ernennung kann eventuell eine gewisse Zurückhaltung gegenüber bestimmten öffentlichen Funktionen beinhalten, um Irritationen vorzubeugen. Dies alles impliziert selbstverständlich sowohl entsprechende Vorbereitung wie auch fortgesetztes Training etwa der Fähigkeit, im Team zu arbeiten und sich dort unterstützen und kritisieren zu lassen. Die anvertrauten Aufgaben können im Dialog mit allen Betroffenen verteilt werden. Jedes Dekanat sorgt für eine Möglichkeit, die Unkosten des pastoralen Animators zu vergüten.

Die Entscheidung für eine Art Konföderation der Gemeinden verhindert nicht, daß eine gewisse Vorsicht gegenüber einem zu leichten Übergang zum ADAP-Modell bestehen bleibt. So bevorzugt der Erzbischof von Avignon[244], R. Bouchex, die Neuorganisation der Eucharistiefeiern vor einer ADAP-Lösung. Letzteres bleibe eine Möglichkeit für den Ausnahmefall, z. B. bei plötzlicher Krankheit oder außergewöhnlicher Abwesenheit des Pfarrers, und wenn es unmöglich sei, auf einen anderen Priester zurückzugreifen. Die Gemeindemitglieder sollten sich nicht mit einer ADAP-Lösung zufriedengeben, schreibt der Erzbischof, und nicht meinen, daß eine Kommunionfeier ohne vollständige Eucharistie ein gewöhnliches Verfahren sei. Sie sollten sich stets bewußt bleiben, daß die Abwesenheit des Priesters ein Zeichen von Armut sei. Während einer Feier nach dem ADAP-Modell dürfe man die Kommunion empfangen, es müsse dabei aber immer auf die Verbindung mit dem Pfarrer hingewiesen werden. Solche Feiern dürften nicht den Eindruck erwecken, gewöhnliche Eucharistiefeiern zu sein, und jedesmal sollte man auf den Priestermangel und die Notwendigkeit von Berufungen hinweisen. Die ADAP-Lösung setze außerdem eine Glaubensgemeinschaft voraus, die lebendig genug sei und über eine Reihe von Ehrenamtlichen verfüge. Für zu kleine Gemeinden sei das ADAP-Modell nicht geeignet: Hier bestehe die Gefahr, daß die Vorbereitung und Animation immer bei einer Person hängenbleibe, was auf die Dauer zu Verschleiß und Entmutigung führe. Aus all diesen Gründen erscheine es angebrachter, die Eucharistiefeiern – so möglich – neu zu organisieren: eine Messe am Samstagabend, nicht mehr als zwei Messen am Sonntag. Es werde dann nicht jeden Sonntag in allen Gemeinden einen Sonntagsgottesdienst geben, der einem Pfarrer anvertraut sei. Dagegen werde es aber immer eine Messe in der zentralen Gemeindekirche geben. Wo es keine Messe geben könne, solle man so viele Gemeindemitglieder wie möglich einladen, in dieselbe Kirche in der Nachbargemeinde zu gehen, in der es einen Gottesdienst gebe, wobei man auch für Mitfahrgelegenheiten sorgen solle. Auf diese Weise bleibe jede parochiale Gemeinschaft mehr oder weniger homogen. Die Pastoralräte wachten darüber, daß keine Gemeinde ein Jahr lang ohne Eucharistiefeier am Ort bleibe. Zwei Feste verlangten besondere Aufmerksamkeit: die Osternacht, die am besten für alle gemeinsam während eines Gottesdienstes in der zentralen Gemeinde zu feiern sei, und das Weihnachtsfest, das möglichst in allen Gemeinden ab einer bestimmten Größe, nötigenfalls mit Hilfe eines anderen Priesters, gefeiert werden sollte. Der Erzbischof weist zum Schluß darauf hin, daß jede Gemeinde einen Kern geistlichen Lebens auszubilden habe. Daher sollte die Gemeindekirche versorgt bleiben, zu regelmäßigen Zeiten für Gebetstreffen offen stehen, an denen auch Kinder teilnehmen und beten lernen könnten, und man sollte zudem den Kranken und Alten besondere Aufmerksamkeit widmen.

Diese ganze Entwicklung erfordert natürlich eine Neubesinnung auf die Bedeutung und die Struktur der Gemeinden. Auf der Diözesansynode des Bistums Le Mans (1988) wurde z. B. unter Hinweis auf die Kanones 374 und 515 besonders für die ländlichen Gemeinden, die keine Überlebenschancen hatten, eine Neustrukturierung beschlossen, wobei die Bezeichnung »Gemeinde« künftig für ein Gesamt von Gemeinden steht. Die Dorfkirchen bleiben die üblichen Orte für Trauungen und Begräbnisse, vorausgesetzt, sie können instand gehalten und die Feiern jeweils von Leuten aus dem Dorf vorbereitet werden. Eine diözesane Kommission wurde mit der Neueinteilung betraut. In denselben Synodalbeschlüssen wird auch auf die Möglichkeit hingewiesen, eine Art personaler Gemeinden auf nicht-territorialer Grundlage zu schaffen. Die Pastoralräte der Dekanate müssen hierbei die Spreu vom Weizen trennen.[245]

Die französische Bischofskonferenz hat sich 1990 dieser Problematik zugewandt.[246] Die Berichte enthalten vor allem Feststellungen, Fragen und Vorschläge. Einige sprechen von »einem Ende der parochialen Zivilisation«. Alle heben die große Unterschiedlichkeit der jeweiligen Situation hervor (einige ländliche Gebiete verändern sich während der Wochenenden und Ferien zu touristischen Zentren). Das Hauptkriterium bleiben die Lebbarkeit der Glaubensgemeinschaft, samt missionarischem Eifer, und deren voraussichtliche Dauer. Ohne die Förderung der örtlichen und regionalen pastoralen Teams wird es nicht gehen. Die Herausforderungen beschränken sich jedoch nicht aufs Land. Darauf weist Bischof F. Frétellière in einer Beschreibung seines Bistums hin. Es ist eins der kleinsten Frankreichs (245 km), zählt aber 1,3 Millionen Mitglieder in 79 Gemeinden (8 mit 1.700–5.000 Mitgliedern; 17 mit 5.000–10.000 Mitgliedern; 33 mit 10.000–20.000 Mitgliedern; 11 mit 20.000–25.000 Mitgliedern; 10 mit mehr als 25.000 Mitgliedern, die größte davon mit 35.000 Mitgliedern). Es verfügt über 150 Priester unter 75 Jahren (davon ein Drittel Ordenspriester und anderswo eingesetzte weltliche Priester) im durchschnittlichen Alter von 60 Jahren. Es gibt 10 Seminaristen. Der Ausdruck »Neustrukturierung« wird nirgendwo verwendet. In ca. 15 Städten werden alle Gemeinden einem Priesterteam unter der Leitung eines Pfarrers unterstellt. Die Priester feiern die Eucharistie reihum in den verschiedenen Gemeindekirchen – womit sich viele Gemeindemitglieder schwertun und was auch der Zusammensetzung der örtlichen Pastoralteams nicht förderlich ist.

Eine Reihe von Priestern hat Probleme mit der Integration in ein Priesterteam, und einige leiden unter ihrer Ernennung »in solidum«, da sie dies hindert, selber Pfarrer zu werden. Man ist daher auf eine personalisiertere Strategie umgestiegen: Jeder Gemeindekirche wird ein Priester zugewiesen, auch wenn dieser nicht der Pfarrer ist. Auch dort, wo aus demographischen Gründen neue Kirchengebäude hinzukommen, arbeitet man im Priesterteam, ohne einen bestimmten Priester zum »Pfarrer« zu erklären. Man ist bemüht, wenn irgend möglich, die bestehenden Orte für den Kult zu erhalten. Man gesteht ein, daß manchmal kleine Gemeinden voreilig neu gruppiert wurden; die weniger aktiven Gläubigen verlieren die Orientierung, auch kommen manchmal durch Eingemeindung unvorhergesehen viele neue Einwohner hinzu. Daher ist man auf der Suche nach nuancierteren Modellen, wobei die Zusammenarbeit von Priestern untereinander den Vorrang vor der mit Laien hat. Auf jeden Fall bleibt die Wiedererkennbarkeit der liturgischen Orte sehr bedeutsam (bis hin zum Läuten der Glocken) und auch die Zugänglichkeit kleinerer Gebetsräume. Zugleich werden Begegnungsräume zur Verfügung gestellt, wo man Ordensangehörige oder ein Ehepaar pastoraler Animatoren antreffen kann. Ein noch ungelöstes Problem stellt der Modus dar, wie Entscheidungen getroffen werden: allein vom Priester-Moderator; zusammen mit anderen Priestern oder mit den Laien und den Ordensschwestern?

In seiner Schlußthese stellt Bischof J. Rozier (Pointiers) fest, daß die Gemeinde eine Wirklichkeit von großer symbolischer Bedeutung bleibe – auch für die Gemeindeleiter – wegen deren sozialen und kulturellen Funktionen. Unklar ist die gegenwärtige Struktur. Sollte jeder Gläubige zu einer Gemeinde gehören? Inwieweit kann der »moderne Nomade« verschiedenen Glaubensgemeinschaften angehören? Und was fängt man mit den vielen Fremden im mehrsprachigen Europa an?[247] Auf keinen Fall, so schreibt der Bischof, dürfen die sakramentale Dimension (Taufe, Firmung, Eucharistie) und die Position des Priesters und des Bischofs hierbei verlorengehen. Jede Gemeinde müsse missionarisch bleiben. Zugleich müsse man offen bleiben für weitere Entwicklungen, bei denen die Spitze und die Basis der Bistümer gut aufeineinander eingespielt sein sollten. »Es ist das Bistum, das die Gemeinden macht, und nicht umgekehrt.« Im allgemeinen kann man feststellen, daß die traditionellen Gemeinden sich zu größeren »pastoralen Einheiten« hin entwickeln (in einigen Bistümern von 700 Gemeinden zu 70

»pastoralen Einheiten«), die örtlichen Gemeinden aber mit entsprechend angepaßten Kirchengebäuden und Pfarrhäusern (häufig schon von Laien-Animatoren bewohnt), Gemeindehäusern und mit speziellen Strukturen für die Katechese, Liturgie, Krankendienst usw. bleiben. Priester erhalten mehr und mehr Verantwortung »in solidum«. Die Sorge um die »priesterliche Identität« ist real, wirft aber – wie die Identität der Diakone – ebenso auch Fragen auf. Der Ausdruck »pastoral« weitet sich zu »kirchlich«. Man sucht eine verbindlichere Terminologie (und Theologie) für die vielfältigen Laien-Animatoren. Ausbildung muß mehr Begleitung auf dem Gelände selber sein mit Raum für Kreativität. Bischof Rozier macht in seinem Schlußwort zwei wichtige Bemerkungen. Die eine betrifft den Faktor Zeit. »Die Zeit wird ohne Zweifel – mit vielen Verzögerungen und Spannungen – zu mehr Gleichgewicht und zu mehr oder weniger dauerhaften Verfahren und Kompromissen führen. Sie kann aber auch die Mängel unserer heutigen Konstruktionen aufdecken. Ein Zeichen für deren geringere oder größere Qualität ist die Attraktivität eines eventuellen priesterlichen Amts, die sie auf junge Männer ausübt oder nicht«. Eine andere Bemerkung betrifft das Bedürfnis nach klaren Regelungen. Man kann nicht ständig im Nebel herumirren, sondern braucht Klarheit in Sachen Verantwortung und Lösung von Spannungen und Konflikten; so kann z. B. die Leitung einer Gemeinde nicht vom »Stil« eines neuen Pfarrers abhängig gemacht werden, der die Beschlüsse des Pastoralteams oder des vorherigen Pfarrers ungeschehen zu machen versucht.

6.5 Die Aufspaltung des einen Priesteramts in »geweihte« Teilbereiche

Bis zum Konzil kannte man in der Kirche vier »niedere« Weihen und das Subdiakonat. Diese wurden schon als Weihen und nicht als Dienste angesehen, im Sinne von »Ministeria quaedum«, bei denen es möglich war, männlichen Laien die Beauftragung eines Lektors oder Küsters zu erteilen. Diese Maßnahme hatte keinen Erfolg. Dennoch zeigen diese Beispiele, daß Ämter und Dienste in der Kirche vielfältig sein und daß sie eingeführt und wieder abgeschafft werden können. Man könnte z. B. Laien-Krankenhauspfarrer durch eine liturgische Anstellung (Weihe) die Möglichkeit geben, neben der Tauf- und der Begräbnisliturgie die Krankensalbung zu spenden und eventuell Bußandachten – nicht unbedingt mit Bußfeiern gleichzustellen – zu leiten.[248] An verschiedener Stelle taucht immer wieder der Vorschlag auf, für bestimmte Glaubensgemeinschaften ein kleines Team ausgebildeter Laien durch eine entsprechende Liturgie (Weihe) und eventuell für eine begrenzte Zeit auch Sakramente zu spenden, die geweihten Amtsträgern vorbehalten sind. So machten etwa die Studentenpfarrer von Deutschland, Österreich und der Schweiz auf ihrem Kongreß im Kloster Schöntal (bei Heilbrunn) den Vorschlag einer »relativen Weihe«, bei der männliche und weibliche Seelsorger in der ihnen anvertrauten Gemeinde Sakramente spenden sollten, die gewöhnlich Diakonen und Priestern vorbehalten sind. In Brasilien dachte Bischof T. Cloïn von Barra de Bahia, viele Jahre Sekretär der Konferenz der brasilianischen Generaloberen, ernsthaft daran, in seinem äußerst priesterarmen und weitgestreckten Gebiet ein Team verheirateter Männer für eine bestimmte Gemeinde und eine begrenzte Zeit zu weihen.[249]

Außer in diesem letzten Fall, wo es eigentlich um Priester geht oder ein neuartiges »Presbyterium«, treten bei den kurz angedeuteten Vorschlägen zur Aufspaltung des Amtes heikle Probleme zutage. In dem erwähnten Referat von W. Kasper, Bischof von Rottenburg, auf dem Treffen des deutschen Episkopats im Frühjahr 1994 hieß es, daß man in der Diskussion nicht vorschnell mit dem Drohgespenst einer »Klerikalisierung der Laien« ankommen sollte, um die neuen Entwicklungen abzulehnen. Er weist jedoch auf die Gefahr hin, daß womöglich die sakramentale Grundstruktur der Kirche angetastet und eine Identitätskrise bei Priestern wie Laien ausgelöst werden könnte. Kasper erkennt die Sackgasse und läßt seine eigene Frage nach einer eventuellen Weihe derjenigen, die de facto die Gemeinde leiten und dazu die Eignung besitzen, offen, auch wenn er sagt, man müsse am besten unrealistische Diskussionen vermeiden und alle derzeit verfügbaren kirchenrechtlichen Möglichkeiten ausschöpfen.[250] Unterdessen steigt die Zahl der Laien, die faktisch die Gemeinde leiten, ständig an und geht die Zahl der Priester zurück. Damit kommen wir zu dem Problem der Weihe von »viri probati«.

6.6 Die Weihe von »viri probati«

Bereits vor dem Zweiten Vatikanum wurde in und außerhalb Europas die Möglichkeit der Weihe von »viri probati« erwogen, darunter versteht man verheiratete Männer, die in einer stabilen Ehe leben, hinreichend ausgebildet sind und die Bereitschaft haben, vom Bischof zum Priester geweiht zu werden.[251] Dieses Thema wurde von Paul VI. aus der Tagesordnung des Konzils gestrichen.[252] Später sprach man sich aber von seiten einiger Synoden[253], Bischöfe[254], Priesterräte[255] und Theologen[256] dafür aus. Die römische Synode von 1971 erteilte Paul VI. – nach einer geteilten und unklaren Abstimmung – einen negativen Bescheid. Auch in der Synode von 1990 wurde die Beibehaltung der Zölibatsverpflichtung für die lateinische Kirche bestätigt. Johannes Paul II. – anerkennend, daß der Zölibat nicht wesentlich sei – betonte fortwährend die Opportunität der Beibehaltung. Auch außerhalb von Europa kam dieses Thema regelmäßig auf die Tagesordnung. Den meisten Umfragen zufolge, die jedoch noch bei weitem nicht in allen Ländern Europas stattgefunden haben, bekommt die Weihe von »viri probati« bei einer immer größer werdenden Mehrheit, auch bei den regelmäßigen Gottesdienstbesuchern, den Vorzug.[257] Natürlich hängt eine pastorale Entscheidung nicht in erster Linie von Mehr- oder Minderheiten ab, auch wenn sich hierin der »sensus fidelium« ausdrückt.[258] Das wichtigste Kriterium bleibt die Sicherung dessen, was in der Seelsorge wesentlich ist, wie es u.a. in Kanon 213 des kirchlichen Gesetzbuchs beschrieben wird, worin das Recht der Gläubigen auf das Wort Gottes und die Sakramente festgelegt wird. Traditionell wird anerkannt, daß eine Glaubensgemeinschaft das Recht auf die Eucharistie hat und daß derjenige, der eine Glaubensgemeinschaft leitet, gewöhnlich auch bei der Eucharistie die Leitung hat.

Das ganze Problem wird deutlich in einem Text der gemeinsamen Synode der deutschen Bistümer (1972–1975) zusammengefaßt, wo es heißt:

»Es stehen sich in dieser Frage verschiedene Standpunkte gegenüber. [...] Eine Entscheidung fällt nicht leicht, da die frei gewählte Ehelosigkeit für das Priestertum und für die Kirche insgesamt ohne Zweifel einen hohen Wert darstellt. Andererseits müssen, wenn die Heilssorge der Kirche schwerwiegend gefährdet ist, alle noch so wichtigen Gesichtspunkte, die nicht aus Gründen der verbindlichen Glaubenslehre (iure divino) notwendig sind, zurücktreten. Es wird deshalb allgemein anerkannt, daß außerordentliche pastorale Notsituationen die Weihe von in Ehe und Beruf bewährten Männern erfordern können.«[259] Weiter sagt der Synodenbeschluß: »Um so mehr sind die deutschen Bischöfe verpflichtet zu prüfen: Ist eine solche pastorale Notsituation heute und in absehbarer Zukunft in Deutschland gegeben? Welche konkreten Modelle lassen sich entwickeln, um einen geordneten Heilsdienst in den Gemeinden sicherzustellen?«[260]

Auch der deutsche Erwachsenenkatechismus geht hierauf ein und stellt fest:

»Daß der gegenwärtige Priestermangel ... ein Symptom einer tieferliegenden und umfassenderen Krise darstellt und nicht isoliert durch die bloße Änderung eines Gesetzes behoben werden kann, wird nicht zuletzt dadurch deutlich, daß in unserer Zeit nicht nur die Ehelosigkeit, sondern auch die Ehe und Familie in eine tiefe Krise geraten sind. Beides hängt ... zutiefst zusammen.«[261]

Wir wollen diese komplizierte Problematik so sachlich wie möglich angehen. Die erste Frage betrifft die Bestimmung einer Glaubensgemeinschaft. Wo in den ersten Jahrhunderten eine Glaubensgemeinschaft sich auf eine Hauskirche von manchmal kaum einigen Hundert Mitgliedern zurückführen ließ, zählt man heute Gemeinden – auch in Europa – von 30.000 Mitgliedern und mehr. Man kann in unserer gegenwärtigen Gesellschaft nicht einfach behaupten, daß jede Hauskirche oder jede Basisgemeinschaft das Recht auf einen Leiter habe, der Priester sei.[262] Eine Glaubensgemeinschaft muß gewöhnlich ausreichend groß und lebendig sein, um einen Priester am Orte haben zu dürfen[263] und um ihm, wenigstens teilweise, Unterhalt zahlen zu können, es sei denn, daß es sich um einen Start im missionarischen Kontext handelt. Einige behaupten, daß eine Gemeinschaft, die keinen zölibatären Priester hervorbringe, nicht vital genug sei, sich auf das Recht auf einen Priester zu berufen. Aus der Tradition sowohl der westlichen als auch der östlichen Kirchen heraus kann man eine solche Auffassung jedoch nicht akzeptieren. Der ideale Umfang einer Glaubensgemeinschaft kann natürlich von vielen kontextuellen Faktoren abhängen. Einige sprechen von 2.000 bis 10.000 Gläubigen; dabei werden jedoch selten die faktische Praxis oder der Wunsch nach einer erneuten Evangelisierung beachtet. Sicher ist, daß es einen realen Priestermangel geben kann, wie auch etliche Bischöfe für ihre Diözese eingestehen.[264]

Niemand wird abstreiten, daß das Modell der Weihe von viri probati neben Vorteilen auch Nachteile hat. Vorteile sind: Eine Reihe von Gemeinden erhielte wieder einen Priester am Ort, ein wichtiger Faktor sowohl für den Erhalt des Glaubens, der vielen Studien zufolge auch eng mit der sakramentalen Praxis verknüpft ist, wie auch für die Auffrischung der Pastoralteams. Es gibt ja unter den Pastoralarbeitern, den Diakonen, den Laientheologen viel mehr geeignete Kandidaten als in früheren Perioden der Geschichte. Die heutigen Priester könnten durch die Aussicht auf Nachfolger wieder ermutigt werden, statt sich »wie die letzten Mohikaner« vorzukommen. Verheiratete Priester stehen manchmal – obwohl nicht unbedingt sie allein – der alltäglichen Wirklichkeit der Familien näher und können mehr aus der Erfahrung zu den Hochs und Tiefs einer Ehe, zur Kindererziehung und zu beruflichen Problemen sprechen. Für die Inkulturation des Evangeliums durch Sprache und Symbolik in die säkularisierte Gesellschaft kann dies ein Pluspunkt sein. Sie könnten die noch vielfach vorkommenden Spannungen zwischen Klerus und Laien überbrücken.[265] Was ihren Unterhalt betrifft, stellen sich in Ländern mit (aufgrund der Kirchensteuer) hohen Beiträgen der Gläubigen wenig finanzielle Probleme. Man kann, wie es für in der Gemeinde aktive Laien schon jetzt geschieht, bestimmte Vergünstigungen anbieten, u. a. das Pfarramt als Wohnung zur Verfügung stellen. Oftmals wird die Aufgabe des Priesters, besonders in einem Team, auch mit einem (Teilzeit-)Job kombiniert werden.[266] Die frühe Pensionierung in weltlichen Berufen eröffnet auch Perspektiven für den Priesteramtskandidaten. Man kann sich überall Anregungen von den Erfahrungen der Dienste in anderen Kirchen holen.

Natürlich kommen für die Rekrutierung außer den qualitativen Bedingungen, denen auch der zölibatäre Priester genügen muß (adäquate Ausbildung, solider Glaube, ernsthaftes geistliches Leben, Führungsqualitäten in einem Team), auch noch spezifischere Bedingungen zum Tragen, etwa die Einwilligung des Partners und möglichst dessen spirituelle Unterstützung, eine stabile Ehe, die Akzeptanz durch die größeren Kinder. Karl Rahner nannte darüber hinaus als Kriterium, daß der Kandidat auch einmal einen Heiden für den Glauben gewonnen haben müßte. Warnende Stimmen sprechen von der Möglichkeit einer Scheidung. Daß diese Gefahr real ist, haben die Erfahrungen der Kirchen der Reformation gezeigt.[267] Man muß sich jedoch ehrlich eingestehen, daß die Zahl der ausgetretenen Priester in den zurückliegenden 30 Jahren ebenso eindrucksvoll ist[268] und daß in einigen Ländern Europas die Zahl der Priester, die in einer kirchlich nicht erlaubten Beziehung leben, vermutlich auch nicht gering ist.[269] Es erscheint daher wünschenswert, für die Weihe von viri probati von Anfang an als Bedingung ein ausreichend hohes Alter zu nennen, auch wenn dies sofort die Frage aufwirft, wie man dann jüngere Kandidaten für die Jugendpastoral gewinnen kann (mit dem zusätzlichen, heiklen Vorschlag, über die Möglichkeit »befristeter Weihen«[270] nachzudenken).

Ein weiterer Einwand betrifft die begrenzte Mobilität verheirateter Priester, wobei man jedoch nicht übertreiben sollte: Auch viele Arbeiter und Angestellte müssen heutzutage wegen der Anforderungen ihres Berufes mehr als früher umziehen. Wenn man zudem in einem Team geweiht wird, und zwar für eine bestimmte Glaubensgemeinschaft, stößt man erneut auf die Frage der befristeten Weihe. Wenn man bedenkt, daß der Kandidat bewiesen haben soll, daß er sich in einer konkreten Glaubensgemeinschaft lange Zeit positiv eingesetzt hat und vom Pastoralteam als geeignet beurteilt wird, wird er meist ein »Presbyteros« (Ältester) sein und nicht mehr so leicht umziehen.[271]

Es wäre jedoch naiv, in der Weihe von viri probati eine einfache Zauberformel zu sehen. Zunächst ist es nicht einmal sicher, daß die Zahl guter Kandidaten stark zunimmt.[272] Zudem werden auch geeignete und motivierte Gläubige auf etliche in das gegenwärtige Amt eingebaute Hindernisse stoßen. Die zwei wichtigsten sind vermutlich: 1. die Tatsache, sich, zumindest nach der herkömmlichen Tradition, ein ganzes Leben engagieren zu müssen, und 2. die Unsicherheit bei der Mitsprachemöglichkeit und der »Rechtssicherheit« in der Kirche (die Diskussion zu den Menschenrechten in der Kirche stellt vielerorts ein sensibles Thema dar).

Auch für die Kirchenleitung selbst gibt es nicht wenig Probleme. Vorerst kann man die Kandidaten, wenigstens psychologisch, noch weniger als zölibatäre Priester als »professionelles Personal« ansehen. Sie werden sich vermutlich dessen bewußt bleiben, daß sie freiwillig mitmachen, und bewerben sich nicht bei der Kirche, um dort ihr Brot zu verdienen, so wie Arbeitnehmer in anderen Berufen. Weiter ist die Kirchenleitung sich bewußt, daß eine solide Spiritualität äußerst wichtig ist. Alle Studien haben ergeben, daß die Gläubigen von ihren Priestern zuallererst eine geistliche Hilfe und Begleitung erwarten.[273] Wenn ein verheirateter Priester über Jahre hin durchhalten will, was in einer überwiegend gleichgültigen, wenn nicht gar agnostischen Umgebung eine schwere Belastung darstellen kann, dann ist es überaus wichtig, daß seine Frau ihm darin hilfreich zur Seite steht. Wo es aber schon schwierig genug ist, eine gute Prognose für die zukünftigen Qualitäten des geistlichen Lebens eines zölibatären Priesters zu machen, so scheint das für ein Ehepaar womöglich noch schwieriger. Ein Grund mehr, sich nach älteren Kandidaten umzusehen, die zusammen mit ihrer Ehefrau ein stabiles und geistlich starkes Leben aufweisen.

Weiter wird die Kirchenleitung damit rechnen müssen, daß es ja nicht nur um Ehen, sondern um Familien geht. Aufschlußreich sind da die Erfahrungen mit verheirateten Diakonen und Pastoralarbeitern: Diese sollten – gerade auch im Blick auf die Qualität ihrer pastoralen Arbeit – genügend Zeit für ihre Familien haben und diese auch gegenüber einer zu großen Vereinnahmung durch Gemeindemitglieder in Schutz nehmen. Geschieht dies nicht, wird der Streß die Gemeindearbeit unterhöhlen und werden verheiratete Priester auf dieselben Probleme stoßen wie viele zölibatäre Priester. Dies wirft unmittelbar die Frage nach der Verfügbarkeit der Priester auf. Wenn diese beispielsweise jedes Wochenende in der Kirche sein müssen, während – besonders, wenn die Ehefrau einen Beruf ausübt – alle Familienmitglieder gerade am Wochenende ein intensiveres Familienleben führen, sind Entfremdungen und Spannungen unvermeidlich. Man kann sich daher nicht der Frage verschließen, ob nicht vielleicht für verheiratete Priester folgendes Presbyterium-Modell das geeignete ist: Man weiht sie im Team, so daß jeder mit freien Wochenenden rechnen kann, so wie das auch für die Pflegeberufe der Fall ist. Das beinhaltet, daß man an Teams erst in größeren Gemeinden, u. a. in städtischen Gegenden (wo verheiratete Priester vermutlich auch schneller akzeptiert sein werden) denkt und daß man für ländliche, kleinere Gemeinden eher auf Ältere zurückgreift, die noch eine Teilzeitarbeit haben oder bereits pensioniert sind.[274]

Die Liste möglicher Probleme kann man noch um die Herausforderung für die zölibatären Priester ergänzen, die nun lernen müssen, mit verheirateten Kollegen zusammenzuarbeiten. Die Erfahrung mit verheirateten Diakonen in der Gemeinde zeigt, daß diese Zusammenarbeit manchmal für beide Seiten eine lange Eingewöhnungszeit erfordert. Einige Diakone sind klerikaler als die Priester, einige Priester fühlen sich von den Diakonen, die in ihr Gebiet eindringen, bedroht. Zölibatäre Priester könnten die verheirateten als zweitrangig ansehen. Dann stellt sich die Gefahr zweier Klassen von Priestern, wobei nicht die Eignung zählt, sondern der Status »verheiratet oder zölibatär« Rangordnung und Einfluß bestimmt. Noch heikler ist die Auswirkung auf den Zölibat der zölibatären Priester; einige werden unmittelbar in eine Krise geraten. Gläubige werden diejenigen, die heiraten oder heiraten wollen, unterstützen. Verheiratete ausgetretene Priester werden einfordern, wieder ins Amt zurück zu dürfen. Verborgen gehaltene Beziehungen werden schneller bekanntgegeben. Wie auch immer, eine Übergangskrise scheint unvermeidlich, und in den Bistümern werden ernsthafte Anstrengungen unternommen werden müssen, um durch eine gute geistliche Begleitung zu einer ehrlichen »Unterscheidung der Geister« zu kommen.

Neben dem Problem der Eingliederung in die Gruppe der Priester gibt es noch die in die Glaubensgemeinschaft selbst. Umfragen haben ergeben, daß in einigen Ländern Westeuropas eine Mehrheit von Gläubigen gegenüber verheirateten Priestern positiv eingestellt ist – Umfragen in Mitteleuropa gibt es noch kaum, doch vermutlich ist dies bei anderen Ländern nicht so. Sicherlich wird sich überall eine Protest-Gruppe finden. Eine innerkirchliche Rebellion, wie es sie bei der Weihe von Frauen in England und Wales in der »Church of England« gegeben hat, scheint jedoch sehr unwahrscheinlich. Eine Änderung der derzeitigen Praxis setzte aber eine ziemlich lange Periode entsprechender Information voraus. Die Weihe der in die katholische Kirche übergetretenen Geistlichen aus den Kirchen der Reformation ist ohne sonderliche Probleme erteilt worden.[275] Die Weihe katholischer viri probati wird sicher nicht auf Ausnahmefälle beschränkt bleiben können und widersprüchliche Reaktionen hervorrufen. Die meisten Gläubigen wissen nicht oder kaum, daß diese Praxis schon einige Jahrhunderte in den katholischen Kirchen des östlichen Ritus existiert.

Manche Autoren schlagen vor, in einigen wenigen Ländern zu beginnen und nach einer Weile eine Auswertung vorzunehmen.

Die Tatsache jedoch, daß man so gut wie überall die gleiche Situation vorfindet, daß die modernen Medien sofort für eine weltweite Information sorgen würden und daß – selbst wenn man eine solche Weihe nur auf Europa beschränkte – alle anderen Kontinente in einen Beschleunigungsprozeß geraten würden, macht diese Option schwierig, wenn nicht utopisch. Zudem ist die Situation für viele nicht-westliche Länder – manchmal schon seit Jahrhunderten (wie im Andengebiet) – längst viel ernster als in Europa. Schließlich wird man sicher festlegen müssen, daß für einen pastoralen Eingriff solcher Tragweite vielleicht nur ein ökumenisches Konzil über eine Neuorientierung Beschlüsse fassen kann. Damit diese dann wirklichen Konsens fände, ist ein fundierter Dialog in allen Bistümern unentbehrlich.

Wenn ein regionales oder ökumenisches Konzil neue Wege eröffnete, bliebe noch die Frage nach der Chance der Rekrutierung zölibatärer Priester. Theoretisch kann man natürlich sagen, daß das Charisma des Zölibats wegen einer auf die pastorale Situation abgestimmten Entscheidung nicht aufhörte zu existieren. Niemand weiß jedoch, wie viele heutige Priester mehr oder weniger freiwillig oder notgedrungen »den Zölibat in Kauf genommen« haben, weil sie vor allem die Berufung zum Priester gespürt haben oder glaubten gespürt zu haben. Höchstwahrscheinlich – auch unter dem Einfluß der neuen konziliaren Wertschätzung der Ehe und dem Bewußtwerden der großen, wenn nicht sogar übertriebenen Bedeutung von Sexualität – wird die Zahl der Kandidaten für das zölibatäre Priestertum noch weiter sinken.[276] Zweifelsohne würde der authentische Zölibat »um des Himmelreiches willen« weniger widersprüchlich erfahren und anerkannt werden, mit wiederum positiven Folgen für das Ordensleben.[277] Doch das ehrlich gewählte zölibatäre Leben des Gemeindepriesters muß lebbar bleiben. Einige werden da den Halt durch eine Gemeinschaft von Gemeindepriestern begrüßen. Diese könnten mit den Kern von Animation und Motivation in einem Bistum darstellen, jedoch immer zusammen mit den dafür besonders geeigneten verheirateten Priestern und Pastoralreferent(inn)en. Für besondere Fälle und unter bestimmten Bedingungen kann ein Übertritt vom zölibatären zum verheirateten Priester erwogen werden; im allgemeinen jedoch – so wird gesagt – würde eine solche Möglichkeit das pastorale Gespräch zölibatärer Priester mit Frauen schwer und unverantwortlich belasten können.

Bleibt die Frage nach der Auswahl der Bischöfe. Zwei Verfahren sind theoretisch denkbar: Entweder man folgt der Praxis der Reformation, die in der Regel verheiratete Bischöfe haben (was eine größere Auswahl ermöglicht), oder man folgt der Praxis der orthodoxen Kirchen, die nur unverheiratete – manchmal Mönche – oder Witwer zu Bischöfen wählen läßt.[278] Man kann natürlich sagen, daß für eine Kirche auf dem Weg zur Ökumene hier neue Wege beschritten werden sollten. Auf jeden Fall ist große Vorsicht geboten und hat es keinen Sinn, von vornherein alle Schritte zugleich machen zu wollen. Im übrigen kann man heute nicht schon alles für die nächsten Jahrhunderte festlegen, und vielleicht werden viele Glaubensgemeinschaften so klein, daß die Praxis der ersten Jahrhunderte mit verheirateten Bischöfen[279] die einzig angemessene sein wird. Zur Zeit ist die Praxis der orthodoxen Kirchen naheliegend, unter der Bedingung, daß sich die Bischöfe nicht vom Staat oder ihrer eigenen großen Verwandtschaft beeinflussen lassen und daß man unter den zölibatären Priestern Kandidaten mit hinreichender Eignung findet.

Einige werden aus dem Vorhergehenden natürlich den Schluß ziehen, daß – welche Wege man auch beschreitet (vom Festhalten am Status quo bis zu eingreifenden Veränderungen) – die Probleme eher zu- als abnehmen werden. Dies scheint wahrscheinlich, aber die Fakten scheinen den Status quo auch unhaltbar zu machen. Entweder weist man verheiratete Priester von den örtlichen Glaubensgemeinschaften ab und sogleich den faktisch sakramentalen Charakter der katholischen Kirche mit allen Konsequenzen, oder man revidiert die heutige Praxis und weiht verheiratete Männer – mit allen Konsequenzen. Dieses Dilemma hat etwas Dramatisches an sich.[280] Die Erfahrung der Kirchen der Reformation zeigt schließlich, daß der Verzicht auf den

Pflichtzölibat nicht automatisch schon die Lösung für den Priestermangel mit sich bringt.[281]

6.7 Die Weihe von Frauen

Die Liste möglicher Lösungsmodelle wäre unvollständig, wenn man nicht die Möglichkeit des Einsatzes geweihter Frauen erwähnte. Trotz der Instruktion »Inter Insignores« der Glaubenskongregation (1976) und des apostolischen Schreibens »Ordinatio Sacerdotalis« (1994) von Johannes Paul II., die die Priesterweihe für Frauen ausschließen, hält die Diskussion in der Kirche an. Von verschiedenen Seiten wurde die Möglichkeit der Diakonatsweihe erwogen, u. a. von Kardinal C. M. Martini (Mailand) und Bischof A. Luystermann (Gent). Die deutsche Bischofskonferenz hatte sich schon früher zustimmend dazu geäußert.[282] Die Veröffentlichungen zu den Themen Diakonat und Priestertum der Frau werden mittlerweile unübersichtlich.[283]

Hier ist nicht der Ort, auf die theologischen Implikationen der Priesterweihe von Frauen einzugehen.[284] Man sollte jedoch die Tatsache ernst nehmen, daß sich derzeit Zehntausende von Frauen (Ordensschwestern und Laien) voll- oder teilzeitmäßig in Katechese, Liturgie und Pastoral einsetzen.

Die Einstellung der Gläubigen in dieser Sache ist im Fluß. So liest man beispielsweise in einem Bericht der Bischöfe von England und Wales, der für die Synode 1987 bestimmt war, daß viele anmerkten, daß gerade Frauen jene Gruppe von Laien sind, die die meiste Arbeit in der Gemeinde machten. Frauen sollten dann auch dort präsent sein, wo die Entscheidungen getroffen werden, und leitende Funktionen wahrnehmen. Gleichberechtigte Partnerschaft von Männern und Frauen in der Kirche und größere Teilnahme von Frauen sollten aktiv gefördert werden. Viele erlebten es schmerzlich, daß die Kirche der Gesellschaft derart hinterherhinke, wo sie doch gerade auf einem Feld wie diesem, wo es um Gerechtigkeit gehe, kreativ und richtungweisend sein sollte. Viele Gruppen sagten, daß ein verheirateter Klerus besser mit Frauen umgehen könne, und Frauen erzählten ihre

Erfahrung, daß einige Priester den Eindruck vermittelten, sie nicht ernst zu nehmen und abzulehnen. Allgemein schien es – wenn man die Priesterweihe der Frau zum Thema machte – mehr Befürworter als Gegner zu geben.[285] Dabei wird angemerkt, daß – da jede wirklich politische Entscheidung in der Kirche die Weihe verlange und nur Männer geweiht werden könnten – Frauen institutionell aus der politischen Struktur ausgeschlossen würden. Die meisten Umfragen in Europa jedoch zeigten, daß man positiv gegenüber den Frauen stehe, die die Leitung einer priesterlosen Gemeinde auf sich nähmen. Verschiedene Landessynoden oder Pastoralräte hätten sich für die Diakonatsweihe der Frau ausgesprochen (Westdeutschland, die Schweiz, Flandern, die Niederlande, Österreich). Dasselbe gelte für eine Reihe diözesaner Synoden, u. a. in Frankreich und Deutschland (München). Die Bereitschaft, eine Frau als Priester zu akzeptieren, wachse: in Österreich von 64 % 1980 auf 79 % 1990. In Wallonien (Belgien) erklärten 56 % der in der Gemeinde Engagierten, dazu positiv eingestellt zu sein (36 % negativ).

Natürlich gemahnen die Erfahrungen in Großbritannien, wo die Weihe der Frauen zu Priestern (1994) zu großen Spannungen mit einer Minderheit geführt hat, zur Vorsicht. Auch in der lutherischen Kirche der Schweiz gab es anfänglich Spannungen, wenn sich auch jetzt herausstellt, daß sich mittlerweile führende katholische Geistliche in Schweden und Dänemark positiv zu den Erfahrungen mit weiblichen Priestern in der Schwesterkirche äußern. Niemand kann voraussagen, wie sich die Meinung der europäischen Katholiken entwickeln oder welche Position die Führungsspitze, die intern offensichtlich gespalten ist, morgen vertreten wird. Klar ist, daß eine eventuelle Priesterweihe der Frau in der katholischen Kirche weltweite Implikationen hätte und ohne ein mögliches späteres allgemeines Konzil schwer vorstellbar erscheint. Dies gilt nicht für die Diakonatsweihe.

Ob durch die Weihe von Frauen jedoch automatisch eine Lösung für den Priestermangel gefunden wäre, ist nicht sicher. In verschiedenen Ländern stagniert die Bereitschaft von Frauen, sich full-time in der heutigen Kirche einzusetzen. Einige befähigte Frauen zögern, eine Aufgabe zu übernehmen, für die sich Männer – sei es nun zölibatär oder nicht – nur mehr schwer finden lassen. Ebensowenig wie die Diakonatsweihe des Mannes wird die Diakonatsweihe der Frau etwas an der gegenwärtigen Situation ändern. Es haben jedoch andererseits nie zuvor so viele theologisch ausgebildete Frauen zur Verfügung gestanden wie zur Zeit. Viele wollen pastorale Verantwortung übernehmen, eine große Zahl möchte jedoch nicht einfach das bestehende männliche Modell kopieren und sich definitiv in das derzeitige Kirchensystem integrieren. Erneut zeigt sich hier, daß die grundlegende Erneuerung der Glaubensgemeinschaft auf jeder Ebene wichtiger ist als die bloße Auffüllung des kirchlichen Kaders.

6.8 Eine Kernfrage: Welche Priester für welche Gemeinden?

Bischof J. Homeyer (Hildesheim) hat zu Recht diesen zentralen Aspekt hervorgehoben: Man solle vor allem den Gemeindemangel beheben und nicht nur den Priestermangel. In dieser Hinsicht erwähnt er zwei grundlegende Entscheidungen. Man dürfe erstens, um auf neue Weise Kirche zu sein, nicht bei strukturellen Maßnahmen anfangen. Man solle also nicht – wie er immer in seinem Bistum zu sagen pflege – mit der Aufhebung der Gemeinden beginnen, um den Personalmangel in den Griff zu bekommen. Man würde dann noch so viele Gemeinden behalten, wie es Priester gäbe, weiter würde sich jedoch – außer der bezweifelbaren Abnahme der Belastung des einzelnen Priesters – nichts ändern. Die zweite grundlegende Entscheidung sei, daß man auch nicht damit beginnen dürfe, die Aufgaben, die nicht mehr von einem Priester bewältigt werden könnten, auf hauptamtliche Laien zu übertragen. So entstünde nämlich der Anschein, als brauche man für die Erneuerung der Kirche lediglich eine ausreichende Anzahl hauptamtlicher Mitarbeiter, die das meiste von dem übernähmen, was bis dahin der Priester gemacht habe – aber auch auf diese Art würde sich in den Gemeinden nichts verändern. Die Charismen, die es ja doch bei den Gläubigen gebe, würden so erneut blockiert.[286] Eine Gegenfrage kann dies vielleicht noch verdeutlichen: Wenn es wieder genügend zölibatäre Priester gäbe, was würde dann von all den neuen Wegen, die man nun beschreitet, übrigbleiben?

Die hier angedeutete Neuorientierung setzt einen intensiven Bewußtwerdungsprozeß voraus. Die Gemeinden müssen zu größerer Kreativität herausgefordert werden[287], Gläubige sollten es lohnend finden, sich alle als Freiwillige zu betrachten, wobei Mitbestimmung und Bildung Hand in Hand gehen. Die kleine örtliche Glaubensgemeinschaft muß sich wirklich verantwortlich für ihre eigene Lebendigkeit nach innen wie nach außen fühlen und dazu durch konkrete Beschlüsse von offizieller Seite ermuntert werden. Alle sollten erkennen, daß der Geist auch jetzt an der Basis wirke. Nur auf diese Weise werde das Evangelium in neuen Formen, in einer neuen Sprache und mit neuen Symbolen in der postmodernen Kultur Form erhalten können. Die älteren Priester sähen dann wieder mit Hoffnung in die Zukunft, und jüngere Männer und Frauen hielten es für lohnenswert mitzumachen.

6.9 Eine futuristische Skizze

Alle diese Überlegungen rechnen mit einem hohen Maß an Geduld im Kirchenvolk. Je selbstbewußter aber die Kirchenmitglieder werden, desto geringer wird auch diese Bereitschaft zur Geduld mit einer Kirchenleitung, der man immer mehr nachsagt, sie würde, gemessen an den aus der Kirchengeschichte bekannten Möglichkeiten, fahrlässig untätig bleiben.

Aus dem Gemenge um solches pastorgeschichtliches Wissen und sinkender Geduld könnte sich folgendes Zukunftsszenario entwickeln:

6.9.1 Ausgangspunkt

Den Ausgangspunkt bilden Gemeinden gläubiger Christen, die schon längere Zeit ohne Pfarrer am Ort leben müssen. Diese Gemeinden werden, weil sie bestehen bleiben wollen, die Grundvollzüge ihres gläubig-gemeindlichen Lebens aus eigener Lebenskraft und Verantwortung gestalten, also mit Hilfe jener Begabungen, die sie von Gott selbst erhalten haben (1 Kor 12,7).[288]

6.9.2 Pastorale Leitung

Für die wichtigsten Teilbereiche gemeindlichen Lebens (Liturgie, Verkündigung, Diakonie) werden sich pastorale Arbeitsteams bilden. Eine Person ist für das jeweilige Team verantwortlich.

Die Leiter der einzelnen pastoralen Teams bilden zusammen das pastorale Leitungsteam der Gemeinde. Sie wählen aus ihrer Mitte eine Person, die dieses Leitungsteam arbeitsfähig erhält. Das pastorale Team nimmt die »pastorale Gemeindeleitung« wahr. Diese Aufgaben sind im Normalfall an Ehrenamtliche gebunden. Ein eventueller Verdienstausfall kann ausgeglichen werden.

6.9.3 Geistliches Amt

In dieser lebensfähigen Gemeinde mit ihrem pastoralen Leitungsdienst ist das Wissen lebendig, daß sie in Verbindung mit der lebendigen Tradition des Evangeliums steht (diachrone Einheit) und Gemeinschaft mit den anderen christlichen Gemeinden der einen Kirche hält (synchrone Einheit). Sie weiß auch darum, daß das Tun Christi »in Person« in der Gemeinde in der Feier der Eucharistie, in der »amtlichen« Verkündigung des Wortes und in der Feier der Sakramente (vorab der Taufe) sichtbar gemacht wird. Es ist auch unbestritten in dieser Gemeinde, daß sich diese Momente einer voll aufgebauten Gemeinde im »geistlichen Amt« verdichten. Dem Amt obliegt es ihrer Überzeugung nach, sich um die Einheit in Raum und Zeit von Amts wegen zu sorgen, sowie in symbolischer Verläßlichkeit Christus als die Mitte kirchlichen Lebens in Wort, Sakrament und Eucharistiefeier zu präsentieren. An der Sorge um die Einheit ist jedes Kirchenmitglied genauso beteiligt, wie es auch in alltäglicher Weise zur Repräsentatio Christi befähigt ist.

Der Amtsträger übt, so wird im Hinblick auf die schon ohne Priester vorhandene »pastorale Gemeindeleitung« gesagt, die »symbolische-amtliche Gemeindeleitung« aus. Er macht sichtbar, daß sich die Gemeinde nicht selbst erfindet, sondern sich vielmehr dem Handeln Gottes in Christus durch seinen Heiligen Geist verdankt. Aus der Ordination der einen folgt freilich keine Sub-ordination der anderen.

Aus diesem Wissen um die Notwendigkeit des Amtes weiß sich die erwachsen gewordene Gemeinde verantwortlich auch für das geistliche Amt in Ruf- und Reichweite. Deshalb schlagen sie dem Bischof aus ihren Reihen (oder auch von anderswo her) einen kleinen Kreis von Personen (Frauen und Männer) vor und bitten den Bischof, diesen Kreis zu einem Presbyterium zu machen und mit den erforderlichen geistlichen Vollmachten (ordo) auszustatten. Dabei muß die geistliche Amtsvollmacht nicht auf einen allein versammelt, sondern kann je nach pastoraler Aufgabe unterschiedlich aufgeteilt werden: Jene Person, die in der Krankenpastoral arbeitet, erhält die Vollmacht für das Buß- und Krankensakrament; wer mit jungen Paaren arbeitet, erhält die Trauungsvollmacht. Hinreichend viele erhalten schließlich die Vollmacht zur Taufe und zur Eucharistie.

6.9.4 Eine Herausforderung für die Verantwortlichen der Kirche

Natürlich wird manch ein Bischof angesichts verheirateter oder weiblicher Personen in diesem vorgeschlagenen Personenkreis für das Presbyterium sagen, daß er zu dessen amtlicher Bestellung und geistlicher Bevollmächtigung im erwünschten Sinn nicht in der Lage sei.

Dann aber könnte es künftig überraschende Entwicklungen geben: Einige Gemeinden werden für den Bischof Verständnis aufbringen und weiterhin geduldig warten. Andere Gemeinden aber werden, gestützt durch eine Organisation der Gemeinden ohne Priester am Ort (»OGOPO«), eines Tages anfangen,

- Herrenmahl zu feiern gemäß dem Auftrag Jesu »Tut dies zu meinem Gedächtnis«, auch wenn diese Feier nicht voll den Ordnungen einer sakramentalen Eucharistiefeier entspricht;
- sie werden Kranke salben, auch wenn sie nicht behaupten, daß es sich dabei um die Vollform der Krankensalbung handelt;

– sie werden mit Personen, die ihr Leben neu ordnen möchten und ihre Sünden bekennen, um Vergebung beten, auch wenn dies nicht die ausdrückliche Form des Bußsakraments erreicht ...

Einige Bischöfe werden sich dann bemühen, jene Entwicklung, die den gegenwärtigen Möglichkeiten vorauseilt, kirchenrechtlich einzuholen. Sie werden dabei die Möglichkeit wiedergewinnen, die Entwicklung von innen her mitzugestalten. Andere hingegen, die sich mit diesen Entwicklungen nicht anfreunden, riskieren es, von einer Entwicklung abgekoppelt zu werden, die nicht bereit sein wird, sich als »nicht mehr katholisch« einstufen zu lassen.

Vielleicht ermutigt ein solches durchaus realistisches Szenario für morgen heute die Verantwortlichen in der Kirche, die vielen ungenutzten Möglichkeiten zur Erneuerung der Gemeinden und damit auch des kirchlichen Amtes heute schon offensiv zu nützen.

[222] J. Dellepoort, Die europäische Priesterfrage, Wien 1959, 341.

[223] Dafür wurde eine ständige Kommission eingerichtet (La Documentation Catholique, Nr. 2035, 1991, 864).

[224] In vielen Ländern der südlichen Halbkugel stammt eine wichtige Minderheit des Klerus aus Europa.

[225] Belgien hat noch immer relativ mehr Priester als Polen. Die Alterspyramide beider Länder unterscheidet sich jedoch erheblich.

[226] Man schätzt, daß die Polen ein Drittel des Priesterbestands des Erzbistums Wien ausmachen. Viele kroatische und slowenische Priester sind in Deutschland und Österreich eingesetzt, viele Iren in Großbritannien. 1994 schloß Bischof P. Iby (Eisenstadt/Österreich) ein Austauschabkommen mit zwei indischen Bistümern (im Verhältnis drei zu eins).

[227] De basisgemeenschappen in de Kerk. Pro Mundi Vita Bulletin, Nr. 81 (1980) [auch in engl., franz., deutsch und spanisch].

[228] Gemäß c. 517,2 des kirchlichen Gesetzbuchs. Vgl. in diesem Zusammenhang auch: A. Loretan, Laien im pastoralen Dienst. Ein Amt in der kirchlichen Gesetzgebung: Pastoralassistent(in), Pastoralreferent(in), Fribourg 1994.

[229] Der Europäischen Wertestudie von 1990 zufolge geben in Westeuropa (Belgien, Frankreich, Westdeutschland, das Vereinigte Königreich, Irland, die Niederlande, Spanien, Italien und Portugal) 70 % der Gesamtbevölkerung an,

daß sie bei der Geburt eine religiöse Zeremonie wünschen (in den Niederlanden 46 %, in Irland 93 %), 72 % bei der Trauung, 77 % bei der Beerdigung. In Mitteleuropa differieren die Prozentzahlen stärker (z. B. einerseits Polen mit 94 % – 95 % – 93 % und andererseits Tschechien mit 41 % – 40 % – 50 %). Belgien kann zur Illustration für die allgemeine Entwicklung in Nordwesteuropa dienen: 1967 wurden 94 % in der katholischen Kirche getauft, 86 % getraut, 84 % begraben; 1990 im Vergleich 75 %, 59 % und 81 %.

[230] Die große Mehrzahl derjenigen, die in Nord- und Westeuropa kirchlich begraben wurden, war (mit Ausnahme von Irland und Teilen Italiens) selten oder nie praktizierend.

[231] Vgl. im Kirchlichen Gesetzbuch c. 861,2 und 230,3 für die Taufe, c. 112,1 und 2 für die Ehe; c. 230,3 für den Wortgottesdienst, c. 766 für die Predigt, sowie für den Wortgottesdienst mit Austeilung der Kommunion: die Instruction »Inter oecumenica« Nr. 37 (AAS, 56, 1960, 877–900) und die Instruction »Liturgicae instaurationes« Nr. 6 (AAS 62, 1970, 692–704), für die Beerdigung vgl. Ordo obsequiarum (Rituale Romanum, 1969), Praenotanda Nr. 19.

[232] J. Ratzinger, De christelijke broederlijkheid, Hilversum-Antwerpen 1963.

[233] Vgl. die Zustimmung der päpstlichen Kommission von 1993 (Interprétation de la Bible dans l'Église, in: La Documentation Catholique, Nr. 2085 [1994], 35).

[234] B. Sesboüé, Les animateurs pastoraux laïcs. Une prospective théologique, in: Études, t.377 (1992), 253–265.

[235] Die Probleme, die ein »paralleler Klerus« mit sich bringt, werden in einer Studie von A. va der Helm (Un clergé parallele, Cerdic, Strasbourg 1994) beschrieben. Er gesteht die Undeutlichkeit des Statuts voll- oder teilzeitangestellter Laien durch einen Vergleich zwischen Frankreich (wo sie gelegentlich »pastorale Animatoren« heißen, zumeist Frauen sind, gering bezahlt werden, nämlich ca. 6.200 F. Francs monatlich) und den Niederlanden (wo sie »PastoralarbeiterInnen« heißen, zumeist Männer sind und von der Kirche ein gehöriges Gehalt von ca. 16.500 F. Francs im Monat erhalten). Die kirchliche Positionsbestimmung und die Rechtssicherheit sind in Frankreich viel schwächer als in Deutschland (G. Duperray, Ministères laïcs. Une nouvelle tradition, in: Études, t.378 [1993], 63–74). Auch in Deutschland gesteht man Unsicherheiten hinsichtlich der spezifisch »amtlichen« Position von Laien, Gemeindeleitern, ein, sowohl bei der Bischofskonferenz (Herder Korrespondez, 1994, 5, 226–228) als auch bei Kirchenrechtlern (H. Schmitz, in: Archiv für Katholisches Kirchenrecht, Bd. 161, 1992, 329ff); P.-M. Gy, La célébration du baptême du mariage et des funérailles confiée à des laïcs? in: La Maison-Dieu, 194, 1993/2, 13–25.

[236] Hinweis auf nordamerikanische Modelle: Diocesan Guidelines, Policies and Job Descriptions for Alternative Forms of Pastoral Leadership, Institute for Pastoral Life, Kansas City 1988 (diese Übersicht erfaßt 24 Bistümer). B. O'Sullivan, Vorsitzender der »National Conference of Priests of England and Wales«, hielt 1993 ein Plädoyer für eine verstärkte Zusammenarbeit von Priestern und Laien (Collaborative ministry: not just words, in: The Tablet, 18.9.1993, 1211–1212). 1994 hielt Bischof A. Conti ein ähnliches Plädoyer für sein weitgestrecktes Bistum mit nur wenigen Gläubigen und einer Handvoll Priestern (Working Together in Christ, in: Priests and People 8 [1994], 57–60).

[237] Graphik, vorbereitet von P. M. Zulehner. Vgl. auch P. M. Zulehner, H. Denz, Vom Untertan zum Freiheitskünstler. Eine Kulturdiagnose anhand der Untersuchungen »Religion im Leben der Österreicher 1970–1990.« Europäische Wertestudie, Österreichteil 1990, Wien 1992.

[238] Die Deutschen Bischöfe, Zur Ordnung der pastoralen Dienste, Bonn 1977. Als Kommentar dazu vgl. W. Kasper, Die schädlichen Nebenwirkungen des Priestermangels, in: Stimmen der Zeit, 195 (1977), 129–135; P.-J. Codes, Pastoralassistenten und Diakone, a.a.O. 389–401; K. Rahner, Pastorale Dienste und Gemeindeleitung, a.a.O., 733–743.

[239] Vgl. u. a. G. Wollmann, Die ständigen Diakone. Berufswirklichkeit und Selbstverständnis, Mainz 1983. Auch in Kanada findet man unter den von der Kirche bezahlten Mitarbeitern wenig Diakone: 1987–1988 nur 85 im Vergleich zu 1.714 Ordensangehörigen (Ordensschwestern und Brüder) und 1.934 Laien (Les ressources humaines de l'Église catholique au Canada en 1987–1988 [Personnel rémunéré], Conférénce des évêques catholiques au Canada, Ottawa 1988).

[240] M. Brulin, Les Assemblées Dominicales en l'Absence de Prêtre. Situation française en 1987. Les résultat d'une enquête nationale, in: La Maison-Dieu, 175, 1988, 111–167. Seit 1977 haben die ADAP-Gottesdienste um 79 % im Süd-Westen und 29 % im Norden zugenommen.

[241] 6,3 % der ADAP-Gottesdienste finden in einer Gemeinde mit mehr als 100 Mitgliedern statt; 48 % in Gemeinden mit 100–499; 24,7 % in Gemeinden mit 500–999; 20,9 % in Gemeinden mit mehr als 1.000 Mitgliedern – insgesamt in 2.103 Gemeinden. Mehr als die Hälfte der ADAP-Gottesdienste zählt weniger als 50 Besucher (und in manchen Gegenden gehört mehr als die Hälfte zu der Kategorie von 10 bis 30 Besucher). Nach der europäischen Wertestudie gehen mehr als 17 % der Franzosen mindestens einmal pro Monat in die Kirche (J. Lambert, Un paysage religieux en profonde évolution, in: H. Riffault, Les Valeurs des français, Paris 1994, 138). Man muß wissen, daß Frankreich zwischen 1969–1970 37.962 Gemeinden zählte, von denen 30.000 weniger als 1.000 Mitglieder, 808 weniger als 50 Mitglieder hatten und acht sogar ganz unbewohnt waren.

[242] Auch die Kirche Englands stößt auf diese Problematik. Nach einem Bericht von Lord Templeman, im Auftrag des Londoner Bischofs D. Hope, sollten 36 Kirchen in der City von London dichtmachen. Die derzeitigen 22 Gemeinden mußten auf 4 zusammengeschmolzen werden. Diese »Missionsstrategie« erscheint notwendig, um der gegenwärtigen Frustration die Stirn zu bieten und das Problem wirklich solidarisch anzupacken, wobei jeder »den eigenen eifersüchtig bewachten Elfenbeinturm verläßt« und sich einem Dechanten mit vier Gemeindepriestern unterordnet (The Tablet, 5.2.1994, 155).

[243] In Deutschland unterscheidet man zwischen »Pfarrverband«, bei dem bestimmte Aufgaben, die alle betreffen, für unterschiedliche Gemeinden zusammen koordiniert werden, die Gemeinden aber juristisch weiterbestehen bleiben, und »Pfarrverbund«, bei dem verschiedene Gemeinden zusammengeschmolzen werden. Es ist der Unterschied von »clustering« und »closing«. Vgl. P. M. Zulehner, Auswege aus dem Pfarrmangel, in: Stimmen der Zeit 200 (1992), 615–616.

[244] R. Bouchex, L'avenir des paroisses dans notre diocèse, in: L'Église d'Avignon, 17. 10. 1993.

[245] In dieselbe Richtung weist auch der Orientierungstext des Bischofsrates im Bistum St.-Dié Les nouvelles unités pastorales (Sept. 1993), bei dem man abrückt von dem bestehenden Gemeindemodell, um ein Gesamt kleiner Glaubensgemeinschaften am Leben zu erhalten. Eine »pastorale Einheit« kann sogar ein ganzes derzeitiges Dekanat umfassen. Alles hängt von der Zahl der Gemeindemitglieder ab, der Zahl der engagierten Gläubigen, den Entfernungen und der zur Verfügung stehenden Zahl Priester. In jedem Fall aber wird eine solche »Einheit« einen Pastoralrat und einen Finanzrat besitzen.

[246] L'Église communion missionaire, Paris 1991.

[247] a.a.O. 148: »Nos paroisses sont-elles plus françaises que catholiques? Quelle est la place des paroisses linguistiques?«

[248] 1988 wurde in der Kultuskongregation eine Direktive für die ADAP-Gottesdienste veröffentlicht (Osservatore Romano, 30.6./1.7.1988), in franz. Übersetz.: Directoire pour les Assemlées Dominicales en l'Absence de prêtre. Traduction officielle et présentation par la Commission Episcopale de Liturgie, Paris 1988).

[249] Durch Jahrhunderte hindurch haben Christen die Krankensalbung offiziell mit Chrisam, das vom Bischof gesegnet worden war, gespendet. Die indonesische Bischofskonferenz hat den Heiligen Stuhl eindringlich gebeten, Katecheten in den abgelegenen Dörfern, wo fast jeder ohne Krankensalbung und letzte Sakramente stirbt, die Erlaubnis zur Krankensalbung zu geben. Wie weit kann man das »allgemeine Priestertum« sakramental ausdehnen? Gläubige dürfen taufen, spenden sich gegenseitig die Ehe. Vgl. R. Béraudy, Le sacrament des malades, in: Nouvelles Revue Théologique, t.96 (1974), 600–634;

P. Rouillard, Le ministre du sacrament de l'onction des malades, a.a.O. t.111 (1979), 395–402; I. Riedel-Spangenberger, Das Gewohnheitsrecht in der katholischen Kirche. Zur Spendung der Krankensalbung durch Diakone und Laien, in: Trierer Theologische Zeitschrift 103 (1994), 188ff; P. de Clerck, Des laïcs ministres des sacraments?, in: La Maison-Dieu 194 (1993/2), 27–45.

[250] Vgl. Herder Korrespondenz, 1994/5, 226–228. Für den vollständigen Text: Der Leitungsdienst in der Gemeinde. Arbeitshilfen 118, Sekretariat der Deutschen Bischofskonferenz, Bonn 1994.

[251] Die Sorge um den Erhalt der priesterlichen Identität in diesem Prozeß der Übertragung von Aufgaben an Laien tritt in den jüngsten bischöflichen Publikationen des niederländischen Episkopats (In Christus' naam. Herderlijk schrijven over woord, sacrament, ambt en wijding, Utrecht 1992), des deutschen Episkopats (Schreiben der deutschen Bischöfe über den priesterlichen Dienst, Bonn 1992), des französischen Episkopats (Les ministres ordonnés dans une Église-communion, Paris 1993, zu vergleichen mit Ministéres et charges ecclésiales des baptisés, évaluation et orientations. Rapport présenté au Conseil de l'Episcopat, febr. 1982) deutlich zutage.

[252] P. Hebblethwaite, Paul VI, the First Modern Pope, London 1993, 441–442.

[253] durch römische Bischofssynoden 1971, 1974, 1985, 1990: die nationalen Synoden von Dänemark (1989), der Bundesrepublik (Würzburg, 1972–1975), der Schweizer Synode (1972–1975), des niederländischen Pastoralkonzils (1969), des flämischen Interdiözesanen Pastoralrats (1970–1971) und durch diözesane Synoden (Rottenburg in Deutschland und viele französische Synoden).

[254] u.a. die skandinavischen Bischofskonferenzen (Synode 1971 und später), Kardinal Hume, damals Vorsitzender des Rates der Europäischen Bischofskonferenzen (Perspektives sur l'Église locale à venir, in: Réflexions sur l'Église locale, La Maison-Dieu 165 [1986], 101–116; der Bischof von Basel H. Vogel (Den ganzen Auftrag der Kirche in den Blick bekommen, in: Kirche, Schweizerische Kirchenzeitung, Nr. 24, 1994, 348–349). Anfragen bezüglich des Pflichtzölibats gestellt haben: die Kardinäle G. Sterzinsky (Berlin), F. König (Wien), die österreichischen Bischöfe J. Schoiswohl, F. Zak, H. Krätzl, F. Kutner. Erzbischof R. Weakland (Milwaukee), der diesen offenen Standpunkt verteidigte, wurde vom Staatssekretariat zurechtgewiesen. Andere wiederum haben den Pflichtzölibat natürlich heftig verteidigt: die Kardinäle A. Simonis, J.-M. Lustiger, A. Decourtray usw. In Indonesien ist die Bischofskonferenz wiederholt für die Weihe verheirateter Männer eingetreten, in Brasilien tat dies ebenfalls eine Gruppe von Bischöfen. Dies war auch einer der Wünsche des »Asian Colloquium on Ministries«, das von der Föderation der Asiatischen Bischofskonferenzen 1977 in Hongkong organisiert worden war

(P.S. De Achútegui S.J. [Hrsg.], Asian Colloquium on Ministries in the Church, Manila 1977).

[255] z. B. auf dem Delegiertenkongreß der Priesterräte in Genf (April 1971) und auf mehreren Kongressen des CCPE (Rat der europäischen Priesterräte, Partner des Rates der europäischen Bischofskonferenzen).

[256] z. B. K. Rahner, H. Küng, E. Schillebeeckx, C. Duquoc, R. Michiels usw. Y. Congar hat mit besonderem Nachdruck darauf verwiesen (Y. Congar, Entriens d'automne, Paris 1987, 65–66). Vgl. auch R. Gryson (Université Catholique de Louvain), Quels prêtres pour demain? in: Lumen Vitae 49 (1993), 407–415.

[257] Einer Umfrage unter vor allem engagierten Katholiken in Wallonien (Belgien) nach, bei der mehr als 10.000 Antworten eintrafen und die mit vom interdiözesanen Pastoralrat G.G.A.L. organisiert wurde, finden 61 %, daß man nicht nur zölibatäre Priester haben sollte, mehr sogar (76 %) sind für die Koexistenz von zölibatären und verheirateten Priestern und 79 % für die Weihe verheirateter Männer (Enquête: 10.000 chrétiens repondent pour la changement, in: L'Appel, Nr. 136, 1990, 8–9). Im Juni 1990 gab eine repräsentative Enquête in La Vie für Frankreich folgende Antworten: 76 % für die Weihe von »viri porbati«, 78 % für die Möglichkeit, verheiratete Priester in das Amt zu integrieren. Nach einer Meinungsumfrage in Irland (Sunday Press, Mai 1992) sind 69 % der Iren für den freiwilligen Zölibat; eine Meinungsumfrage des »Katholieke Radio Omroep« in den Niederlanden (1992) zeigt, daß 84 % der niederländischen Katholiken ebenfalls für den freiwilligen Zölibat sind. Alle Umfragen in den USA und Kanada gehen in dieselbe Richtung.

[258] J. Kerkhofs, Le Peuple de Dieu est-il infaillible? L'importance du »sensus fidelium« dans l'Église postconciliaire, in: Freiburger Zeitschrift für Philosophie und Theologie, Bd. 35 (1988), 3–19.

[259] Gemeinsame Synode der Bistümer in der Bundesrepublik Deutschland. Offizielle Gesamtausgabe, Freiburg 1976, 628.

[260] a.a.O., 629.

[261] Katholischer Erwachsenenkatechismus, Deutsche Bischofskonferenz, 1985, 385.

[262] Auch wenn man nicht a priori sagen kann, daß sie keinen haben dürften. Vielen kleinen Abteien und Schwesternkommunitäten stand jahrhundertelang ein (oder mehr) Priester zur Verfügung.

[263] Natürlich ist das zentrale Problem die Existenz einer lebendigen Glaubensgemeinschaft. Mehr und mehr befindet man sich hier in einem Teufelskreis: Man hat eine schwache Gemeinschaft, weil es keinen dynamischen Priester in dem Team gibt, und man hat keinen solchen Priester, weil die Gemeinschaft ausgedünnt und überaltert ist.

[264] Neben Bischof H. Vogel (Basel) hat z. B. auch die Leitung des Bistums Speyer dies eingestanden: »Die Diözesanleitung hat jedoch die deutlichen

Wünsche nach einer Änderung der Zulassungsbedingungen aus den Gemeinden vernommen und wird sie weitertragen an die zuständigen übergeordneten Gremien und Entscheidungsträger«, in: Kirchen leben in der Pfarrgemeinde. Für die Seelsorge, Verordnungsblatt für das Bistum Speyer 1 (1993), 25.

265 Wie groß der Abstand zu früher ist, kann man aus nachfolgendem Zitat der Enzyklika »Vehementer« (1906) von Pius X. ablesen: »Die Kirche ist von Natur aus eine ungleiche Gemeinschaft; sie umfaßt zwei Kategorien von Personen; die Hirten und die Herde, die, die ein Amt bekleiden, bilden die Hierarchie, und die Masse der Gläubigen. Diese Kategorien sind so unterschiedlich, daß sich nur in der Gruppe der Hirten das Recht und die Autorität befinden, notwendig, um allen Mitgliedern zu helfen, sich nach dem Ziel der Gemeinschaft zu richten. Was die Masse angeht, so hat sie kein anderes Recht als zu akzeptieren, geleitet zu werden und mit Unterwerfung den Befehlen derjenigen zu folgen, die sie leiten.« Vgl. als Kommentar dazu: R. Aubert, De kerk van de crisis van 1948 tot Vaticanum II, in: Geschiedenis van der kerk, Teil X, Bussum 1974, 172.

266 Vgl. z. B. für die Kirche von England: P. Boelz und W. Jacob (Hrsg.), Ministers of the Kingdom. Exploration in Non-Stipendiary Ministry, Church House, London 1988.

267 In den französischsprachigen evangelischen Kirchen der Schweiz zählt man bei den Pastören 10 % Ehescheidungen (1991), bei den Lutheranern in Deutschland ist das Verhältnis beinahe 1:3 (Evangelische Kommentare, Dezember 1990). Nach den Nachrichten der Evangelisch-Lutherischen Kirche in Bayern (1991) zählte man zwischen 1960 und 1990 177 Ehescheidungen (davon 117 zwischen 1980 und 1990), prozentual ist das immer noch wesentlich niedriger als bei der durchschnittlichen Bevölkerung. Zur Situation der Frau des Priesters in den östlichen Kirchen und denen der Reformation und ihrer Reaktion auf das Amt ihres Ehemannes, vgl. La femme et la sacerdoce. Spezialausgabe Nr. 10, Pro Mundi, Brüssel 1970 (auch in engl.: Women and the Priesterhood).

268 Offizielle Zahlen dazu gibt es nicht. Für die Zeit zwischen 1965–1975 gehen die Schätzungen auseinander, von 40.000 bis 100.000 von insgesamt 400.000. Für Spanien schätzt man das Verhältnis von 1:4. Nach E. Colagiovanni, Richter bei der Rota in Rom, hat es zwischen 1963 und 1969 9.804 Dispensionen gegeben: 5.184 für diözesane Priester und 4.620 für Ordenspriester (Crisi vere a falsi nel ruolo del Prete oggi, Rom 1973, 156–157). Nach dem Annuarium Statisticum verließen zwischen 1969 und 1980 mindestens 24.489 Priester ihr Amt (es gibt keine Daten über Dispensionen, und Angaben zu Ordensleuten werden hier nur von 1975 an gemacht, als fast gleichviele Ordenspriester wie weltliche Priester fortgingen). Die Gesamtzahl betrug 1975 3.001 und sank ständig bis auf 1.200 im Jahr 1981. Man weiß, daß unter Johannes Paul II. die Dispensionen drastisch gebremst wurden. Der Impakt

des Priesterbestandes in früheren Jahren ergibt sich aus folgenden Daten: 1969 wurden 1.382 Dispensionen an Diözesanpriester erteilt (und mindestens 400 andere traten auch aus) und 1.277 an Ordenspriester, 5.156 wurden geweiht und 5.014 verstarben (F. Pycroft, Catholic Facts and Figures, London 1977,9). Für Frankreich vgl. J. Potel, »Ils se sont mariés ... et après«, Paris 1986.

[269] Trotz einer Reihe von Veröffentlichungen in den Niederlanden und Deutschland u. a. gibt es keinerlei zuverlässige Daten darüber.

[270] Hier trifft es sich, daß bei den Vorbereitungen der römischen Bischofskonferenz zum gottgeweihten Leben (Oktober 1994) in vielen Stellungnahmen von Ordensoberen darauf gedrängt wurde, erneut über den Ort und die Bedeutung »befristeter Gelübde« nachzudenken.

[271] Gleichzeitig hätte eine verheiratete Priesterschaft eine Symbolfunktion für die katholischen Kirchen des östlichen Ritus: Diese würden sich anerkannter empfinden und nicht weiter erleben, daß sie faktisch als zweitrangige Kirchen gelten. In einem größeren Kontext trifft dies auch zu auf den Dialog sowohl mit den orthodoxen Kirchen als mit den Kirchen der Reformation. Wenn die Ökumene wirklich konkret wird, wird die katholische Kirche auch den Stil des Amtes in diesen Kirchen integrieren müssen.

[272] Bei einer Umfrage unter 100 Pfarrern von Haute-Saône (Bistum Besançon) (durchschnittl. Alter 65 Jahre) sprachen sich 60 % für eine Weihe von viri probati aus, 59 % waren für die Wiedereingliederung verheirateter Priester, und 80 % sahen auch darin keine Lösung.

[273] P. M. Zulehner fand in seinen Studien »Religion im Leben der Österreicher« (Wien 1981) und »Vom Untertan zum Freiheitskünstler« (Freiburg 1991) heraus, daß die Gläubigen in erster Linie einen »Seelsorger« erwarten. 1990 würde man einen Priester um Rat fragen: bei religiösen Problemen (58 %), bei persönlicher Verzweiflung (54 %), in Gewissensnot (45 %), bei Eheschwierigkeiten (16 %), bei politischen Fragen (3 %). In der erwähnten Untersuchung in Wallonien (Belgien) wurden 7 Eigenschaften angeführt, die man bei einem Priester wichtig finden könnte: 41 % nennen die geistliche Bildung als am wichtigsten, 23 % menschliche Reife, 10 % die Fähigkeit, in Gemeinschaft zu leben. Askese, missionarischer Geist, Offenheit für die Probleme der Welt und Sensibilität für das sozial-ökonomische Leben wurden kaum genannt. Auf die Frage »Meinen Sie, daß Ihre Kirche im Land die richtigen Antworten gibt?« (auf bestimmte Fragen), nämlich »die geistliche Not der Menschen, die moralischen Probleme des Einzelnen, die Probleme der Familien, die sozialen Probleme Ihres Landes?« erhielt man in der europäischen Wertestudie für Westeuropa jeweils die folgenden positiven Antworten in Prozent: 54 % – 36 % – 32 % – 27 %.

[274] Bei Pensionierung sollte man nicht an 65–70jährige denken. Sehr viele – u. a. in der Schule – gehen mit 50–55 Jahren in Pension oder arbeiten nicht

mehr die volle Zeit. Sie können noch um die 15 Jahre als Priester in einem Team aktiv sein.

[275] Die gesamte Zahl ist uns nicht bekannt und zweifelsfrei sehr gering. 1990 gab es im Vereinigten Königreich 5 anglikanische verheiratete Priester, die zum katholischen Priester geweiht wurden. Auch anderenorts geschah dies gelegentlich. 1987 hatte man in den USA 29 Fälle, in Schweden 3 ehemalige lutherische Priester. Es gibt auch einige Fälle in Deutschland und Australien. Dieser Übertritt ergibt schwierige »Aufnahme«-Probleme für die katholisch gewordenen protestantischen Priester (vgl. J. H. Fichter, The Ordination of Episcopal Priests, in: America. vol. 159, Nr. 7 (1988), 157–161). Selbstverständlich gibt es auch katholische Priester, die in eine andere Kirche übergetreten sind – wie viele eigentlich? (vgl. J. Moorehead, Two-way traffic, in: The Tablet, 12.2.1994).

[276] Es wäre jedoch voreilig zu behaupten, daß es den zölibatären Gemeindepriester bald nicht mehr geben würde. In Ungarn, der Slowakei, der Ukraine, dem Libanon usw. findet man in der katholischen Kirche neben verheirateten Priestern des östlichen Ritus auch zölibatäre Priester des östlichen und lateinischen Ritus.

[277] Einerseits muß man sehen, daß zwischen 1965–1975 auch viele Ordenspriester austraten, und andererseits, daß eine Reihe von Priesteramtskandidaten in einen Orden eintrat, um dort mehr Unterstützung bei ihrer Entscheidung für das Priestertum zu finden, das den Pflichtzölibat impliziert.

[278] Auf einem Kongreß von griechisch-orthodoxen Priestern und Laien des sich weit erstreckenden Erzbistums Nord- und Südamerikas richtete man 1990 an die Patriarchen die Bitte, auch verheiratete Priester zum Bischofsamt zuzulassen, man akzeptierte jedoch, daß eine solche Entscheidung auf pan-orthodoxer Ebene beschlossen werden muß (Christ in der Gegenwart, Nr.5/1990, 418). Schon 1969 stellte Athenagoras I. von Konstantinopel in Gesprächen mit Olivier Clèment die Möglichkeit der Heirat zölibatärer Priester und die Weihe verheirateter Priester zum Bischof in Aussicht (Dialogues avec le patriarche Athénagoras, Paris 1969).

[279] Gregor von Nyssa z. B. hatte zunächst eine kirchliche Laufbahn, später einen weltlichen Beruf und eine Ehe, war 13 Jahre lang Bischof und verheiratet und zog sich später als Witwer in ein Kloster zurück. Auch der Vater des hl. Gregor von Nazianz war verheirateter Bischof (G. Denzler, Die Geschichte des Zölibats, Freiburg 1993).

[280] Die Diskussion um die theologische Bedeutung der »Weihe« (ordinatio) ist sicherlich noch nicht beendet. Vgl. K. Rahner, Weihe im Leben und in der Reflexion der Kirche, Schriften zur Theologie, Bd 14, Einsiedeln 1980, besonders 128–130; A. Faivre, Ordonner la fraternité. Pouvoir d'innover et retour à l'ordre dans l'Église ancienne, Paris 1992.

[281] Vgl. hierzu Kapitel 1.

[282] Die Frau in Kirche und Gesellschaft. Ein Wort der deutschen Bischöfe, in: Herder Korrespondenz 36 (1982), 26–34.

[283] Zum Diakonat: Diakonia. Sonderdruck. Intern. Diakonatszentrum, Freiburg 1985 (mit einem Vorwort von Bischof Moser, Rottenburg); D. Ansorge, Die wesentlichen Argumente liegen auf dem Tisch. Zur neueren Diskussion um das Diakonat der Frau, in: Herder Korrespondenz 47 (1993), 581–586; Zur Priesterweihe: De situatie van de vrouw in de katholieke kerk, in: Pro Mundi Vita Bulletin, Nr. 83 (1980) [auch in engl., deutsch, franz.]; M. Hébrard, Les Femmes dans l'Église, Paris 1984; Femmes prêtres faut-il dire jamais?, Spez.nr., L'Actualité religieuse dans le monde, Nr. 8 (15. 2. 1993).

[284] Vgl. u. a. K. Rahner, Priestertum der Frau, in: Stimmen der Zeit 195 (1977), 291–301; J. Fieldbibb, Woman towards Priesthood, Cambridge Univ. Press 1991; W. Beinert, Dogmatische Überlegungen zum Thema Priestertum der Frau, in: Theologische Quartalsschrift 173 (1993), 3, 186–204 (sowie die gesamte Nummer); W. Beinert, Priestertum der Frau, in: Stimmen der Zeit 212 (1994), 723–738; J. Moingt, Sur un débat clos (Editorial), in: Recherches de Science religieuse 82 (1994), 321–333.

[285] Vgl. Synod 87, prepared by the General Secretariat of the Bishops' Conference of England and Wales, London 1987, 17–18.

[286] Vgl. J. Homeyer, Der Priestermangel und die Hoffnung, auf eine neue Art Kirche zu sein, in: Diakonia 23 (1992), 177; vgl. weiter auch H. J. Spital, Bischof von Trier, K. Nientiedt, Das fundamentale Problem ist nicht der Priestermangel, in: Herder Korrespondenz 46 (1992), 70–75.

[287] U. Rausch, Kreative Gemeinde. Der Pfarrermangel – und das Ende? Analysen – Modelle – Visionen, Frankfurt a. M. 1994; H. Wieh, Konzil und Gemeinde. Eine systematisch-theologische Untersuchung zum Gemeindeverständnis des zweiten Vatikanischen Konzils in pastoraler Absicht, Frankf. Theol. Studien, Bd. 25, Frankfurt 1978; Réflexions sur l'Église locale (Spez.nr.), in: La Maison-Dieu, Nr. 165 (1986); immer noch inspirierend: K. Rahner, Strukturwandel der Kirche als Aufgabe und Chance, Freiburg 1972.

[288] Sie werden sich dabei etwa auf den Beschluß der Gemeinsamen Synode in Deutschland stützen können (1975): »Aus einer Gemeinde, die sich pastoral versorgen läßt, muß eine Gemeinde werden, die ihr Leben im gemeinsamen Dienst aller und in unübertragbarer Eigenverantwortung jedes einzelnen gestaltet.« Gemeinsame Synode, Würzburg 1975, Beschluß: Dienste und Ämter, 602.